“十二五”大学生素质教育丛书

# 户外拓展精英训练营

## ——大学生素质拓展训练指导教程

主　　编：包海江　陈　朝

副 主 编：李二坤　吴香珍　吴光喆　杨白群

编　　委：龚晓艺　刘志龙　刘海萍　林水英
沈秋贤　沈招华　杨　帆　陈志文
陈振清　高艳玲　黄婷婷　曾淑洁

厦门大学出版社
XIAMEN UNIVERSITY PRESS
国家一级出版社
全国百佳图书出版单位

# “十二五”大学生素质教育丛书编委会

# 总　　序

教材是教学目的和教学内容的基本载体，是实施教学的基本手段和依据。教材建设是高校内涵建设的重要组成部分，是教学基本建设之一，是教学改革的突破点。教材质量的好坏，直接影响教学效果和人才培养质量。随着高职教育的迅速发展，社会对高职人才的需求越来越大，要求也越来越高。高职教材建设必须与高职教育的发展相适应，必须满足高端技能型、应用型人才的培养要求，体现高职教育的特点和优势。

高等职业院校的学生有其特殊性，他们思想敏锐，头脑聪明，个性张扬，更希望得到尊重与鼓励；他们对关爱、赞扬有更强的渴求和反应；他们活泼好动，有强烈的"动手"参与兴趣。他们具有比普通本科高校的大学生更明显的多方面能力，却存在着理论学习兴趣不高、心理素质欠佳等弱点。因此，组织编写一套切合他们实际的素质教育教材非常必要，也非常迫切。

"'十二五'大学生素质教育丛书"由厦门南洋职业学院、厦门华天涉外职业技术学院、厦门软件职业技术学院、厦门东海职业技术学院、厦门安防科技职业学院等高职院校联合组织编写。目前已编辑出版《大学生党课教程》、《我的未来我做主——大学生就业与创业指导》、《大学生心理健康》、《梦想启航——大学生入学教育》、《大学里不可或缺的安全Style——大学生安全教育读本》等教材。

本系列教材以高等职业院校学生为对象，结合厦门实际，突出高职特点，编写形式力求灵活多样；内容力求实用，避免理论说教；语言风格力求生动活泼、通俗易懂；案例选取力争真人真事。适合大学生自学，也适合作为高校辅导员和有关教师的教育教学参考用书。

本系列教材将科学性、实用性、通俗性、趣味性融为一体，既为高职院校培养具有基本理论素养，又具备一定实践操作能力的通识型人才提供有益的帮助，也为大学生的全面发展和健康成长提供有益的指导。

由于编者水平所限，本系列教材可能存在某些不足，诚望专家和同行不吝赐教，以便我们把大学生的教育教学工作做得更好。

何卫华

2013 年 12 月

# 前　言

我国大学生素质拓展计划是共青团中央联合教育部、全国学联于2002年3月开始联合推行的一项推进素质教育的重大举措，该计划是当前高校共青团的一项重要工作，是促进学生成长成才的有益途经和促进学生全面发展的有效形式，是高校促进大学生思想政治教育的重要措施和载体。本书是在《关于实施“大学生素质拓展计划”的意见》精神指导下，结合教学实践编写而成的。

高等职业技术教育是以培养面向基层、面向生产、面向服务和管理第一线需要的高等技术应用型人才为目标的高等教育。随着高校不断扩招，高职学生群体的新特点、新问题不断出现，如何培养专业知识扎实、操作能力强、综合素质高的应用技能型人才是高职院校着重研究的课题。

高职学生素质培养主要包括专业素质和综合素质两大方面，专业素质主要通过第一课堂来训练，而综合素质的训练贯穿于学生在校的所有活动。本指导教程所开展的拓展训练并非体育或娱乐，而是对正统教育的提炼和综合补充，训练遵循高职学生的认知和行为发展特点，从体验式、浸透式教育的角度出发，将拓展训练引入高校，旨在拓宽素质教育空间和教育渠道，使高职学生的素质教育不再局限于校内、课内和课本，让素质拓展训练成为高职学生综合素质培养的重要阵地和有力补充。

素质拓展训练，以“情景体验介入、心理引导为主、行为反映内在”为核心理念，它以体能活动为导引，以心理挑战为重点，以拓展心胸、品格、意志为宗旨，结合室内、户外相关环境和设施精心设计拓展项目，通过对拓展项目有针对性的分析讲解，将受训者情绪、情感、情操联系起来，将认知、情感、行为结合起来，将拓展与培养高职学生世界观、人生观、价值观相结合，全面提高受训者的人格品质、心理素质、组织管理能力和团队精神，最终目的是让高职学生将所学所得应用到学习、工作及生活中。

在高校日常管理中，班级或者学生干部组织都要通过定期举办相关活动以提升组织凝聚力及战斗力，每学期的活动形式和内容也给组织人员造成极大的困扰。通过拓展训练，设计热身破冰、团队组建、纸上练兵、鼓动人心、能量传递、霸行天下、不倒森林、穿越电网、信任背摔、匍匐前进、野外露营、篝火晚会、感恩教育等学生感兴趣的项目，在经验丰富的拓展教师的引导下，结合班级或学生组织实际情况开展相关主题教育，让学生充分认识自身潜能，克服心理惰性以增强自信心；认识群体的作用，增强对集体的参与意识与责任心；改善人际关系，学会关心他人，更融洽地与群体合作；学会感恩，能适度地表达和控制自己的情绪。帮助受训者培养良好的团队精神和塑造积极进取的人生态度，给参加者带来终生难忘的深刻记忆并能切实地影响到学生及组织的锻炼和成长。

编写组致力于研究能够在高校得到应用和推广的具有创新性、示范性和可操作性的素质拓展训练，经过多年的研究探索和实践论证，拓展在我校学生及学生干部教育引导过程中取得较好效果。为了更好地指导拓展训练开展，规范拓展项目内容，我们编写了本教材。本书在内容上强调实用和科学，注重可读性和可操作性的统一，书中介绍了拓展的来源和发展，着重强调开展活动的安全注意事项及相关技能，也介绍了大量的拓展训练项目，指导读者如何进行组织和实施，精选相关案例、图片，趣味性强，易于被学生接受。

厦门东海学院领导高度重视学生在校成长成才，学院朱国辉院长，何英雄书记，梁少华、杨芝萍副院长以及分管学生管理工作的崔筱力院长助理对学生素质拓展训练给予极大的支持，也对本次教材的编写及相关工作给予多方面的政策和指导工作。此外，在教材编写过程中，经中共厦门市委教育工委、厦门市教育局与厦门市社会科学联合会、厦门市社会科学院组织专家评审，我院申报的《常态化开展大学生户外素质拓展以创新思政教育模式的可行性调查研究》课题获得2013—2014年度厦门市社会科学大学生思想政治教育研究立项并得到相关资助，在课题的调研过程中，学院领导也给予了极大的支持和帮助。

本书编写借鉴了走在拓展训练前沿的北京大学拓展研究中心以及其他优秀团队的宝贵经验和教程材料，也参考了网上相关资料，在此表示真诚的感谢和敬意。由于编者水平有限，书中错误和疏漏在所难免，敬请各位专家学者和广大师生读者批评指正，有您的帮助，我们才能成就卓越，谢谢。

编　者

2014年4月

# 目录

## 第一章　拓展训练导论

带上帐篷到野外露营，拥有一个美好的回忆，是很多人向往却还未能实现的。

从本章开始，编者将和同学们一道了解素质拓展，一起回归自然，共同体验训练的乐趣，感受成长的愉悦。首章主要介绍拓展训练的发展历程和遵循的相关理论，让同学们了解拓展训练的基本流程，知晓参加拓展训练的意义，在真正参加拓展训练前对拓展有个初步的了解。

一起露营，在体验中快乐成长，拓展训练，从这里开始……



## 第二章　拓展训练必备

回归自然，体验新鲜、刺激、愉悦，确实是一件令人终生难忘的事情。但是，处于一个陌生的野外环境，难免有危险，生存便成为一个我们不得不考虑的问题。

拓展过程中以及在野外自然环境中有很多注意事项需要参训学员提前了解并掌握，本章将重点介绍拓展训练的安全原则以及注意事项，并讲授一些实用生存技巧以备野外不时之需。只有自己学会生存，才可以进行更好的团队建设，拓展训练的意义也在于此。

拓展安全常记牢，防范意识不可少。

## 第三章　素质拓展训练内容

素质拓展训练是一种体验式的学习，它将大部分的课程安排在户外，精心设置了一系列新颖、刺激的情景，让学生主动去体会、解决问题，在参与体验的过程中，让他们的心理受到挑战，思想得到启发，在特定的环境中去思考、发现、醒悟，对个人、团队重新认识、重新定位。

本章着重介绍了大学生素质拓展训练项目的内容、类型及操作方法。拓展项目涉及团队协作、团队竞技、团队信任、指挥服从、协调沟通等方方面面，多角度地展现了素质拓展活动的生动有趣、惊险刺激。

通过本章素质拓展训练的学习与实践能让大学生在训练项目中学会在交流与分享中提升感悟，并能够将拓展训练的感受和所得运用于日后的学习与工作。

## 附录　心理测试

## 参考文献

# 第一章　拓展训练导论

学习导入

带上帐篷到野外露营，拥有一个美好的回忆，是很多人向往却还未能实现的。

从本章开始，编者将和同学们一道了解素质拓展，一起回归自然，共同体验训练的乐趣，感受成长的愉悦。首章主要介绍拓展训练的发展历程和遵循的相关理论，让同学们了解拓展训练的基本流程，知晓参加拓展训练的意义，在真正参加拓展训练前对拓展有个初步的了解。

一起露营，在体验中快乐成长，拓展训练，从这里开始……

## 第一节　拓展训练简介

拓展训练，又被称为素质拓展、外展训练(outward bound)。这种训练起源于二战期间的英国，当时盟军与德军在大西洋上交战，很多商务船队屡遭袭击，许多缺乏经验的年轻海员葬身海底，但也有极少数人在经历了海水的冰冷、饥饿等磨难奇迹般地生还了。经过了解，发现令人惊奇的事实，生还的人并不是最年轻，也不是最强壮的，反而是年龄偏大的海员。经过调查研究发现，这些人之所以能够生存，关键在于他们有良好的心理素质，意志坚强，求生欲望强烈，善于与人合作，有较强的团队协同能力。

为了使年轻的海员能够掌握生存的技能，德国人库尔特・汉恩提议，利用一些自然环境和人工设施，让年轻的海员做一些具有心理挑战的活动和训练，以此提高他们的心理素质和生存能力。后来他和劳伦斯・霍尔特在 1941 年创办了“阿伯德威海上学校”，专门训练年轻的海员在海上的生存能力和船撞礁后的生存技巧，经过训练，他们的身体和意志得到了充分的磨砺和锻炼，这也是拓展训练最早期的雏形。

二次世界大战结束后，这种训练并没有随着战争结束而结束，相反很多人认为这种训练可以保留。外展训练的独特创意和训练方式逐渐被推广开来，训练对象由海员扩大到军人、学生、工商业人员等群体，训练目标也由单纯的体能、生存训练扩展到人格训练、管理训练等，通过创意独特的专业户外体验式培训课程，帮助企业和组织激发成员的潜力，增加团队活力、创造力和凝聚力。

(资料来源：《高等院校精品规划教材：拓展训练》)

图 1-1　拓展训练起源于二战期间

图 1-2　拓展训练早期雏形

拓展训练风靡全球，在经历了 20 世纪 40 年代的创始、50 年代的扩大规模、60 年代的长足发展、70 年代的稳固和 80 年代的国际化之后，到今天，已在全世界五大洲建立了近 40 所学校，设在英国的总部是世界各地外展训练活动的中心。外展训练强调安全第一，提倡环境保护，其宣言是：激发自尊，关心他人，服务社会，放眼世界。拓展训练于 1995 年进入中国，由香港传入内地，全国各地的户外拓展发展极快，备受推崇，逐渐被列入国家机关、企业、学校、部队、现代化管理企业培训日程。

拓展训练是一种以提高心理素质为主要目的，兼具体能和实践的综合素质教育，它以运动为依托，以培训为方式，以感悟为目的。它与传统的知识培训和技能培训相比，少了一些说教和灌输，多了一些运动中的体验和感悟。

拓展训练又是一种以体育技术为原理，整合各种资源，融入科技手段、独特的场景设计，通过户外创意项目体验，运用心理学、教育学、管理学、社会学、组织行为学、成功学、领导学等科学理论体系帮助受训者达到改变态度及心智模式，以期完善行为达到追求美好生活愿望的训练方式。

通过拓展，激发个人潜能，培养乐观的心态和坚强的意志，提高沟通交流的主动性和技巧性，树立相互配合、相互支持的团队精神，增强合作意识，从而达到提高心理素质的目的。因此，这种培训方式成为受训者学习生活经验、体验社会教育、形成正确的人际、情感和社会性价值观等教育目标的一个重要途径，成为素质教育中不可缺少的一项。

它是一种全新的体验式学习方法和训练方式，适合于现代人和现代组织。大多以培养合作意识和进取精神为宗旨，帮助企业和组织激发成员的潜力，增强团队活力、创造力和凝聚力，以达到提升团队生产力和竞争力的目的。

目前我国在公务员执政能力培养、学生素质拓展教育、军人及警察心理行为训练、问题青少年心理修复、社区及婚姻家庭构建方面，素质拓展都有所应用。

阅读拓展→

### 体验式培训的创始人——库尔特·哈恩

图 1-3　库尔特·哈恩爵士

库尔特·哈恩(Kurt Hahn 1886.6.5—1974.12.14)，犹太人，出生于德国柏林，曾在牛津大学求学，后回国，他是一个伟大的教育实践者，当代户外拓展(Outward Bound)的奠基人，创办了很多学校和与教育相关的机构，为教育奉献了很多，也影响了很多的人。

纵观库尔特·哈恩一生，与教育事业密切相连，并终身倡导“做中学”的教育方式，“Plus Est En vous”—“There is more in you than you think”是其教育信条。

参与创建的几所学校：

1. Schule Schloss Salem，萨勒姆王宫中学

库尔特·哈恩一战期间供职于外交事务部门，曾任德国最后一任帝国总理——马克斯亲王的私人秘书，萨勒姆寄宿学校为 1920 年创立，库尔特·哈恩在 1920—1933 年间担任校长。该校坐落在萨勒姆城，德国规模最大、寄宿制、唯一可以获得国际 IB 文凭的文科高级中学。之后，这所学校加入了库尔特·哈恩发起的世界学院联合组织，至今仍然在招收学生，分为低年级、中年级、高年级，在三个校区学习，学校提倡“脑、心、手”全面教育，以培养政治和社会责任感、世界胸怀和宽容心为教育原则。

2. Gordonstoun School，戈登斯敦学校

库尔特·哈恩在 1934 年创立并供职至 1953 年，位于苏格兰，英国最好的私立贵族学校之一，包括菲利普亲王、查尔斯王子、大部分王公贵族都在此就读过。学校以“There is

图 1-4 萨勒姆王宫中学

more in you than you think"为校训激励学生发挥潜能,学术教育成就卓著,同时遵循库尔特·哈恩的教育思想,非常注重实践和训练。另外,该学校一直在运作国际夏令营,至今已有 35 届,是学生暑期游学比较理想的选择。

图 1-5 戈登斯敦学校校徽、标志性建筑、校服

3. 第一所 Outward Bound School,阿伯德威海上学校

库尔特·哈恩在英国建立的戈登斯敦学校其实就是与萨勒姆中学一样的学校,是其教育理想的重新开始和继续实践。同样,戈登斯敦学校以"大海+航船"标志为校徽,也反映其和 Outward Bound School 的渊源。

二战期间,戈登斯敦学校受到战争影响而迁往威尔士,后因资金缺乏面临关闭,此时受到航运大亨劳伦斯·霍尔特的资助。1941 年在阿伯德威购置校舍创办"阿伯德威海上学校",第一所 Outward Bound School 建立起来,10 月 14 日开始了第一期为期 5 周的培训,学员是霍尔特的船员,这是专为船员设计的一个培训计划,戈登斯敦学校的学生们也可以在这里进行更好的海上训练。库尔特·哈恩制定的训练计划除了在海员训练中效果显著,同时受到了来自士兵、警察、消防员、工商界人士的欢迎。此后,霍尔特建立了 OB 基金会,着手推广这种训练方式和创建更多的外展训练学校。

4. 大西洋学院和世界联合学院

1962 年后,已经花甲之年的库尔特·哈恩在威尔士创立了大西洋学院(Atlantic College)，此后发展为更加广泛的世界联合学院(United World College—UWC)，并与菲利普亲王发起建立旨在奖励青少年探险和实践的爱丁堡伯爵奖章。联合学院面向全世界招生，学制 2 年，颁发 IB 预科文凭(相当于国内专科文凭)，除两年制学院外还有拓展学院、职业学院以及短期培训课程等。

图 1-6　大西洋学院国际学生合影

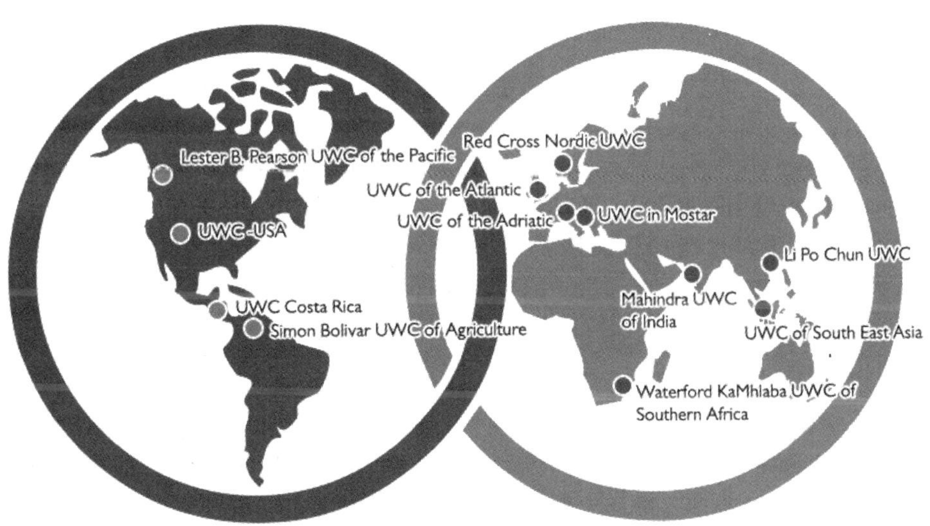


图 1-7　世界联合学院 12 所分院分布

1974 年，库尔特·哈恩逝世，《伦敦时报》评论道："我们这个时代已经没有人能像他那样，提出如此有创意的教育理念并具备把它付诸实施的天分”。

（资料来源：http://www.baike.com/ipadwiki/库尔特·汉恩）

## 第二节　拓展训练理论基础

在新世纪，每个人都面临着由于知识不断更新而带来的巨大压力，因而必须开发出更有效的学习手段来增强自身的学习能力，以适应社会发展。学校教育不能仅仅停留在传授学生知识的传统模式，而是应通过设置具体的教学情境来使学生学会学习、学会生活、学会生存。拓展训练属于体验式学习，以“先行后知”的体验式学习模式，让学生在愉快、积极的氛围中，通过亲身体验来发掘自身潜力，培养创新和实践能力，促进顽强、自信、团结等品质的形成。

拓展训练的目的在于促进学生克服心理惰性，磨炼战胜困难的毅力；认识群体的作用，增进对集体的参与意识与责任心；改善人际关系，学会关心，更为融洽地与群体合作；认识自身潜能，增强自信心，改善自身形象；启发想象力与创造力，提高解决问题的能力；学会欣赏、关注和爱护大自然。而这些目标的实现，与拓展训练的发展历程有关。

拓展训练在其发展过程中，大胆运用了相关学科成熟的知识体系，使拓展训练本身显得更加充实，也为拓展训练的发展起到了极其重要的作用。同时，相关学科以拓展训练为学习载体，将其理论变得更加直观、易懂、有趣，使学习者有更多的机会在暗含其理论的活动项目中体验与感悟，在活动后巩固那些终身受益的知识。

### 一、心理学与拓展训练

拓展训练对个体发展产生影响的主要理论依据就是：努力/放弃（积极/消极）的心理力学模型，以及“体验、了解、控制、超越”的心理适应规律。

信任背摔是拓展训练最经典的训练项目之一，这个项目的内涵就是让学生充分体会信任的重要性，体会“看”和“做”之间的心理差别，感受突破心理障碍和挑战自我的意义。进而在引导分享环节中，感悟到在日常生活中，许多事情不能做或做不好的原因不是“不能”而是“不敢”，关键在于心理。与其相似的项目还有空中抓杠、高空断桥、天梯等经典团队项目，也是通过学生首先突破个人心理障碍，在回顾这个突破过程时对个人、团队、成功等有所感悟，进而达到改变其行为的效果。

在这些项目的实施过程中，都遵循了这样的基本原理：通过让学生参加事先设置的活动情境，使其充分体验所经历的各种情绪，特别是负面情绪，从而深入了解自身（团队）面临某种外界刺激时的心理反应及后果，进而学会控制，实现超越。

在训练过程中，因为学生参加的都是事先制定好内容与规则的活动，这些活动已经将可能会出现的心理问题提前设计好，参与活动的学生自然会表现出不同层次的体验。有一种体验瞬间，在拓展训练中称为“高峰体验”：指积累进行着某种技能学习或进行某种活动的努力过程中所获得的最高的体验。这个瞬间有以下几个特征：

图 1-8 拓展经典训练心理项目—信任背摔

(1)在行动中有所觉察。

(2)意识集中在某个特定的刺激领域。

(3)自我意识消除、个人意识得到超越、体验到与外界的融合感。

(4)意识到自己和所处的环境在改变。

(5)产生始终如一的行动欲望和对行动的明确反馈。

(6)对报酬的欲望消失了。

这样的瞬间体验是具有积极意义的,是"最积极、最强烈的自我认证体验",在拓展训练中,教练在设置教学情境时都以促使学员产生这种体验瞬间为目标,在让学生拥有自信、强化团队的同时,高峰体验也能成为培养学生心理素质的有效过程。

## 二、体育学与拓展训练

学校体育学理念强调健康。"健康是指在身体、心理和社会各方面都完美的状态,而不是没有疾病及虚弱现象。"这是世界卫生组织对健康的定义,而拓展训练除了在促进学生身体素质发展方面与传统体育课程发挥相同的作用外,在心理、沟通、社会化方面所产生的促进作用较传统体育课程更有优势。

如空中抓杠、高空断桥等项目可以锻炼学生的意志力;信任背摔、穿越电网等项目能提高学生的团队精神,以及与团队成员间的沟通、交往能力;孤岛求生、荆棘取水等兼顾心理、智慧、体能的项目,同时也依赖于团队合作、沟通决策,更能够全方位地促进学生全面素质的发展。

## 三、管理学与拓展训练

拓展训练课程教学过程中，学生以团队为单位来完成各种规定的挑战任务，有团队就有管理，有管理就存在管理学的知识体系。

沟通是管理学的一项重要内容，缺乏有效的沟通是影响团队工作效率和效益的最大障碍。沟通无所不在，它是团队完成所有项目的必需技能。拓展训练中有专门培养沟通能力的项目，如盲人方阵、解手链、信息传递等以语言沟通为主的项目，以及盲人排队、驿站传书等以肢体语言沟通为主的项目，在分享回顾环节中，就会参照管理学有关沟通的知识，就沟通的障碍、方法等进行学习。

管理和领导也是管理学的重要内容，日常生活中不少人认为管理者和领导者职责相同，管理和领导概念也相似，而在管理学中管理和领导是有差异的。如孤岛求生项目中，就将 3 个岛的角色与人物定义为基层、中层、高层 3 个层次的管理者，不同层次的学生担负不同的职责，层级管理的理念就可以通过这个游戏传输给学生。

**图 1-9　拓展经典训练团队管理项目——孤岛求生**

## 四、组织行为学与拓展训练

组织行为学是研究在一定组织中人们行动规律的科学，包括人在组织中的行为、态度、绩效。尤其是组织行为学中有关团队的概念，对拓展训练的发展，以及拓展训练项目的实施有非常重要的意义。

所谓团队就是指由员工和管理层组成的一个共同体，该共同体合理利用每个成员的知识和技能协同工作、解决问题、实现共同目标。团队能提升组织的运行效率、增强组织的民主气氛、实现知识与技能的互补、适应多变的环境。

团队的组成有目标、人员、定位、权限、计划五大要素，拓展训练是将学生组织成团队来完成教学任务，如破冰项目中有专人培养学生组织团队的活动，使学生了解团队组建的过程，并在完成团队协作、团队信任、沟通项目活动中，体会团队运行的规律以及团队的价值。

## 五、领导学与拓展训练

领导学理念是提高每个人的领导能力。领导力训练是拓展训练中非常重要的组成部分。在21世纪，当社会变革、国际交流、信息技术等诸多挑战与机遇降临到社会分工的每一位参与者面前时，无论我们是否身处领导者的职位，都应该或多或少地具备某些领导能力。

我国早期的拓展训练，主要的培训对象是企业的中高层领导，目前大多数培训机构也都将领导能力培训作为主要的业务项目。拓展训练无疑能够提高领导能力，但这种训练效果并不仅仅为领导者而设计，没有处在领导者地位上的人也应该了解一些领导学的知识。这是因为，领导力可以使人从宏观和大局出发分析问题，在从事具体工作时保持自己的既定目标和使命不变；领导力也可以使人用一种整体的、均衡的思路应对更加复杂、多变的世界；领导力还可以使人在关心自我需求的同时，也对自己与他人的关系给予更多的重视，并试图通过不断的沟通以寻求更加平等、更加坦诚也更加有效的解决方案。

## 六、现代教育的四大支柱与拓展训练

如何加强对学生能力的培养，是国际教育界日益关注的问题。1996年由雅克·德洛尔任主席的国际21世纪教育委员会向联合国教科文组织提交了《教育——财富蕴藏其中》(Learning The Treasure Within)的研究报告，在这份报告中，国际21世纪教育委员会着眼于广阔的国际经济、政治、文化背景和未来21世纪的发展目标，既从各国实际出发，又注意可行性，向高层决策者提供了一系列教育改革和行动依据的建议。该报告中一个特别引人注目的观点是面对未来社会的发展，教育必须围绕四种基本学习能力来重新设计、重新组织。这四种基本的学习能力也被称为教育的四大支柱。

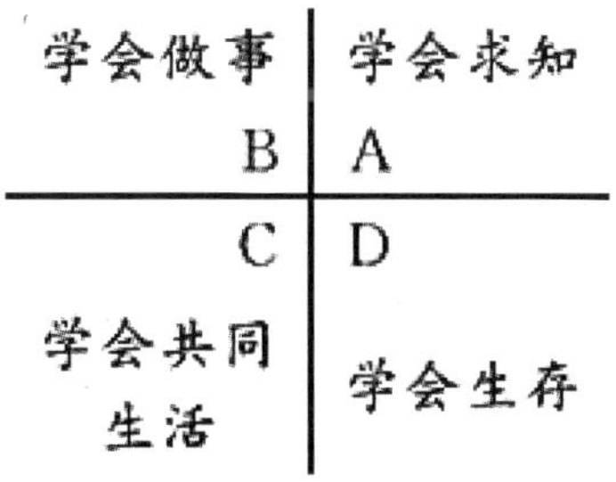

| 学会做事<br>B | 学会求知<br>A |
|---|---|
| C<br>学会共同生活 | D<br>学会生存 |

图1-10 现代教育四大支柱

### (一)现代教育四大支柱的内涵

1. 学会求知(learning to know)

学会求知的能力,也就是学会学习的能力。这种学习更多地为了掌握认知的手段,而不是获得经过分类的系统化知识。即可将其视为一种人生目的。作为手段,它应使每个人学会了解其周围的世界,发展自己的专业能力。作为目的,其基础是乐于理解、认识和发现。为了解知识而学习,首先要学会运用注意力、记忆力和思维能力来学习。途径是将掌握足够广泛的普通知识与深入研究少数学科结合起来。这也就是说学会学习,以便从终身教育提供的机会中受益。

2. 学会做事(learning to do)

学会做事也就是要学会在一定环境中工作的能力。学会认知和学会做事在很大程度上是密不可分的。不过,后者与职业培训问题的联系更为紧密。"学会做事"不能简单地理解为是为了培养某人去从事某一特定的具体工作,也不能看作是单纯地传授重复不变的实践方法,不是教会学生某种技能,而是培养学生的个人能力,要求善于应付各种可能出现的情况。学会做事的能力,不仅要学会实际动手操作的技能,更重要的是要具备一种综合能力,它包括处理人际关系的能力,社会行为、集体合作的态度,主观能动性,管理能力和解决矛盾的能力,以及敢于承担风险的精神。能力是每个人特有的一种混合物,它把通过技术和职业培训获得的严格意义上的资格、社会行为、协作能力、首创能力和冒险精神结合在一起。交往能力、与他人共事的能力、管理和解决冲突的能力、直觉、觉察力、判断力、使一个集体紧密团结的能力、革新能力和创造能力等越来越重要。要学会有效地应付变化不定的情况,并积极参与对未来的创造。通过学会做事,不仅获得专业资格,而且从更广泛的意义上说,获得能够应付许多情况和集体工作的能力。

3. 学会共同生活(learning to live together)

学会共同生活也就是在人类活动中,要学会与他人一起参与,要学会与他人一起生活。这种学习可能是当今教育中的重大问题之一。现代社会即便充满竞争,也离不开合作。教育的使命是教学生懂得人类的多样性,同时还要教他们认识地球上所有人之间是既有相似性又相互依存的。因此,在学校日常生活中,在体育或文化活动以及各种社会活动中对学生进行合作教育,培养情感同化的态度,会对一个人一生的社会行为产生积极影响。可以为学生今后的生活提供参考标准,学会在合作中竞争,在竞争中合作。既尊重多样化的现实,又尊重价值观的平等,增进相互了解、理解和谅解。

4. 学会生存(learning to be)

学会生存也就是学会发展的能力。要学会适应环境以求生存,改造环境以求发展的能力。教育应当促进每个人的全面发展,即身心、智力、敏感性、审美意识、个人责任感、精神价值等方面的发展。应该使每个人通过借助于青年时代所受的教育,能够形成一种独立自主的、富有批判精神的思想意识,以及培养自己的判断能力,以便由自己确定在人生的各种不同的情况下应该做的事情。发展的目的在于使人日臻完善,每个人若要求得到有价值的生存和发展,更有效地改造自然、改造社会,就必须充分开发潜能,发展个性,提高素质,增强自主性、能动性、创造性和责任感。

### (二)四大教育支柱的主要特征

如前所述,“四大支柱”是指能支持现代人在信息时代有效地工作、学习和生活的4种最基本的学习能力。教育的这四大支柱不只涉及生命的某个阶段或单独某一处,它与生命有共同外延并扩展到社会的各个方面,它是教育的新概念,是终身教育的新发展。

国际21世纪教育委员会主席雅克·德洛尔在报告《序言》中指出:“生活的传统范畴发生深刻变化之后,迫使我们要更好地了解他人,更好地了解世界的迫切需要。人们有相互了解、和平交流以及和睦相处的需要,这几方面正是我们的世界最为缺少的。采取这种立场之后,委员会进一步强调了它作为教育基础而提出并阐明了的四大教育支柱之一,即通过增进对他人及其历史、传统和精神价值的了解,学会共同生活……委员会渴望一种能树立这种新精神和为其奠定基础的教育,委员会并没有因此而忽略教育的另外三个支柱,它们可以说是学会共同生活的基本因素”。

可见,四大支柱4种能力并非平行并列的,其中有一种是作为基础来强调的能力,这就是“学会共同生活”,其余3种能力则是学会共同生活不可缺少的基本因素。四大支柱是1个基础与3个因素的关系,在3个基本因素(学会认知、学会做事、学会生存)中,第二种因素是指学会在一定的环境中为完成某种任务所需的工作能力,第三种因素是指学会适应社会迅速变化与发展所需的应变能力,即自我生存所需的能力。只有第一种因素才与获取知识有关,而且这里强调的是要使学生学会如何学习,即掌握认知事物的手段与方法,而不是系统化的知识本身。由此可见,教育的四大支柱与传统的学校教育相比有以下几个主要特征。

1.“四大支柱”强调以“学会共同生活”作为教育的基础,前面已经指出,学会共同生活就是要学会设身处地去理解他人,要与周围人群友好相处,并从小培养为实现共同目标而团结合作的精神。“人与人的相处之道”是伦理道德的核心内容,所以,这里涉及的是伦理道德教育,目的是要建立良好的人际关系。强调要把“学会共同生活”作为教育的基础,就是强调要把“问题德育教育”作为教育的基础。这正是当前全球学校教育所普遍忽视的——片面强调智育,单纯追求考试分数,是当前各国基础教育的通病。我国在高考应试教育的大环境下,学生生活能力、生存能力方面存在的问题比较显著。

2.“四大支柱”对于智育不仅强调知识的学习而且强调实际能力的掌握。传统学校教育在“智育第一”前提下,将书本知识的传授与应试作为重点。“四大支柱”则把这些能力的培养,放在“学会共同生活”所不可缺少的基本因素之一来加以强调。而且不仅要求学会做事(能在不同环境下胜任、愉快地工作),还要求学会生存(具有适应社会变化、发展的应变能力)。

3.“四大支柱”对于知识的学习,强调的是让学生掌握认知的手段、方法,即学会如何学习,而不是系统化的知识本身。由于信息时代知识急剧增长(形象化的说法是“知识爆炸”),若是像传统学校教育那样只强调对系统知识本身的学习与掌握,那么学到的知识大部分会很快过时,无法适应社会发展的需要,只有让学生学会认知,学会学习方法,才能在进入社会以后,通过自学继续学到工作中所需的各种新知识、新技能。

“四大支柱”强调以德育为基础、重视能力的培养、让学生学会认知等三大特征,能较好地适应信息社会发展的需求，与传统教育相比，更具有积极意义。而学校拓展训练作为一种突破传统教育模式的新型教育方式，与教育四大支柱具有异曲同工之妙。

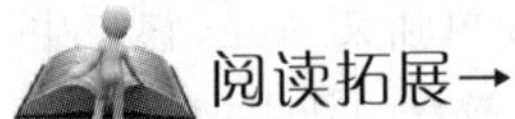


## 高考推行两种模式并存 职业教育破冰前行

新年伊始，职业教育成为教育改革的热门词。2014 年 2 月 26 日，国务院总理李克强主持召开国务院常务会议，部署五大任务措施加快发展现代职业教育；随后，在近日召开的中国发展高层论坛，教育部副部长鲁昕透露，我国即将出台方案，“实现两类人才、两种模式高考”。一种是技术技能人才的高考，考试内容为技能加文化知识，一种是现有的高考模式。种种消息显示，一直在招生和人才培养上饱受困扰的职业教育即将从困境中破冰，迎来一次新的发展机遇。

### 新政发布

#### 五大措施促进职业教育

农历马年春节刚过，国务院召开的第一次常务会议上，职业教育成为关注的焦点。李克强总理在会上指出，发展职业教育是促进转方式、调结构和民生改善的战略举措。以改革的思路办好职业教育，对提升劳动大军就业创业能力、产业素质和综合国力，意义重大。

会上确定了加快发展现代职业教育的五大任务措施。“扩大职业院校在专业设置和调整、人事管理、教师评聘、收入分配等方面的办学自主权”；“建立学分积累和转换制度，打通从中职、专科、本科到研究生的上升通道”；“开展校企联合招生、联合培养的现代学徒制试点，鼓励中外合作”……

这一系列措施的推出对于缓解职业院校招生难将起到十分重要的作用。

#### 高考推行两种模式并存

要破解职业教育困局，招生是一个绕不开的话题。如何提升职业教育的吸引力，并在现有的国家考试体制下实现人才合理分流，针对这些问题，在即将出台的高考改革方案中似乎已有所关注。近日，教育部副部长鲁昕在中国发展高层论坛上表示，高考改革方案将实现两类人才、两种模式高考。第一种高考模式是技术技能人才的高考，考试内容为技能加文化知识；第二种高考模式就是现在的高考，学术型人才的高考。技能型人才的高考和学术型人才的高考分开。“在高中阶段，16 岁就可以选择你未来发展的模式。当然不管你选择的是什么模式，你都可以实现你的人生目标。”鲁昕说。

据统计，近几年来，我国每年从中高等学校进入劳动力市场的毕业生总量在 1700 万人左右，高校毕业生就业难和技术技能人才供给不足矛盾已成为短期内新增劳动力就业结构性矛盾的突出表现。鲁昕介绍，之前的职业教育只讲技能，随着信息技术的发展和产业升级，技能需以技术为基础。今后对于技术技能型人才将分为三类，第一类是工程师，第二类是高级技工，第三类是高素质劳动者。

**部分本科院校面临转型**

2014年初国务院常务会议上对职业教育部署工作中曾提到："引导一批普通本科高校向应用技术型高校转型。"对此，鲁昕在论坛上介绍，教育部将开始600多所地方本科高校向应用技术、职业教育类型转变的工作。据统计，我国普通高等院校共1200所左右。这就意味着有50%的学校要淡化学科、强化专业，按照企业的需要和岗位来对接。

这番介绍，释放了一个重要信号：随着职业教育改革的深入推进，一批本科院校将面临重新定位和转型。鲁昕近日在接受新华社记者采访时透露，2014年教育部已针对职业教育改革部署多项工作。如由省级政府统筹，根据区域经济社会发展需求遴选一批行业背景较为突出的本科院校，与优质高职院校通过课程体系相互对接，实现技术技能人才的系统培养；发布高等职业教育改革创新三年行动计划，指导专科层次高职院校科学定位、办出特色；组织开展国家和省两级本科院校转型试点，向培养高层次技术技能人才的应用技术类型高校转型，进行高等教育结构调整。这一系列措施无不预示：职业教育改革已箭在弦上。

（资料来源：《职业教育》）

# 第三节　拓展训练流程模式

## 一、拓展训练与传统教育模式

拓展训练在本质上是一种培训，但它与传统教育模式在教育思想、教学方式以及具体实践等方面有着明显的差别。

1. 传统教育模式基于行为主义思想，而拓展训练则基于建构主义教学思想。

2. 传统教育强调学习过去的知识，而拓展训练则强调即时的感受。

3. 传统教育讲究记忆，拓展训练讲究学习主体的领悟和体会。

4. 传统教育以接受程式化的知识为导向，拓展训练则以分享总结经验、解决问题为导向。

5. 传统教育注重知识、技能，拓展训练注重观念、态度。

6. 传统教育以教师为中心，教师在整个教学过程中处于主导和控制地位，拓展训练则以学习者为中心，培训师发挥主导作用。

7. 传统教育强调在课堂中学知识，拓展训练则强调在具体的学习情境中通过体验来学习。

两种不同的教学方式有着不同的结果：传统教学的"教"不一定导致"学"，更不一定产生"会"；而在拓展训练中，学习者通过具体情境中的活动获得体验，同时也体验到了学习的乐趣，有效促进了学习者高级认知能力的发展。可见，在拓展训练过程中，"教"是旨在通过提供学习情境、信息、游戏等方式，为学习者创造适合学习的外部条件和环境，其作用是产生"学习"。"会"是指学习者经过学习，在现实环境中能够应用学到的知识或技能，或者促进学习者的行为发生改变。拓展训练最终要实现这样的目的:通过改变学习者的态度和观念来开启学习者所有潜能,并促使他们将这些潜能运用到实际工作中,带来最优的个人绩效。

## 二、素质拓展项目的三种常见形式

当你计划进行素质拓展项目时,要考虑到一系列的问题。首先,考虑的是素质拓展活动应与所需要的学习成果相连接。如果拓展训练与学习目标无关,那么它产生的持久印象就没有什么价值可言。其次,素质拓展过程中,讲解的质量是连接工作的关键因素。素质拓展有多种形式,其课程主要由水上、野外和场地三类课程组成。

水上课程包括:游泳、跳水、扎筏、划艇、潜水等。

野外课程包括:远足露营、登山攀岩、野外定向、溶洞探险、伞翼滑翔、野外生存技能等。

场地课程是指在专门的训练场地上,利用各种训练设施,如高台跳水、高架绳网等,开展各种团队组合课程及攀岩、跳越等心理训练活动。

不论哪种形式,通常与素质拓展有关的学习成果可分为三大类:

1.团队挑战形式

这些项目使一个小组作为整体面对各种挑战。这些项目的目的在于促进小组成员之间的相互作用。在小组需要提高信任、支持、人际关系来克服某种困难时,这种活动极有成效。进行的活动是一系列相关或不相关的事件,在进行过程中有许多障碍。经历的每一个事件都要进行讲解,使小组逐渐接近最终目标。

2.个人挑战形式

个人挑战活动的目标一般包括自我激励、适应能力、忍耐、信心和积极思考能力。当然也包括解决问题和做出决策等能力。当每个人接手个人任务时,他必须面对全方位的个人挑战。有趣的是,有些"莽撞人"直接闯进未知的领域,尝试着闯出了路子,而有些人尽管看着别人做到了,而自己却感到体能与心理上有困难,难以尝试。老练的教练通常带领人们从较为容易的活动向较为困难的活动过渡,帮助他们克服恐惧。在活动过程中,小组内其他成员鼓励心怀犹豫的组员充满信心地面对挑战。

3.领导关系挑战形式

这一项与团队挑战、个人挑战活动有很多相似之处,主要的不同之处在于项目的目标。这些项目不是对成员间人际关系的分析,而是试图对领导行为及其对团队和团队面对挑战的方式的影响进行探索。另外一个不同点是,领导关系挑战可以在彼此不了解的人们中进行。

另一种将素质拓展模式与学习成果相结合的方法是对活动加以精心设计(如情景设计),使项目最大限度地开发出参与者学习潜力。

## 三、拓展训练流程

拓展训练由既独立又密切关联的五个环节组成，五个环节如下：体验—分享—交流—整合—应用（循环反复）。

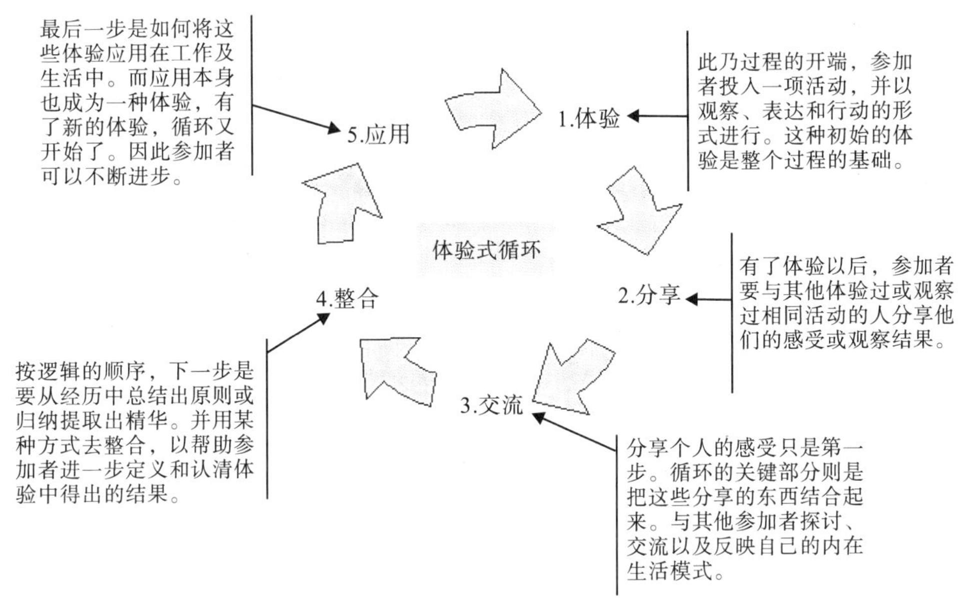


图 1-11　拓展训练五个环节

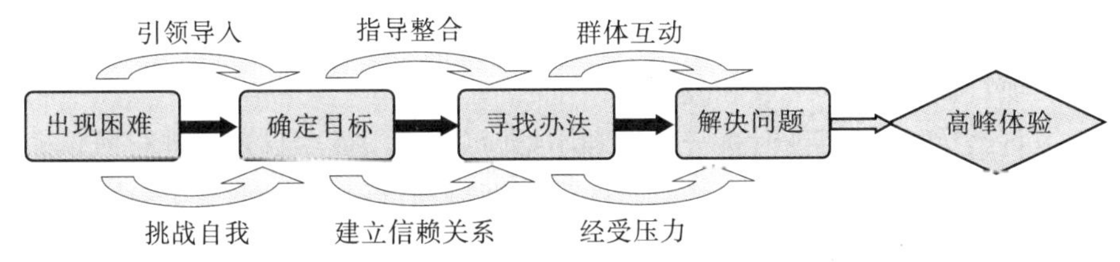


图 1-12　校园化拓展训练活动设计流程和教学策略

## 四、学校拓展训练要求

"阅读的信息，我们能记得 10%，听到的信息，我们能记得 20%，但所经历的事情，我们却能记得 80%"，学校拓展训练是一种让学生在特定的时间、空间和人的环境中亲身经历、体验、感受、觉悟、交流、分享、提升并应用的学习方式。因而拓展训练着重为学生提供真实或模拟的环境和活动，让学生通过自己的亲身体验和感受，觉悟并在参加者之间交流共享，然后通过反思再总结并提升为理论或成果，最后将理论或成果投入到应用实践中，在这个过程中拓展训练强调共享和应用。体验不是目的，而是手段，只有通过共享成果并

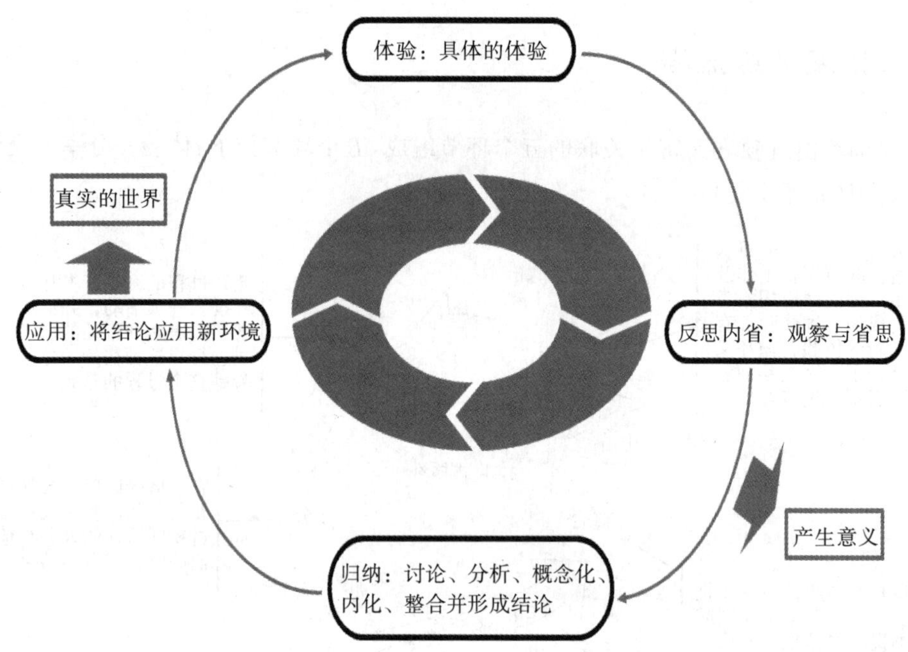


图 1-13　通过拓展并将成果应用于实践

应用于实践，学校拓展训练才能达到目的。

1.拓展项目训练阶段(体验阶段)

根据课程要求和项目特点，由教练介绍项目特点和安全注意事项，开始训练。个人项目注重提升和强化个人心理素质，帮助学生建立高尚的人格，培养学生坚韧不拔的意志和创新进取的精神，团体项目注重培训相互信任理解的人际关系、集体意识和个人与集体的荣誉感和责任心等。在训练过程中教练不仅要把握全局，还要能及时发现学生情绪波动，及时做好引导，帮助学生克服心理挑战。

2.拓展项目训练小结(发表和分享)

每个项目结束后，必须及时进行回顾和小结，每个学生就项目过程进行回顾并发表自己的体验感受，教练根据训练中每个学生的情况顺势加以引导，帮助学生建立自己的体验和感悟，从而使团队中的每个学生得以分享和提升，进而使学生能够将训练中的收获应用于实践，最终达到整体拓展的效果。

3.拓展整理消化总结阶段(提升和应用)

拓展训练全部结束之后，要求学生整理消化，填写相关材料并形成文字总结。总结形式可多种多样，可以写体验和感受，学校也可以建立相应的网站和刊物系列，予以宣传和报道，建立相应的案例档案，做好后期跟踪反馈工作，以保证拓展效果的巩固。

## 第四节　拓展训练现实意义

拓展训练通常包括充沛体能训练、成功心理训练、挑战自我训练、团队合作训练四大类型。将大部分的课程安排在户外，精心设置一系列新颖、刺激的情景，让学生在个人和团队的层面都可透过危机感、领导、沟通、面对逆境和辅导的培训而得到提升，主动去体会、解决问题。在参与体验的过程中，让他们的心理受到挑战，思想得到启发，在特定的环境中去思考、发现和醒悟，对个人、团队进行重新认识和定位。

## 一、拓展训练的优点

1.创新：善于用刺激方法的培训者通常发现素质拓展能引起参与者和管理者的注意和兴趣。

2.印象持久：素质拓展给参与者带来终生难忘的深刻记忆，证实了通过接受素质拓展训练的挑战者能获得非同一般的自我洞察力。

3.娱乐：普遍的观点是素质拓展令人愉快，就算是最害怕体能挑战的久坐桌旁忙于案牍的人，也能过得非常开心。

4.考察结构：素质拓展可以考察结构和关系，允许所有团队成员发展其独特的力量和能力，这是其他学习形式所无法比拟的。

5.全脑：素质拓展是与我们对最佳学习途径的理解相一致的过程。也就是说，在拓展过程的学习中用了“全脑”，进行体能、情感和精神上的锻炼。

6.发展自然的学习能力：对于素质拓展培训概念而言，有两个声明是非常重要的，第一，几乎没有例外的是，每个人都是富有能力的学习者，但他们不一定将这种能力应用到“正式”学习中。第二，作为培训者，要想适应改变，应进行终生的学习。

## 二、拓展训练对个人的意义

1. 认识自身潜能，增强自信心，改善自身形象。

2. 克服心理惰性，完善性格结构，磨炼战胜困难的意志。

3. 调适身心，不浮躁、不颓废，更好地面对工作与生活的挑战。

4. 认识群体的作用，增进对集体的参与意识和责任心。

5. 学会欣赏别人，关心他人，助人为乐，关爱生命和自然。

6. 情感沟通和表达能力增强，人际关系趋向和谐。

7. 通过形式多样、变幻莫测的情景对大学生予以磨炼，促使大学生学会在看似杂乱的情景中找出规律，培养他们以积极开拓的姿态去战胜困难，启发想象力与创造力，提高解决问题的能力。

## 三、拓展训练对组织的意义

1.为团队获得更高昂的士气和战斗力。在户外拓展训练中，面对高难度和高空体验时，个人是无法仅靠自己的力量来完成全部课程训练的。自然，团队成员的支持与呐喊成为了每个人完成自我挑战的关键因素。当每个参训人员成功完成训练项目时，一种自我成功的满足感和与团队共同努力达成目标的成就感油然而生，每个人会从心底感谢团队的支持与鼓励，感谢队友的关怀。此时，整个团队的士气与战斗力是在学校、教室或办公室里所不曾达到的。

2.减少学生、员工的流动率和流失率。归属感是人的需求的一个重要层次。在进行户外拓展训练的过程中，学生或员工在获得精神体验的同时体验到了成功，这种成功来源于同伴的帮助与支持，会让参与者在团体中体会到一种归属的满足感，会为自己所在的集体而骄傲，会为自己所在这个集体而自豪。经过这样的团队建设后，会加强员工的凝聚力而使其流动率和流失率大大减少。

3.进行更和谐的沟通。培训中通过员工之间身体与心灵上的接触使他们之间距离贴近，容易产生共鸣，达成默契。就像男女双方在音乐旋律下共舞，当双方没有接触时，很难达到步调的一致，而随着双方手与身体的直接接触，则很容易同步进行，营造出和谐氛围，从而产生美感。因此，拓展训练使参与者深切感受到沟通的重要性而有利于团队的凝聚。

合作＋潜能＋核心＋目标＋心态＋沟通＋信心＝素质拓展训练。

拓展培训这种形式既安全又有一定的趣味性，易于被参与者所接受。但拓展培训的最终目的，是让参与者将培训活动中的所得应用到日常学习、工作和生活中去，如果缺乏专业培训师的指导及意见，则很难达到理想的效果。通过拓展培训，整合团队，挖掘每个人的最大潜力，这就是拓展培训的真正意义！

## 思考

1.你所在的班级或学生组织气氛融洽么，是否有凝聚力，是否具备强战斗力？

2.你最希望提升自己人际交往、领导与组织、团队协作、自信力与意志力、礼仪、口才、感恩、励志等哪一方面的素质或技能？

3.如果有机会，你是想以锻炼提升还是休闲娱乐的心态参加素质拓展？

4.在拓展过程中，你能否承担起核心领导者的指挥重任？你是否能够无条件地执行领导者的要求？你能为你的团队带来什么？

# 第二章　拓展训练必备

回归自然，体验新鲜、刺激、愉悦，确实是一件令人终生难忘的事情。但是，处于一个陌生的野外环境，难免有危险，生存便成为一个我们不得不考虑的问题。

拓展过程中以及在野外自然环境中有很多注意事项需要参训学员提前了解并掌握，本章将重点介绍拓展训练的安全原则以及注意事项，并讲授一些实用生存技巧以备野外不时之需。只有自己学会生存，才可以进行更好的团队建设，拓展训练的意义也在于此。

拓展安全常记牢，防范意识不可少。

## 第一节　拓展训练安全原则

拓展训练因其选择的场地、器械的特殊性、活动内容的未知性以及特有的心理挑战等，决定了其具有一定的风险性，如何让参训学员在身体、心理上获得最大的安全保障，是拓展训练课程至关重要的一环。

安全与危险是两圆相切的关系，安全是一个相对的概念，是没有超过限度的危险，安全与危险之间无任何缓冲区，仅是一种心理上的感受，只要迈出安全一步，就是危险。严格管理下的户外培训比大多数的户外活动都安全，只要我们从意识上和各个操作环节上严格把关，避免不安全因素的出现，意外将可以避免。

表 2-1　每百万小时活动的受伤数统计情况

| 活动内容 | 每百万小时活动的受伤数 |
|---|---|
| 体验式培训 | 3.76 |
| 负重行走 | 192 |
| 帆板运动 | 220 |
| 定向赛跑 | 840 |
| 篮球 | 2650 |
| 足球 | 4500 |

（资料来源：美国最大的户外培训机构 PROJECT ADVANTURE 统计。）

为了进一步消除隐患，降低风险，需要遵守安全保障四原则：

1. 双重保护原则：课程设计时所有需要安全保护的训练项目，都必须进行双重保护演练。

2. 备份原则：无论我们准备如何充分，也会有意想不到的事情发生，所以凡事要有两手准备，有退一步的打算，有备选方案。当我们设置了一个100%可靠的措施后，还要再设置一个同样可靠的措施来保障。任何需要安全防护的地方及器械都要有备份，确保万无一失。

3. 复查原则：所有的安全保护在准备完成后都要再复查一遍，操作中部分保护要多次检查，消除操作失误的可能性。随时的反复检查，这也是为"清醒头脑"做的一份"多余原则"。

4. 监控原则：拓展教练对项目进行中可能遇到的安全问题进行全程监控，将任何隐患消除在萌芽中。除此之外，还有一些原则性要求是必须做到的，只有在活动过程中，认真讲解、规范操作、将安全问题很好地落到实处，才能使我们享受到拓展带给我们的快乐与收获。

参训学员安全需知：

1. 务必进食，严禁在拓展过程中饮酒。因为拓展项目需要一定体力且需要注意力高度集中，饮酒将提高危险系数。

2. 服从指挥，遵守组织纪律，不单独行动，活动休息期间请勿擅自攀爬、离队，以免发生意外。

3. 在项目开展前认真聆听教练有关各项活动的安全提醒和注意事项。

4. 身体如有不适，及时向带队教练或随队老师、医生报告，以便及早采取措施。

5. 着迷彩服、运动鞋，切勿穿裙子、高跟鞋、皮鞋，便于活动开展。

6. 可根据个人习惯准备自己常用的应急处理用品。

7. 尽量不要携带贵重物品，确实需要，适量携带并由个人妥善保管。

8. 四季早晚有温差，带足保暖衣服，以免着凉。

9. 保证前一晚的睡眠充足，以保持体力。

阅读拓展→

## 女子户外常识指南

参加户外拓展训练或户外探险前做好一些准备可以让你在出行途中省省去很多不必要的时间和麻烦。如果你有出行计划，按以下这些指南做好准备工作，再带上美丽的心情，就可以从容出发了！

图 2-1 女子户外攀岩

## 一、准备充分,快乐上路

出发之前一定要搜集好沿途以及目的地的实用信息,要了解哪些地方比较危险,有哪些欺诈游客的惯用手段,然后寻找到适合自己的贴心攻略,下面简单罗列一下出行必备的装备:

1.背囊

根据你的身材选一个容量为45～55升的背囊。

建议:大多数女孩子选背包只在颜色、款式上下功夫,却不知选择背包最大的学问在于背负系统是否合适你的身材,好的包能够任意调节肩膀上的重量分配,可以根据体力以及环境随时调整能把大部分重量转移到胯部和臀部,那样你的肩膀会轻松很多,活动起来也更灵活。另外,女孩子的肩背部大多比男孩子窄一些,因此即便同样容量、背负系统的背囊男孩子背合适,女孩子就未必,买背包时还有一个重要的问题就是注意背包腰带的大小,很多女款背包都忽略了这一点,有时即便把腰带卡扣收到最紧但还是松,腰部要是不受力,背包非常累,购买背包时一定要自己到店里去试背,自己的背、腰、胯告诉你的感受才是最真实的。

2.服装选择

女性在户外的时候不能选择日常穿的漂亮衣服,而要选择抗寒保暖排汗透气的户外衣服。因为出门在外,天气多变,有件多功能的户外服,就能让你轻松应对各种天气。

3.登山鞋

尽量选择中轻量级的登山鞋。

建议：要享受自然情趣，难免要在各种恶劣的道路上行进，一双好的登山或者徒步鞋是必不可少的，虽然价格不低，但这种投资是值得的，按大多数女孩子的活动强度，一双中轻量级的登山鞋就足够应付所有的场合。

4. 睡袋

有棉睡袋和羽绒睡袋，按季节使用。一般睡袋上都有温标，可以按照你要出行的季节温度购买。

建议：睡袋在野营中除了保暖，某些情况下也可用作卫生睡具。因此睡袋最需要重视的是保暖，其次是重量，另外不管出发时是什么天气，装睡袋的大塑料袋一定要带，以免下雨打湿睡袋。

5. 头灯

尽量选择轻巧的 LED 头灯。

建议：头灯的好处是可腾出双手，看到哪里，亮到哪里。LED 头灯的好处是体积小重量轻，照明时间长，一般夜晚只在营地内活动，因此照亮眼前 15 米以内的地方就完全够用了，平时放在包里，遇到黑暗的楼道拿出来照照也不错。

6. 其他物品

(1)洗漱包

建议：这是女孩子的必备，功能完备的洗漱包可以放得下所有的洗漱用具和化妆用品，而且里面有一个摔不碎的镜子。

(2)水具

野外没有瓶装水卖，与他人共用水具也易传播疾病，一个 1.5 升或者 1 升左右的户外水壶是很好的选择。

(3)防潮垫

建议：防潮垫有 3 个核心功能：舒适，保暖，防潮。舒适是让你在高低不平的山间野外有层柔软的睡垫；保暖是将人体和寒冷的地面隔离，减少人体热量损失，阻止地面寒气侵入；防潮是隔离地面湿气。防潮垫的主要类型有：气床垫、自充气垫、泡沫垫，一般选择重量轻、易携带、用起来很方便的防潮垫就可以了。

女生出门，总恨不得带很多东西，需要的不需要的都一股脑背上，下面的这些贴心装备是专门针对“背包美眉”的贴心小提示。

1. 防晒用品

与灼热阳光亲密接触时，防晒霜一定要随身携带，随时补擦。不要以为早晨日出前涂抹的防晒霜可以一直保护你到日落时分，每隔两三个小时补充一次才是最有效的。

2. 披肩

披肩在旅途中可是大有用处的。天气冷时可以披在肩上挡风寒，天气热时腰间一围，就是一条漂亮的花裙子。还有户外野餐，披肩铺在草地上就是一块大方得体的餐布，到了晚上，大披肩又可以变成床单，让你的睡眠更舒心。

3. 小方巾

裹在头上是风情万种的帽子；系在腕上可以当擦汗的汗巾；你还可以像西部片中的牛仔那样系在脖子上，肯定酷毙了。

4. 香水

香水带迷你装的就好，主要是方便携带。出门在外，不可能带很多的衣物，重复穿的喷上一点儿，立刻就可以让自己振奋。还有，入住条件艰苦的小旅店，香水也可以让室内空气更清新。

5. 充气枕

带上一个充气枕，不但可以美美睡上一路，还能避免睡着时东摇西晃，提高睡眠质量。

6. 多效维生素

出门在外，饮食不定，带着多效复合维生素片，每天一粒补充人体所需，是旅途健康的好帮手。

7. 薄荷膏

薄荷膏实在是旅途中的万金油：缓解蚊虫叮咬引起的皮肤不适；减轻伤风鼻塞、头痛头晕的症状；恢复晒伤、烫伤的皮肤损伤；在秋冬季节亦可滋润护肤。

8. 睡衣

虽然睡衣对背包族来说有点奢侈，但有了它，睡眠会更舒适。背包出行带的睡衣最好是纯棉质地的长袖衣裤，舒服柔软并且卫生。

9. 轻便拖鞋

自带拖鞋出门同样是出于卫生的考虑。如果旅途中需要坐长途汽车或火车，时间较长，也可以换上拖鞋，让疲惫的脚放松放松。

10. 内衣

女性的内衣为了增加其支撑性，大多有钢圈。这样的内衣在日常生活中能让女性更加漂亮和自信，但并不适合登山和进行其他的户外运动。进行户外运动时穿着的内衣应该有以下特性：透气快干，不含棉，最好是100％涤纶，并含有莱卡；没有钢圈，底部松紧适度，固定性好；没有衬垫，但又不能太薄，那种单层的背心式运动内衣虽然舒适，但影响美观，反而使女性不自在；尽量选择调整肩带长度的扣环在后面的，因为处在前面的扣环会因背包的肩带压迫而挤压皮肤，当然最好不要有调整扣环；选择肩带为 x 型的，这样不易因动作过大而滑落。

## 二、出门在外，安全第一

旅途中，满怀憧憬，期待邂逅一段浪漫和奇遇，但是出行在外绝对不能忽视安全问题，否则就有可能会遇骗遭劫，轻则伤财，重则影响人身安全。所以，懂得提高警惕、了解如何自保是十分必要的。女性通常是歹徒行抢、猎艳的对象，因其身材多半娇小，反击能力不足，遇害时，可能连大叫都不敢，就算有求救勇气，但语言不通，加上野外人烟稀少，不见得有人能救你。

防患于未然，我们应先记住这几点：

1. 选择一个好的同行伙伴。这是十分重要的一条，因为进行户外拓展不论远近，出行有一个男士同行是很有必要的，最好是自己的家人或熟人，如果是陌生人就要慎重考虑，他们可能会伤害你。

2. 在进行户外拓展的时候千万不要脱离集体，不要单独行动，尤其是夜间。前方有什么样的危险很难预料，再加上独自一人，遇到危险很难躲避。

3. 如果团体出行，选择一个好的领队是至关重要的，领队要经验丰富、责任感强，户外出行的线路领队一定要亲自走过，不然后果很难预料。

4. 参加户外运动，最重要的就是尊重科学、量力而行。因为男女的生理特征决定了女生不可能有男同胞那样的体力和强度。女生虽然没有强健的肌肉，但是有柔软的毅力，可以运用沟通协调的能力去维护团队的和谐；女生没有披荆斩棘的能力，但却有细腻的观察力。追求两性的平等并不是要自己和男性一样，背负同样的重量，承担同样的责任，每个人都应该发挥自己的特质和特长，男女互补，使整个户外活动更加愉快，同时善于发挥观察细腻的特性，运用自己的野外知识规避户外潜在的危险。

5. 如果真的很不幸你要独自面对坏人时，那你千万要镇定。不要放过任何一个能自救的机会。

6. 尽量结伴同行、途中不落单。别以为孤独之旅是很浪漫的，结伴同行绝对重要。尤其是那种个儿瘦小，又喜欢背个大包包旅行的女性，形单影只，会让你在发生事情时求助无门。

7. 在选择帐篷同伴的时候，最好不要和完全陌生的人同睡一个帐篷，最好在徒步中就要尽可能多地去了解打算同睡一帐篷的人，在野外宿营，安全最重要，因此也不提倡单独睡一个帐篷。

## 三、注意事项，牢记心里

1. 穿着要简单自然，举止别像观光客，出外旅游可不是选美，不要打扮花枝招展和钱财露白，引起歹徒起意。照相机每拍完一个景点后，马上贴身收纳。搭乘交通工具时，要将背包反背到胸前。

2. 出门前应该安稳坐在旅馆、隐秘场所或地铁座位上，行程了然于心再行动。

3. 随时保持机灵的警觉心，保持低声交谈，让坏人无机可乘。

4. 节省你的同情心，不要随意施舍，当你施舍钱给一位乞丐时，下一秒钟，你会被乞丐兵团包围而无法脱身。此外，遇见可疑男女和小孩靠近时，赶紧远离，看护好自己的财物，免得被盗。

5. 搭乘火车务必谨慎，火车往往是犯罪的温床，人流量大，龙蛇混杂，搭乘火车绝对要提高警觉。搭乘卧车时可尽量选择卧铺中的上铺。

6. 别以为拒绝帅哥的搭讪很可惜，也许他是坏人。还有不要喝陌生人的饮料，有主动与你攀谈的，最好小心，对方也许早已盯你很久了。

7. 住宿安全也要注意，如果条件允许选择的话，尽量不要贪小便宜，不要租住陌生民宅或低矮楼层，安全第一。

## 四、旅途保养，美丽第一

“谁知道下一秒，会遇到什么人呢?”不知道这话是谁说的，反正没人希望在旅途中是一副蓬头垢面的模样吧，万一遇到了比较心仪的异性时就会觉得失态了。所以说，旅途中不忘保养自己也很重要，至少拍出来的照片也是美美的。最重要的一点，面带微笑，没有人会拒绝一个面带微笑的女孩子的请求。

女生们，如果你已经做好了充分准备，就让我们收拾行囊，一起上路吧！

（资料来源：http://www.xtx6.com)

# 第二节 拓展训练注意事项

目前拓展训练已经成为不少组织用以提高人力资源运用水平的重要途径。一份对企业的专题调查数据显示，有72%的高层人士非常重视中层管理队伍的培训。其中认为：培训是组织发展需要的占64%，人才是培训出来的占44%，培训是稳定人才的手段的占36%。同为组织，学校与企业也有许多相似的地方，各个班级组织、学生组织也极其需要通过培训达到提升组织凝聚力以及个人能力的目的。所以，在开展或参与户外拓展训练时必须注意以下几方面内容：

## 一、拓展选择项目注意事项

### (一)训练前要充分和教练老师沟通

是需要严格些还是放松些，是希望体验自然山水还是项目惊险刺激，是希望以提高团队凝聚力为主，还是加强新成员团队融入，或者增强个人自信，根据需要有针对性地选择项目以达到不同目的。

### (二)项目不是做越多越好

参加过拓展的都知道，许多项目的目的与意义是相同的，比如个人项目穿越泥潭、高空断桥等都是挑战个人极限、个人心智的。如果一天连续做的都是这几个项目也没有太大意义，反而浪费许多时间。所以，项目不是越多越好，关键是要做精，在教练、老师引领下体会。

### (三)个人的挑战项目不可缺少

团队对成员的鼓励与支持有利于加强团队的凝聚力。在个人项目中，个人所要完成的规定项目都是在所有队友的关注下进行的，同伴的口号、队友的目光都成为每个人前进的动力。在这样一种浓厚的感情冲击下，每个人会尽自己的最大力量来完成每一个看似不可能做好的项目。在众多同伴的帮助下会使参与者体会到实际工作中的困难远不如想象中的那么大。

生活在集体中，力量是无穷的。例如在空中断桥项目中要求每人爬上8米高的断桥，在间距为130厘米的断桥上向前跨出，培养学员面对挑战与困难的勇气。此外也有助于对学员意志力与品质的培养。

"当你要放弃的时候，其实离成功已只有一步之遥了。"关键时刻的意志力往往是一个人成功的重要保障，它能帮助参与者完成跨越目标的关键一越。所以，企业将培训员工的意志力与品质放于首位。在野外拓展训练中的断桥、空中单杠、攀岩等个人项目恰恰是对个人心理与信心的挑战。

### (四)双人项目是团队真正形成的过渡项目

在拓展培训中，双人项目是一个过渡项目，它是联系个人与团体建设的纽带，在双人项目中一般采用高空相依、天梯等。在双人的高空配合中，每个人与同伴会产生相互的信任与依赖，例如天梯，队员2人一组、相互配合、共同攀上六根间距为1米3，悬于8米高空的木柱。这使参训的队员体会到了信任，体会到人字的结构是相互支撑。此时，每个人会深刻地意识到什么是将自己的生命与安全托付给你最相信的人。双人项目的进行使成员对团队中的每个同伴产生极大的信任与关注，这为团队建设提供了良好的保障。

### (五)团队项目是拓展训练培训的精华所在

在团队项目中，其中一个训练团队纪律和协调性的项目是：有轨电车，项目设置是用两块长木条，每个队按顺序排成一纵列，每个人左脚踩在左边的木条上，右脚踩在右面的木条上，双手抓住左右两边的绳子，开始统一行进。同时在团队中，教练会有意识地将组织的文化与精神灌输给每个成员，让其意识到团队整体行动的重要性。

团队的打造是拓展培训的宗旨，为团队建设而努力是每个项目所要达到的目标。但是不意味着团队项目就是大家的责任，如果责任是大家的，那么等于每个人都没有责任。所以，团体项目仍是个人能力的体现，在团体项目中个人的能力是在集体中的运用。在团体中，个人的领导能力、组织能力、团队精神、身体素质可以发挥到极致。此时，个人会在整个团队中体现个人的能力，会有更大的归宿感与成就感。团队项目以个人的努力为基础，个人成为每个团队不可或缺的元素。如在海上求生的项目中员工们面对一个4米高墙，项目场景设置为大家在一艘轮船上，要在40分钟之内全部逃生。在这种条件下，大家只有用肩膀搭起一座人墙，相互支撑，团结一心，才能成功。同时在这个项目中，逃生的机会是大家选择的，在其中会充分反映团队成员为他人的奉献精神。

## 二、拓展前后的注意事项

### (一)最重要的是安全

安全是拓展训练中最重要的问题，没有安全拓展再好也是"0"。这里的安全不光是人身安全，还包括心理安全、形象安全等。比如，某次拓展有个女学员在做逃生墙(毕业墙)

项目时，因为上不去，上面的人抓的不对，他们一把抓住女学员的上衣，结果上衣脱落，害得女学员在所有人面前走光。于是，这次经历给这位女生留下极不好的回忆。各类的安全问题需要全体教练和学员高度重视。

**（二）将室内授课与户外体验式拓展相结合**

在室内授课时学员所掌握的知识是成长的硬件，在户外的拓展培训使学员互相团结成为共同奋斗的软件。我们可以将学习的过程概括成下面的公式：

真正的知识＝知识＋体验＋思考＋指导＋实施＋运用。

在学习中体验是拓展培训中不可缺少的一个课程，要让学员在体验中成长起来是一个重要的过程。所以，授课与体验式培训是相辅相成的，在授课之后的体验式培训是一种轻松、一种享受，同时又是一种知识体验的沉淀。

**（三）做好拓展的心理准备**

积极主动地参与各项活动，尽自己最大的努力接受各种挑战，视成功为目标，在短暂的拓展时光中，团结友爱，诚恳助人，主动沟通和交流培训感受。以积极心态投身拓展并收获快乐。

**（四）健康状况**

患有急性传染病且处于病发期的学员不可参加训练；如疾病得到有效控制且在康复期，或患有高血压、心脏病等疾病者可在教练的指导下，有选择地参加相关项目训练。如有其他身体不适情况，保持冷静，在自己能力范围内处理的同时，及时通知他人或告知教练，以作相应处理。

**（五）注重户外拓展训练结束后的回顾**

拓展训练的关键就是要利用训练对学员的心灵冲击让其体会到团队与组织的关系、个人与团队的关系、个人成长对组织的贡献。所以，回顾与分析是给学员一个重新体验的温习过程，这个回顾给学员带来的感受会在心中生根、发芽、蔚然成林。同时，学员要将自己的想法与大家交流，这也将加深队员的沟通与分享。

**（六）做好拓展训练后的反馈及呈现**

作为组织拓展培训的负责人或各学生组织的负责人，要将培训结果贯彻始终。培训后的调查反馈十分重要，要让学员重拾拓展训练的记忆才能不断地回味拓展的意义。可以将拓展训练的各种照片、片断、语言以各种形式反映出来，更好地运用于工作中去。

**（七）其他注意事项**

拓展期间服从专业人员管理，遵守团队纪律，不单独行动。严禁擅自攀爬，严禁吸烟、喝酒、接打手机和任何形式的赌博。同时，爱护各项设施，爱护自然环境，不要乱丢垃圾，拓展中产生的垃圾一律收集并合理处理，做“留下的只是你的脚印，带走的只是你的留影”。

# 第三节　拓展训练场地选择

拓展训练场地的选择是项目开展至关重要的环节，每个拓展项目都需要不同的场地布置，故而需要我们以项目对场地而制宜，同样，合理地利用场地所模拟的情境可以增强培训效果。大学生素质拓展训练的野外项目和室内项目有很大不同，体验自然的感悟与室内训练的传授对学生产生的效果也会有不同。

根据场地的不同主要分为自然环境中的户外场地、自然环境与人造环境相结合的训练场地、人工建造的拓展场地等。按照我国现行的拓展操作，人工建造的场地是比较常用的。无论何种场地，为了表现项目的理念，达到实际需要的效果，都需要在不断的实践中进行改进，不断变化和发展。

拓展训练基地建设中场地的选择对于拓展训练效果影响很大，对地形必须熟悉掌握、对当地气候条件要充分了解，做好各项准备，在活动前的一周内对场地再次进行前期考察，然后才能选择使用。

## 一、拓展训练场地建设的十大原则

### （一）拓展训练场地的用户群

这是拓展训练场地建设首要考虑的问题，首先要考虑建设成拓展训练场地之后，是哪些人员来使用这个器材？比如是园区对外出租拓展器材，那么面对的客户群体就不但有企业单位的成人，还有大学、中学等学生群体，器材的制作上就要按照成人的标准去建设，再具体一点来讲，高空训练器材的高度不能太低，国家的标准是8～12米。其次，像背摔台、逃生墙等拓展器材都要按照成人的标准来建设。

### （二）拓展训练场地的经营模式

要建设拓展训练场地或者要做拓展训练场地的建设方案，那么第二个要考虑的就是场地的经营模式，是风景区还是度假山庄，或者是青少年活动中心，部队军营，等等，每一个经营模式都不相同，所以做拓展训练基地建设方案的话就要考虑经营模式。

### （三）拓展训练场地面积的选择

拓展训练的场地的大小以及地形都是有要求的，首先从大小上，稍微大一点会便于开展项目，不过场地太大学员在里面就没有安全保障了。一般最小的拓展训练场地也得有一个篮球场大。

### （四）拓展训练场地地形的选择

选择拓展训练场地的时候首先是把安全放在第一位，平地有利于学员的安全，但是都是平地的话对培训的质量又会有影响，最好是丘陵地和小的河流或者水池相结合的地方，并且它们之间的距离不能太远，如果各场地距离近的话就选择场地式拓展训练，如果远的话就选择野外式拓展训练，或者两个相结合更好。

### （五）器材摆放位置的选择

首先是安全性方面的考虑，像高空器材攀岩墙等高的拓展设施选择地点很重要，一般要避开容易发生危险的斜坡、河流的河道旁边等。其次是考虑培训的效果，各个拓展训练器材之间的距离要适中，不能远，否则走路浪费时间，降低学员的体验感，也不能近得挨着，那样各个拓展项目之间使用的时候会有影响，同样也会降低拓展训练学员的体验感。再者根据各个器材的使用环境来摆放，比如逃生墙一般需要相对安静的环境，便于培训师的引导，那么逃生墙就应该放在稍微偏僻的地方。高空训练器材因为高度高，一般放在比较显眼的位置。

### （六）器材种类的选择

拓展器材可大致分为六类：高空拓展器材、中空拓展器材、地面拓展器材、水上拓展器材、攀岩墙、真人 CS 拓展器材。每一个场地方案制作之前都要依据场地的实际情况来选择使用哪种拓展器材。

### （七）资金的选择

有多少的资金就能建设多大的拓展训练基地，一般一个拓展训练场地的资金投入从10～400 万元都有，拓展训练器材因为种类不同，价格相差很大，比如地面拓展器材整体小，就比水上拓展器材价格低很多，所以在制作拓展训练基地建设方案的时候就要考虑建设预算。

### （八）培训师队伍人才的选择

一个好的拓展训练基地建好之后，只能说是硬件建设好了，接下来软件建设也很重要。有些场地属于自己经营或者自己使用的拓展训练场地，而非对外经营的拓展训练基地，那么自己基地的教练以及培训师队伍的培养就很重要了，可以采用外派培训和引进培训的方式来结合进行，一般简单掌握的话需要 7 天左右，熟练操作的话需要自己天天练习，一般半年即可，如果需要进一步地掌握带队的知识，那就需要多年的磨炼以及自己的学习了。

### （九）硬件配套设施的选择

一个拓展训练基地除了拓展器材之外，学员来到基地之后还要有餐饮住宿，最好还包含有休闲娱乐的地方，建设一些休闲娱乐的拓展器材配套产品。如果拓展基地本身就建设在风景优美的风景区，那更好了，这样从培训的角度讲，学员的培训体验值就增加了，同时景区的收入也增加了，客户培训完之后还可以参观旅游，一举多得。建设拓展训练场地之前要先衡量好基地餐饮住宿的接待量，以免建设之后出现基地接待不下的问题。

### (十)管理的重要性

硬件建设完成后,接下来就是管理了,整个拓展训练基地都要将管理的重要性作为重中之重。餐厅、客房的管理以及拓展训练器材的管理维护都是影响一个拓展训练基地发展的重点。

一个好的拓展训练基地由美观好用的拓展器材,开阔的拓展场地,方便的餐厅,舒适的客房以及完善的管理组成。考虑齐全这些要件,打造一个好的拓展训练基地就不难了。

## 二、厦门地区部分拓展场地参考分析

### (一)北辰山

北辰山俗称北山岩,是厦门十二道著名风景之一,是一个旅游的好地方,也是一个鸟语花香、五彩缤纷的童话世界。地处厦门市同安区东北隅,在同安五显镇境内,毗邻南安,距同安城区 12 公里。1998 年被福建省政府评为省级风景名胜区,景区总面积 12.2 平方公里。为低山丘陵、花岗岩地貌,以十二龙潭瀑布为主要特色。北辰山人文古迹众多,自然景观优美。

图 2-2　北辰山大门

北山岩历史悠久,人杰地灵,同安历传“先有北山,后有同安”。唐末,王审知“北山竹林拜剑,剑竟三拜而三升。”起义军欲拥立为王,王审知尊兄为主,五代十国,王审知受后梁朱温封为“闽王”,施政有方,恩泽八闽,被尊为“开闽第一”,后人称为“开闽王”。宋太祖御赐“八闽太祖”匾额。百姓为纪念王审知,特建“忠惠尊王庙”及“闽王衣冠冢”。清雍正元年,重建忠惠尊王庙前殿和中殿,清咸丰己未年再次重建,后圮于“文革”,1982 年复建,1994 年修建北辰山雄伟山门。农历二月十二日是闽王成仙之日,前后五天,北辰山庙会空前,香火不断,人山人海。南曲与高甲戏演唱,通宵达旦;“宋江阵”大显身手;八方香客燃香顶礼,诚敬朝拜开闽王。

图 2-3　北辰山十二龙潭

图 2-4　北辰山拓展活动区域

## (二)金光湖

金光湖位于厦门市同安区莲花镇内田村，距同安城区 23 公里、厦门市区 60 公里。林区山形如“湖”状，四周六条山岭和两座小山交相环抱，构成“金”字形，旭日初生、叶露晶莹、金光闪闪，故名“金光湖”。

图 2-5　金光湖入口

金光湖被誉为“闽南的西双版纳”，林海茫茫，野生动植物品种繁多，不胜枚举，林区总面积 7768 亩，最高海拔 845 米。林区古木参天，曲径幽回，身处林海，不仅可以饱览大自然秀丽风光，还可尽情享受“森林氧吧”的无穷乐趣。区内有国家一级、二级保护植物，还有珍稀动物，众多的中草药及自然景观。高温季节，金光湖林区内气温低于林外 1～5 ℃，低温季节，林内温度高于林外 2 ℃左右，林中含氧量和负离子数高于城市 5～7 倍，堪称少有的“天然氧吧”。游人置身其中，可吸入较多的负离子，享受爽透的森林浴。金光湖是休闲度假、素质拓展的好去处！

图 2-6 金光湖内景

### (三)野山谷

野山谷拓展训练基地位于厦门市同安区莲花镇小坪村、水洋村和泉州安溪交界处,是莲花国家森林公园的重要组成部分,它是由大尖山、永成山、双溪口、采金溪和采银溪五部分组成,占地面积 6227 亩,其历史可溯源至北宋大观元年(公元 1107 年)。因此地金银矿藏资源丰富而极具盛名,采金溪、采银溪也因此而得名,至今采银溪仍留有银矿的遗迹。野山谷以"森林、幽谷、飞瀑、温泉、雨林"为特色而闻名于世。谷内有全国最大的人工热带

图 2-7　野山谷内景

雨林区，配有动人的自然籁音的背景音乐，恐龙谷、鳄鱼滩、湿地、生态植被等，有闽东南沿海面积最大的亚热带天然次生林和品类最多的珍稀植物资源，同时也是全国重要的药材基地，是野外素质拓展的好去处。

### （四）文山

厦门同安文山位于同安区莲花镇云洋村，与汀溪镇交界，原名福鹏山，又名三台山。海拔 523.5 米，山峰形状似文笔的笔锋。朱熹任同安主簿时，曾临此地。认为此山风水极佳，一定会出现许多文人，因此在峰顶石头上题刻“文山”二字。文山因此得名。

文山有斗拱岩寺、一树相思、灯火寨，以及龙潭、龙门瀑、双狮瀑、飞云瀑、月潭、珍珠潭、双龙瀑、龙吟潭、双连瀑、玉壶池、龙须瀑、仙女潭、天女散花。山以泉石为主，寻声索隐，随波逐流。探渊远流长之源头活水，履景行行止之贤圣胜迹。前顾后携，逶迤而上，或踞石临渊而啸，或涉水濯足而思。泉之级无数，各有其品，渴则掬之以口，但息恼热。山色水光，滟然影壁，泉或齿注蜒流，或鸣泉泻玉，弥望之际，漫天珠玑，珠帘断线。余与如如君趺坐泉下，冥听山水清音。一时兴起，划然长啸，临潭飞瀑下，沐清凉泉雨，是野外素质拓展的良好选择。

图 2-8 文山入口

图 2-9 文山水景、山景

### (五)志闽旅游区

志闽旅游区位于厦门同安与安溪龙门交界处(距厦门市区 50 公里),206 省道旁,交通便捷,厦门至安溪路线的车子均从旅游区门口经过。旅游区目前已实现以下项目对外开放:矿泉溪漂流、野战、野外生存、穿越峡谷、攀岩、滑索、潜水、划船等运动项目,并有情

图 2-10　志闽旅游区拓展一瞥

人幽谷、烧烤、茶座、度假村等休闲设施。

**(六)双龙潭**

双龙潭生态运动景区位于厦门市集美区灌口镇坑内村西部，是厦门唯一一家运动类景区，景区内山水资源丰富，适合登山休闲运动。目前已经建好的项目包括滑草场、攀岩场、射箭场、亲水乐园。规划中的还有溜索、湖边小木屋、水上拓展等项目。

图 2-11　双龙潭滑草场

滑草：双龙潭滑草场的规模为全国前十、华东最大。由滑车滑草场、滑鞋滑草场和悠波球滑草场三块场地组成，总占地面积约 2.5 万平方米。在双龙潭滑草场，可以在草地上自由滑行，呼吸清新自然的空气，还可以钻进“悠波球”在草坡自上而下，体验车轮滚滚的感觉;也可选择滑草车,舒坦地坐在车里,自陡坡上向下疾驰,惊险刺激,体验风驰电掣的感觉。

攀岩:景区的人工岩壁最高的达15.5米,是人为设置攀岩点和路线的模拟墙壁,可进行攀岩训练和比赛,难易程度可控制。岩壁上布满密密麻麻的攀岩点,路线变化丰富,如凸台、凹窝、裂缝、仰角等,适合开展挑战类拓展项目。

### (七)大竹溪

同安大竹溪是海西最具潜力的国家生态旅游区,拥有拓展基地、拓展培训、漂流、野战、峡谷、休闲步道、攀岩或速降、百丈瀑布、茶园观光、会务、休闲度假等齐全的旅游项目。

大竹溪生态休闲旅游景区位于:闽南三角合围区,坐落于漳(州)、厦(门)、泉(州)中心的安溪县大坪村,距厦门国家级小坪森林公园3公里,距漳州市区100公里、厦门市区60公里、泉州市区90公里,交通便捷。三百年历史昔日繁华古村落遗址,古代重要屯兵要地——大竹溪四周群山环绕,三水合围,阳光中彩色的云雾,飞流直下的瀑布,森林公园的林海,万亩茶园,三百年军事古城堡,抽象的山形,清澈的山泉,时尚的户外休闲娱乐,古代历史与现在文明相结合,形成大竹溪这个具有远古、自然、生态、时尚的户外旅游与拓展活动景点。大竹溪配套有住宿、餐饮、会议厅及会所,是会议接待、周末度假、团队活动、休闲健身的好去处。每年举办内容丰富多彩的“阳光古藤”夏令营和青少年素质拓展相关活动。好山,好水,好茶,好玩尽在大竹溪!

图2-12 大竹溪漂流

### (八)悦神农庄

图 2-13　悦神农庄拓展场地

厦门悦神农庄拓展培训基地位于集美后溪镇，景色宜人，交通便利，离高崎机场 10 公里。到其他厦门地区都在 20 公里以内，福厦、龙厦、厦深三条高速铁路在这里汇聚。是厦门市首家外资创建符合国际专业标准的培训基地，并且专业于为企事业单位提供量身定制的培训，包括团队拓展培训、大型主题活动、户外体验等专业服务，以及其他体育运动的赛事组织策划和场地出租。

### (九)丽田园

厦门同安丽田园占地面积 6 万多平方米，依山傍水，坐北朝南，气候宜人，区位独特，交通便捷，历史悠久，文化厚重。既占文化景观之秀美，又领同安沃溪河流之浩淼，集原生态景观、闽南民俗文化、闽南古民居、悠久的农耕文化于一地，旅游资源得天独厚，异常丰富。春色好，千里绿田园。丽田园立足生态资源优势，注重规划在前，有序开发生态资源，在不破坏自然生态的前提下进行开放建造，形成人与自然的和谐。同时，丽田园休闲农庄还特别推出新概念旅游项目，集合户外拓展、农耕体验、文化教育、水上娱乐、乡村旅游等，吸引了大量的游客，成为人们周末度假休闲旅游的好去处。

丽田园是一个典型的综合性休闲农庄，在不破坏自然生态环境的前提下，利用当地自然资源，开发了各种农庄体验项目。其中，特色项目囊括：亲子农耕，了解各种原始农具，

图 2-14 丽田园内部拓展

体验种菜乐趣；水上运动，竹筏漂流，赛龙舟，水上滚筒球，手摇船；休闲探险，钓田鸡，骑马漫步，森林探险，极限攀岩；品尝农家野味，群体聚餐，烧烤等，总体上，称得上是“农家乐”首选体验之地。

### (十)天竺山

厦门天竺山被称为“厦门后花园”，位于厦门市海沧区东孚镇，距厦门市区仅 36 公里，总规划面积 37.05 平方公里。现已建成天竺湖、两二湖、皓月湖、百竹园、揽月路、好望角、鸳鸯溪谷等景点，景区内原有真寂寺和龙门寺遗址等人文景观；公园内有 1500 种植物，森林覆盖率达 96.8%；路网四通八达，有 36 公里长的车行道、70 多公里长的步行道、8 公里左右的登山道。150 米等高线以下的平缓地带为休闲娱乐度假区，面积 10.54 平方公里，规划建设风情度假区、高级度假酒店区、体育公园区、动物园区、现代农业科技园区、闽台果蔬花卉区。天竺山景区将成为集旅游观光、休闲度假、体育锻炼、康体疗养、农业科普和

图 2-15　天竺山森林公园

宗教文化于一体的原生态滨海城郊森林公园。

厦门天竺山适合做大型户外拓展训练，可容纳上千号人同时开展训练，同时也是GPS 定向寻宝，措奇拓展的好去处。

# 第四节　野外生存实用技能

## 一、野外生存之取火

### (一)火柴

火柴是点火最便利的工具。多携带一些标有“非安全”、“可以在任何地方划着”标记的火柴，把它们扎成一捆放在防水容器内，防止它们相互摩擦，产生自燃，另外也可防止火柴自身变潮。

图 2-16 火柴

注意:火柴受潮也是有办法补救的,如果头发干燥并且不油腻,可将潮湿的火柴放在头发里摩擦一番,头发产生的静电会使它干燥。

另外,通过在火柴上滴蜡可防止火柴变潮。点火时,可用指甲将蜡层剥除。

特别备注:在我国,火柴被列入化学工业出版社出版的"化学危险品实用手册"中的化工产品,属于违禁品。有需要购置火柴的人员需遵守易燃危害物品管理规定,购买火柴需到专门商店购买,不携带火柴乘坐船车飞机等交通工具,以避免火灾、爆炸等事故发生,确保安全。

### (二)使用凸透镜

强烈的阳光通过凸透镜聚焦后,可产生足够的热量点燃火种。其中,取火最为迅速的是照射汽油和酒精,可在 1～2 秒内点燃火种。

放大镜或望远镜以及照相机里的凸镜,都可以代替凸透镜为你服务。另外,在手电筒反光碗的焦点上放火种,向着太阳也能取火。如果在有冰雪的环境下,将冰块加工成中间厚、周边薄的形状代替凸透镜也是可以的。

### (三)击石取火

找一块坚硬的石头做"火石",用小刀的背或小片钢铁向下敲击"火石",使火花落到大火种上。一条边缘带齿的钢锯比普通小刀可产生更多的火星。当火种开始冒烟时,缓缓地吹或煽,使其燃起明火。当然并不是任何一块石头都能点燃火种的,石头击出的火花必须有一定的热量和持续时间才能点燃火种。

图 2-17 凸透镜聚光

## (四)电池生火

电池＋口香糖锡纸＝取火工具？由于口香糖表面的锡纸的锡是导体，可以导电，和电池的正负两极相连后，就构成了一个电流回路。电流在通过导体时，导体产生发热的电热现场，而热量积累到足够的程度后，锡纸达到燃点就可能会燃烧。重点提醒：该操作过程中发热量过大，容易烫伤皮肤，应谨慎使用。

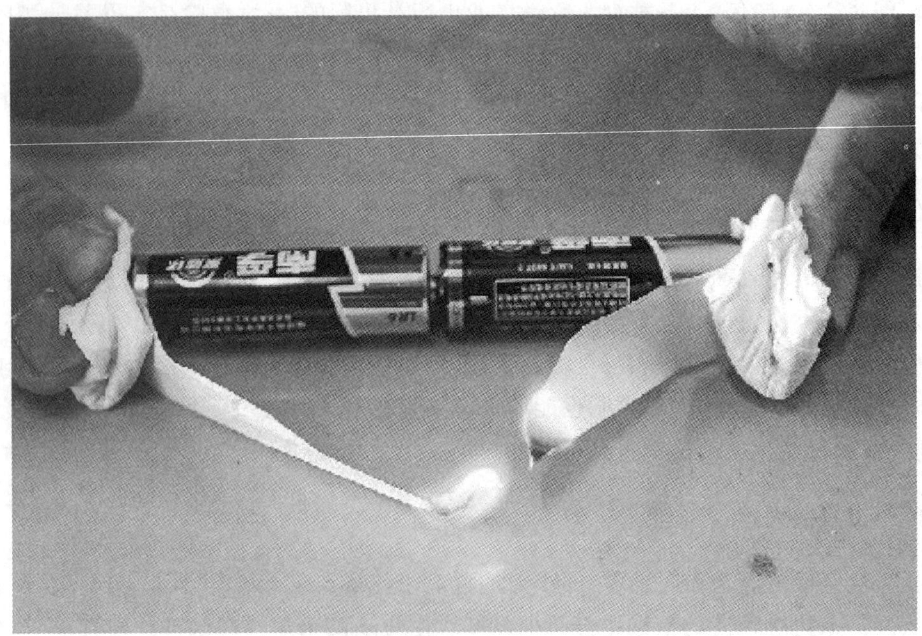

图 2-18 锡纸＋5 号电池导电生火

若有电量较大的电池，将正负两极接在削了皮的铅笔芯的两端，顷刻间，铅笔芯就会烧得像电炉丝一样通红。

如驾车旅行的话，可取两根长导线，连在电瓶的正负两极接线柱上。如果没有电线，可以用两个扳手或其他金属工具代替。如导线不够长，可将电池从车中取出。将两根导线末端慢慢接触，短路会产生火花。这时，一块沾了汽油的布是最好的火种。

图 2-19　弓钻生火

### （五）弓钻取火

用强韧的树枝或竹片绑上鞋带、绳子或皮带，做成一个弓。在弓上缠一根干燥的木棍，用它在一小块硬木上迅速地旋转。这样会钻出黑色粉末，最后，这些粉末会冒烟而生出火花，点燃火种。

### （六）藤条取火

找一根干的树干，一头劈开，并将裂缝撑开，塞上火种，用一根长约两尺的藤条，穿在火种后面，双脚踩紧树干，迅速地左右抽动藤条，使之摩擦发热而将火种点燃。

### （七）其他方法

在平坦的木板上摩擦玻璃片，也能生热发火。待剧烈摩擦发烫时，将火种吹燃。还可用两块软质的木头或竹片用力相互摩擦取火，下面垫以棕榈树皮或椰子叶底部的干燥物作火种。也可以在一块软木底部刨一条直沟，然后用一根矛状硬木尖端前后“犁”行，这样首先产生出火种，最后将其点燃。

## 二、野外生存之找水、收集水

生命离不开水，没有食物正常人可以活三周，但没有水，三天都活不了，所以水也要优先考虑，几点小提示，希望帮助你在野外迅速找到或收集到水。

1. 找水源，首选之地是山谷底部地区，高山地区寻水，应沿着岩石裂缝去找，干涸河床沙石地带往往会挖到泉眼。

2. 在海岸边，应在最高水线以上挖坑，很可能有一层厚约5厘米的沉滤水浮在密度较大的海水层上。

3. 饮用凹地积水处的水时，必须做到先消毒，沉淀后煮沸饮用。

4. 收集雨水：在地上挖个洞，铺上一层塑料，四周用黏土围住，可以有效地收集雨水。

5. 凝结水：在一段树叶浓密的嫩枝上套一只塑料袋，叶面蒸腾作用会产生凝结水。

6. 跟踪鸟类、昆虫或人类踪迹可以找到水源。

7. 植物中取水：竹类等中空植物的节间常存有水，藤本植物往往有可饮用的汁液，棕榈类、仙人掌类植物的果实和茎干都含有丰富的水分。

8. 日光蒸馏器：在干旱沙漠地区利用下述方法能较好地收集到水，在相对潮湿的地面挖一大约宽90厘米、深45厘米的坑，坑底部中央放一集水器，坑面悬一条拉成弧形的塑料膜。光能升高坑内潮湿土壤和空气的温度，蒸发产生水汽，水汽与塑料膜接触遇冷凝结成水珠，下滑至器皿中。

一般说来，除泉水和井水（地下深水井）可直接饮用外，不管是河水、湖水、溪水、雪水、雨水、露水，还是通过渗透、过滤、沉淀而得到的水，最好都应进行消毒处理后再饮用。那么，怎样进行消毒呢？方法如下：

1. 将净水药片放入水容器中，搅拌摇晃，静置几分钟，即可饮用，可灌入壶中存储备用。一般情况下，一片净水药片可对1升的水进行消毒，如果遇到水质较混浊可用几片净水药片进行消毒。目前，军队大都采用此法在野外对水进行消毒。

2. 如果没有净水药片，可以用随身携带的医用碘酒代替净水药片对水进行消毒。在已净化过的水中，每一升水滴人3～4滴碘酒，如果水质混浊，则在每升水中滴入的碘酒要加倍。搅拌摇晃后，静置的时间也应长一些，20～30分钟后，即可饮用或备用。

3. 利用亚氯酸盐，即漂白剂，也可以起到消毒的作用。在已净化的水中，每升水滴入漂白剂3～4滴，水质混浊则加倍，摇匀后，静置30分钟，即可饮用或备用。只是水中有些漂白剂的味道，注意不要把沉淀的浊物一同喝下去。

4. 如果以上的消毒药物均没有，正巧随身携带有野炊时用的食醋（白醋也行），也可以对水进行消毒。在净化过的水中倒入一些醋汁，搅匀后，静置30分钟后便可饮用，只是水中有些醋的酸味。

5. 在海拔高度不太高（海拔3000米以下）且有火种的情况下，把水煮沸5分钟，也是对水进行消毒的很好的方法。

6. 如果寻找到的水是咸水，用地椒草与水煎煮，这虽不能去掉原来的咸味，却能防止发生腹痛、腹胀、腹泻。如果水中有重金属盐或有毒矿物质，应用浓茶与水煎煮，最后出现的沉淀物不要喝。

目前,有一种饮水净化吸管,在野外非常实用,形如一支粗钢笔,经它净化的水无菌、无毒、无味,无任何杂质,不需经过沸煮即可饮用,很轻便。

**图 2-20 丹麦 LifeStraw 生命净化吸管**

另外要提醒注意的是,在水源紧缺的情况下,要合理安排饮用水,不要因为一时口渴而狂饮。另外,在野外工作或探险中,喝水也要讲究科学性。如果一次喝个够,身体会将吸收后多余的水分排泄掉,这样就会白白地浪费很多的水。如果在喝水时,一次只喝一两口,然后含在口中慢慢咽下,过一会儿感觉到口渴时再喝一口,慢慢地咽下,这样重复饮水,既可使身体将喝下的水充分吸收,又可解决口舌咽喉的干燥。一标准水壶(0.9~1.1升)的水量,运用正确的饮水方法,可使一个单兵在运动中坚持 6~8 小时,甚至更长些。

## 三、野外生存之步行方法

别小看了野外步行的科学方法,如果掌握要领,也许能起到事半功倍的效果。学习下面的几种技巧:

1. 避免疲劳

长时间步行避免疲劳的要领是:把步幅放小,以同节奏速度来走路。容易疲劳的原因大多是在平地跨大步,加快速度走路,这破坏了有规律的节奏性。如果是长时间走路,不要慌忙,眼睛看前方,不要看鞋子,手轻握,脚踏出后,膝部伸直。

如手冷可以戴手套,因为将手插在口袋里,另一只手拿行李,遇到意外时很容易跌倒

图 2-21 野外步行

受伤。

2. 走上坡路技巧

走上坡路，如果迈开大步走路，身体会左右摇晃，失去平衡。所以走上坡路，步幅要改小，一步步扎实地走。如果上坡路斜面很陡，最好向左向右交替走上去。

3. 注意下坡路

下坡路一般觉得很轻松，但如果破坏原来走路的节奏性，很容易跌倒受伤。尤其是千万不可又跑又跳，自己容易受伤，也会把石头踢到别人。老练的人，下坡路总是慢走，并把鞋带系得很紧，以免脚尖撞到鞋顶，弄伤指尖。

走下坡路时，整个脚底要贴在地面。如果斜坡太陡，可以学螃蟹一样横着走，前脚伸出站稳后，后脚再跟上，这样最不容易摔倒。

4. 团体行走时

团体行走时，每个人走路都不一样，有人快，有人慢。为预防发生意外事故，团队速度不宜太快，不妨一面欣赏周围的风光，一面悠闲地走。领道人要注意前后队伍的速度。

让速度最慢的人走第二，这样就算是初级领道人也可以很容易地控制队伍的速度。（绝对不要让最慢的人走在最后，事故往往就是这样发生的。）

## 四、野外生存之求救方式

1. 放烟火：燃放烟火是最常见的求救方法。燃放三堆火焰是国际通行的求救信号，将火堆摆成三角形，每堆之间的间隔相等最为理想，这样安排也方便点燃。如果燃料稀缺或者自己伤势严重，或者由于饥饿，过度虚弱，凑不够三堆火焰，那么就点燃一堆也行。由于条件限制，所有的信号火种可能不够整天燃烧，但应随时准备妥当，使燃料保持干燥，一旦有任何飞机路过，就尽快点燃求助。

2. 国际通用的求救信号是 SOS，即三长三短，不断地循环。

图 2-22 国际通用求救信号 SOS

3. 光信号：利用阳光和一个反射镜即可射出信号光。任何明亮的材料都可加以利用，如罐头盒盖、玻璃、一片金属铂片，有面镜子当然更加理想。持续的反射将规律性地产生一条长线和一个圆点，这是莫尔斯代码的一种。即使你不懂莫尔斯代码，随意反照，也可能引人注目。

即使距离相当遥远也能察觉到一条反射光线信号，甚至你并不知晓欲联络目标的位置，所以值得多多试探，而其做法只是举手之劳。注意环视天空，如果有飞机靠近，就快速反射出信号光。这种光线或许会使营救人员目眩，所以一旦确定自己已被发现，应立刻停止反射光线。

4. 旗语信号：将一面旗子或一块色泽亮艳的布料系在木棒上，持棒运动时，在左侧长划，右侧短划，加大动作的幅度，做“8”字形运动。

如果双方距离较近，不必做“8”字形运动。一个简单的划行动作就可以，在左侧长划一次，在右边短划一次，前者应比后者用时稍长。

5. 现代求救方法：随着时代的发展，各种现代求救设备逐渐普及，如信标机、无线电通讯机、卫星电话等设备，如果有条件可以配备这些现代设备。

## 五、野外生存之必备物品

野外生存所需装备不仅仅只有帐篷、背包、睡袋、防潮垫，条件允许的话，最好备上太阳镜、旅行水壶、驱蚊药、洗漱用具、瑞士军刀、手电及备用电池、指北针、急救箱（创可贴、药棉、纱布）、打火机等。

图 2-23　复杂恶劣的野外生存环境

1. 帐篷:南方山区季节性降雨较多,潮湿多雾,最好选用防水防风性能较佳的双层蒙古包型帐篷,它的底部多为 2 m×2 m 的正方形,可供 2～4 人居住,架设方便,占地面积少。在选购时需检查帐篷面料接缝处是否有防水压胶。帐篷搭好后,别忘了在帐篷四周挖一条约 10 厘米深的排水沟,为防止蛇虫的入侵可在四周洒上点硫黄粉或沙姜粉,有条件的还可以在帐篷上喷一些防蚊水。

2. 户外背包:登山、探险最好使用带金属架的 45 升以上的专业登山背包,在选择登山包时应考虑以下几个方面:(1)背负系统设计是否科学,通风透气、受力传递、背负的舒适性和承重强度,登山包的支撑结构早期常见的有铝架、U 型管或双铝条支撑,目前改进型的背包采用了"O"字形支撑。(2)装载系统是否合理方便。(3)外挂系统是否合理。(4)面料应选择有防水涂层的防撕尼龙布。拥有一个性能优良的登山包可以在长途跋涉中让你无往不利。攀岩、突击登顶、朔溪时选用无金属架的小型背包(突击包)较适宜。

3. 登山鞋:购买登山鞋时要选择比平常穿的大一点的,以脚后跟内有可伸进一个手指头的位置为准。长时间徒步行军,你的双脚会肿胀起来,另外寒冷的冬天需要穿较厚的袜子或两双袜子,因此在购买登山鞋时,最好买大一码。

4. 防潮垫或气垫:防潮睡垫或充气睡垫,用于与地面隔离,保持体温及睡眠质量。防潮睡垫为高密度海绵,优点是重量轻,价钱适中,适用范围广,缺点是舒适度一般,容易损坏;充气睡垫优点是保温性能好,舒适度高,缺点是价格较高,重量较重,携带不方便,容易漏气。建议在丛林中露营时使用防潮睡垫,在寒冷地区使用充气睡垫。

5. 炊具:便携式套锅、套碗等。

6. 炉具:初次购买炉具的人,建议购买瓦斯炉,原因是可以当个人炉具,也可以当作团体装备的紧急炉具,最重要的是在使用维修上也较方便。

7. 多功能运动水壶：组合式，也可以当作简单炊具使用。

8. 吸管或净水杯：在野外生存中的重要工具，用于净化水源。

9. 指北针：辨别方向及辅助使用地图。

10. 瑞士军刀：瑞士军刀的品质可以用三句话来形容，“锋利、结实、耐用”。

11. 急救箱：在野外，没有人能够预料会发生什么事情，一个急救箱可以延长你的生命，务必随身携带。急救箱存放着以下各项物品，以备基本急救之用。

图 2-24　终极急救箱

(1)绷带：不同的宽度及质料，以处理不同面积及种类的损伤，一般有：

①纱布滚动条绷带：适用于处理一般伤口，主要作固定敷料之用。

②弹性滚动条绷带：有弹性，除应用于处理伤口外，更可应用于处理一般拉伤、扭伤、静脉曲张等伤症，以固定伤肢及减少肿胀。

③三角绷带：三角绷带可以全幅使用，或折叠成宽窄不同的绷带。通常作手挂使用，承托上肢。

(2)敷料：由数层纱布制成，质地柔韧。主要用作覆盖伤口及吸收分泌物，流血及分泌物较多的伤口，可加厚覆盖。

(3)敷料包：敷料包由棉垫和滚动条绷带组成。用棉垫(即敷料)覆盖伤口，然后用附带的滚动条绷带加以固定。

(4)消毒药水,介绍几种常用消毒药水的用途:

①龙胆紫(紫药水):加快伤口结痂,加快伤口愈合。

②红汞(红药水):保护伤口并具有抗菌的作用。

③酒精和碘酒:用作非黏膜伤口的表面消毒,不可用于破损伤口的消毒。

④双氧水:用于受污染的黏膜或破损伤口的基本消毒。

(5)洁净的棉花球:用于清洁伤口,使用时应蘸透消毒药水。

(6)消毒胶布:通常用来处理面积较小的伤口。贴上胶布前,必须确保伤口周围的皮肤干爽清洁,否则不能贴得牢固。

(7)胶布:用来固定敷料、滚动条绷带或三角绷带。

(8)各种药丸:如康泰克、感冒通、黄连素、牛黄解毒片、必理通、藿香正气丸、胃药等。

(9)蛇药:真空抽毒器、上海蛇药、季德胜蛇药。

(10)其他:眼药水、万花油、止血贴、清凉油、驱风油、退热贴、云南白药喷雾剂等药品。

## 六、野外生存技巧之如何寻找正确路程

### (一)迷失方向

寻找正确路程的技巧必须通过平时的野外活动去积累。例如:平时就养成随时参考地图和指南针的习惯,同时积极地观察周围的地形以及身边的植物来判断正确的位置。

太阳从东方出,西方落,这是最基本的辨识方向的方法。还可用木棒成影法来测量,可以用一根标杆(直杆),使其与地面垂直,把一块石子放在标杆影子的顶点 A 处,约 10 分钟后,当标杆影子的顶点移动到 B 处时,再放一块石子。将 A、B 两点连成一条直线,这条直线的指向就是东西方向。与 AB 连线垂直的方向则是南北方向,向太阳的一端是南方。

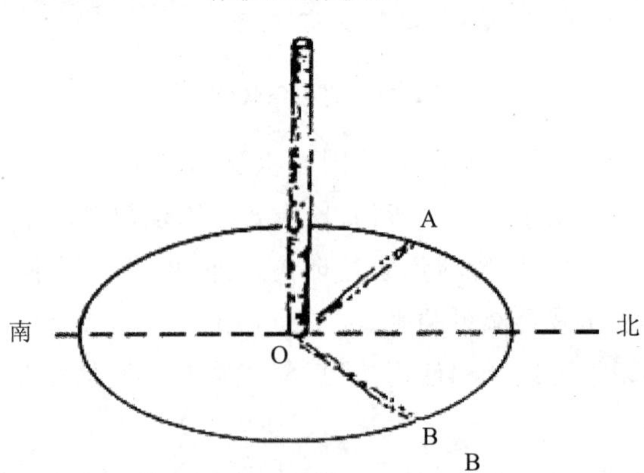


图 2-25　木棒成影法辨识方向

一个优质的罗盘是野外行进的必备品。但要记住：罗盘指针指向“北”或“N”，这个方向是磁北方向，与真北方向有一个偏差角度，应计算出磁偏角的数差，以取得准确的罗盒方向。

若在阴天迷了路，可以靠树木或石头上的苔藓的生长状态来获知方位。在北半球，以树木而言，树叶生长茂盛的一方即是南方。若切开树木，年轮幅度较宽的一方湿长着苔藓的一方即是北方。

利用星宿：在北半球通常以北极星为目标。北极星是最好的指北针，北极星所在的方向就是正北方向。夜晚利用北极星辨认方向的关键在于在茫茫星海中，准确地找到北极星。认识北极星的方法有许多种，这里介绍简单且有效的一种：

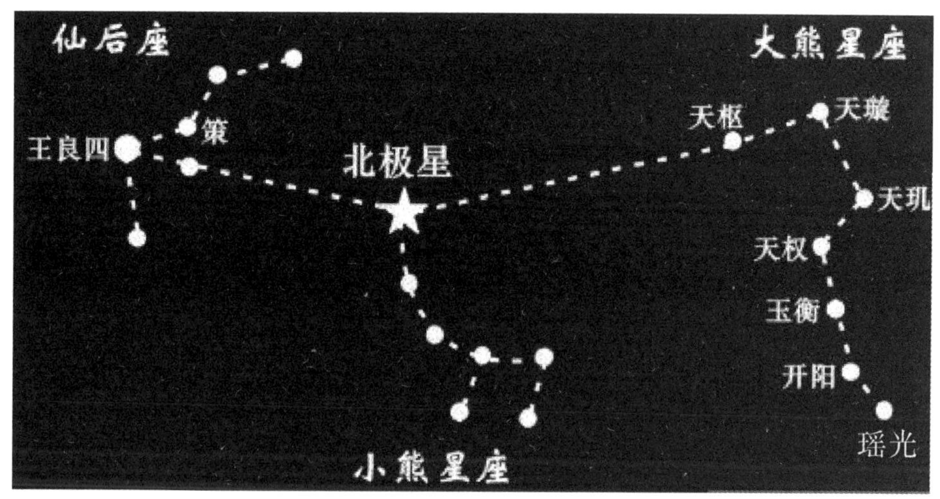


图 2-26 北极星辨认方向

首先找寻杓状的北斗七星(大熊星座)，以杓柄上的两颗星的间隔延长五倍，就能在此直线上找到北极星。一般特别地称呼此两颗杓柄上的星为要点星球。如看不到北斗七星时，就找寻相反方向的仙后星座，仙后星座由五颗星形成，它们看起来像英文字母的 M 或 W 倾向一方的形状。从仙后星座中的一颗星画直线，就在几乎和北斗七星到北极星的同样距离处就可找到北极星。

以手表看方位：想获知方位手上却没有指南针。遇此情况，只要有太阳就可使用手表探知方位。将火柴棒竖立在地面，接着把手表水平地放在地面，将火柴棒的影子和短针重叠起来，表面十二点的方向和短针所指刻度的中间是南方，相反的一边是北方。

若身上没有火柴，也可改用小树枝，尽量使影子更准确。若从事挑战性的生存活动，记得戴上手表，这时普通表比数字表就更有价值。因普通表上的时针分针，在必要时会成为确定方位的重要工具。

### (二)迷失路径

在深山密林中，不仅会迷失方向，同时也会迷失路径。更多的时候，走在毫无人烟的林间密径，又没留下任何路标，自己还不断地欣赏着“无限风光在险峰”和“山到绝处我为峰”的豪情，当自己开始意识到不对时，已是身处险境，不知原有的路径在何处。心急之下，挥刀而上，砍出一条“血路”，却发现眼前山连山、峰挨峰，看不到尽头，来时的路已辨认不清，又生怕再次迷路，是走是留犹豫不定。

在野外迷失方向时，切勿惊慌失措，而是要立即停下来，因为在发现迷路的时候，自己离原有的路径一般不超过20分钟路程。冷静地回忆一下所走过的道路，想办法按一切可能利用的标志重新制定方向，然后再寻找道路。最可靠的方法是"迷途知返"，凭着自己的记忆寻找自己的足迹，退回原出发地。

有一种可行的办法就是立刻分析山势走向和地理地貌的环境，然后判断出是否有野生动物并寻找到其走过的痕迹，沿着"兽道"走出险境必须非常警觉，以免遭到野兽的袭击或狩猎者设下的套夹的伤害，一般来说山鞍或山脊会有兽道。

在山地迷失方向后，应先登高远望，判断应该向什么方向走。通常应朝地势低的方向走，这样容易碰到水源，顺河而行最为保险，这一点在森林中尤为重要，因为道路、居民点常常是滨水临河而筑的。

不论是在林木遮蔽的山林中，还是在丛草盖地的山坡上，低头近看，根本找不出路迹来，只有远看，看到几十米以外，才能隐约地看出一条草枝微斜、草叶微倾、叶背微翻的痕迹，然后再由远而近、由近再远、远近比较之后，就能分辨出路来了。

如果遇到岔路口，道路多而令人无从选择时，首先明确要去的方向，然后选择正确的道路。若几条道路的方向大致相同，无法判定，则应先走中间那条路，这样可以左右逢源，即便走错了路，也不会偏差太远。

## 七、野外生存之采捕食物的方法

野外生存获取食物的途径主要有两种。一种是猎捕野生动物，另一种是采集野生植物。猎捕野生动物首先要知道动物的栖息地，掌握动物的生活规律，然后再采取压捕、套

图 2-27　野外采捕动植物

猎、捕兽卡或射杀等方法进行猎捕。这需要在专家指导下经过较长时间的训练和实践后才能真正掌握。下面仅简单介绍一下可食用昆虫和可食用野生植物的种类、食用方法。

目前,可食用的昆虫主要有蜗牛、蚯蚓、蚂蚁、知了、蟋蟀、蝴蝶、蝗虫子、蚱蜢、湖蝇、蜘蛛、螳螂等。人们对吃昆虫虽然不习惯,甚至感到厌恶,但在万不得已的情况下,为维持生命,保持战斗力,继而完成任务,不妨一试。但是应注意,一定要煮熟或烤透,以免昆虫体内的寄生虫进入人体,导致中毒或得病。

常见的可食用昆虫的烹饪方法有:蝗虫,浸酱油烤着吃,煮或炒也可以;螳螂,去翅后烤或炒,煮也可以;蜻蜓,干炸后食用;蝉,生吃或干炸,幼虫也可食;蜈蚣,干炸,但味道不佳;天牛,幼虫可生食或烤;蚂蚁,炒食,味道好;蜘蛛,除去脚烤食;白蚁,可生食或炒食;松毛虫,烤食。

可食用野生植物包括可食用的野果、野菜、藻类、地衣、蘑菇等。对可食用野生植物的识别是野外生存知识的主要内容。我国地域广大,适合各种植物生长,其中能食用的就有2000种左右。我国常见的可食用野果有:山葡萄、笃斯、黑瞎子果、茅莓、沙棘、火把果、桃金娘、胡颓子、乌饭树、余甘子等,特别是野栗子、椰子、木瓜更容易识别,是应急求生的上好食物。常见的野菜有苦菜、蒲公英、鱼腥草、马齿苋、刺儿草、荠菜、野苋菜、扫帚菜、菱、莲、芦苇、青苔等。野菜可生食、炒食、煮食或通过煮浸食用。

但是,一般人需要在专家指导下经过一定时间的训练才能掌握这些知识,这里介绍一种最简单的鉴别野生植物有毒无毒的方法,供紧急情况下使用。通常将采集到的植物割开一个小口子,放进一小撮盐,然后仔细观察是否改变原来的颜色,通常变色的植物不能食用。

## 八、野外生存之常见伤病的防治

### (一)昆虫叮咬的防治

在野外为了防止昆虫的叮咬,人员应穿长袖衣和裤,扎紧袖口、领口,皮肤暴露部位涂搽防蚊药。不要在潮湿的树荫和草地上坐卧,宿营时,烧点艾叶、青蒿、柏树叶、野菊花等驱赶昆虫。被昆虫叮咬后,可用氨水、肥皂水、盐水、小苏打水、氧化锌软膏涂抹患处止痒消毒。

蚂蟥是危害很大的虫类。遇到蚂蟥叮咬时,不要硬拔,可用手拍或用肥皂液、盐水、烟油、酒精滴在其前吸盘处,或用燃烧着的香烟烫,让其自行脱落,然后压迫伤口止血,并用碘酒涂搽伤口以防感染。部队行进中,应经常查看有无蚂蟥爬到脚上。如在鞋面上涂些肥皂、防蚊油,可以防止蚂蟥上爬。涂一次的有效时间约为4～8小时。此外,将大蒜汁涂抹于鞋袜和裤脚,也能起到驱避蚂蟥的作用。

### (二)食物中毒

主要是吃了含有细菌毒素以及有毒物质的食品引起的。发病很快,病人有头痛、发烧、胃肠发闷、恶心呕吐、腹泻、腹痛等症状。

处理方法:遇到这种情况,临时急救,首先要洗胃,快速喝大量的凉开水或温盐水,用指触咽部等办法让其呕吐,然后吃蓖麻油等泻药清肠,再吃活性炭等解毒药及其他镇静药,多喝水,以加速排泄。腹痛的可热敷,要注意保持温暖,不要让患者昏睡。为保证心脏正常跳动,应喝些糖水、浓茶,暖暖脚,立即送医院救治。

### (三)中暑

其症状是突然头晕、恶心、昏迷、无汗或湿冷,瞳孔放大,发高烧。发病前,常感口渴头晕,浑身无力,眼前阵阵发黑。此时,应立即在阴凉通风处平躺,解开衣裤带,使全身放松,再服十滴水、仁丹等药。发烧时,可用凉水浇头,或冷敷散热,如昏迷不醒,可掐人中穴、合容穴使其苏醒。

### (四)冻伤

如发现皮肤有发红、发白、发凉、发硬等现象,应用手或干燥的绒布磨擦伤处,促进血液循环,减轻冻伤,轻度冻伤用辣椒泡酒涂擦便可见效。如发生身体冻僵的情况,不要立即将伤者抬进温暖的室内,应先摩擦肢体,做人工呼吸,待伤者恢复知觉后,再到较温暖的地方抢救。

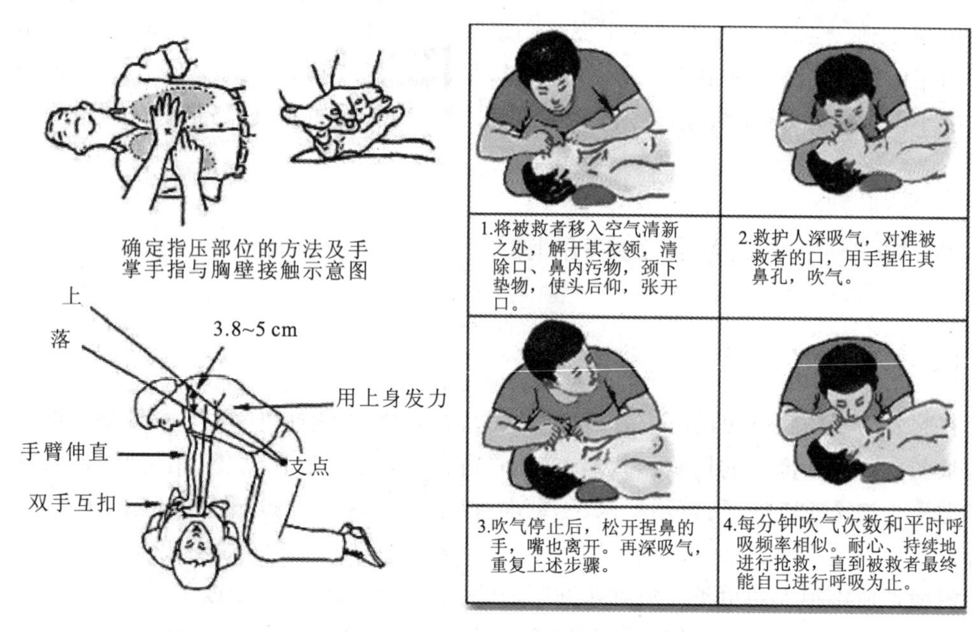


图 2-28　现场紧急救护——心肺复苏术(人工呼吸)

### (五)蜇伤

被蝎子、蜈蚣、黄蜂等毒虫蜇伤,伤口红肿、疼痒,并伴有恶心、呕吐、头晕等症状。要先挤出毒液,然后用肥皂水、氨水、烟油、醋等涂擦伤口,或用马齿苋捣碎,汁冲服,渣外敷。也可将蜗牛洗净后捣碎涂在伤口上。此外,蒜汁对蜈蚣咬伤有疗效。

离草丛和灌木丛远些，因为那里往往是蜂类的家园，发现蜂巢应绕行，一定不要做出过于“亲近”的表现。最好穿戴浅色光滑的衣物，因为蜂类的视觉系统对深色物体在浅色背景下的移动非常敏感

如果有人误惹了蜂群，而招致攻击，唯一的办法是用衣物保护好自己的头颈，反向逃跑或原地趴下。千万不要试图反击，否则只会招致更多的攻击。

如果不幸已被蜂蛰，可用针或镊子挑出蜂刺，但不要挤压，以免剩余的毒素进入体内。然后用氨水、苏打水甚至尿液涂抹被蜇伤处，中和毒性。可用冷水浸透毛巾敷在伤处，减轻肿痛。立刻去附近的医院。

### （六）热昏厥的防治

体质较弱的登山者，在夏季登山的活动中，由于活动剧烈、体力消耗过大，尤其是未能及时补充体内损失的水分和盐分时，容易发生热昏厥。主要症状表现为：感觉筋疲力尽，烦躁不安，头痛、晕眩或恶心；脸色苍白，皮肤感觉湿冷；呼吸快而浅，脉搏快而弱；可能伴有下肢和腹部的肌肉抽搐；体温保持正常或下降。

为避免发生热昏厥，一些体质较弱的登山者，在参加夏季登山的活动中应特别注意避免体力消耗过大的活动，注意休息节奏、保持体力。应多喝一些含有盐分的水或饮料，及时对体内的电解质损失给予补充。

一旦发生热昏厥，应尽快将患者移至阴凉处躺下。若患者意识清醒，应让其慢慢喝一些凉开水。若患者大量出汗，或抽筋、腹泻、呕吐，应在水中加盐饮用（每公升一茶匙）。若患者已失去意识，应让其卧姿躺下，充分休息直至症状减缓，送医院进行进一步救治。

### （七）如何应付蛇咬伤

在参加户外活动、休息或经过蛇类栖息的草丛、石缝、枯木、竹林、溪畔或其他比较阴暗潮湿处时，如果不慎被蛇咬伤，不要吓得不知所措。首先应判断是否为毒蛇咬伤，通常观察伤口上有两个较大和较深的牙痕，才可判断为毒蛇咬伤。若无牙痕，并在20分钟内没有局部疼痛、肿胀、麻木和无力等症状，则为无毒蛇咬伤。只需要对伤口清洗、止血、包扎。若有条件再送医院注射破伤风针即可。

被毒蛇咬伤的主要症状为：如是出血性蛇毒，伤口灼痛、局部肿胀并扩散，伤口周围有紫斑、淤斑、起水泡，有浆状血由伤口渗出，皮肤或者皮下组织坏死、发烧、恶心、呕吐、七窍出血。有血痰、血尿、血压降低，瞳孔缩小、抽筋等。被咬后6～48小时内可能导致伤者死亡。如是神经性蛇毒，伤口疼痛、局部肿胀，嗜睡，运动失调，眼睑下垂、瞳孔散大，局部无力，吞咽麻痹，口吃、流口水、恶心、呕吐、昏迷、呼吸困难，甚至呼吸衰竭，伤者可能在8～72小时内死亡。

一般而言，被毒蛇咬伤10～20分钟后，其症状才会逐渐呈现。被咬伤后，争取时间是最重要的。首先需要找一根布带或长鞋带在伤口靠近心脏上端5～10厘米处扎紧，缓解毒素扩散。但为防止肢体坏死，每隔10分钟左右，放松2～3分钟。应用冷水反复冲洗伤口表面的蛇毒。然后以牙痕为中心，用消过毒的小刀将伤口的皮肤切成十字形。再用两手用力挤压，拔火罐，或在伤口上覆盖4～5层纱布，用嘴隔纱布用力吸吮（口内不能有伤

口），尽量将伤口内的毒液吸出。

立即服用解蛇毒药片，并将解蛇毒药粉涂抹在伤口周围。尽量减缓伤者的行动，并迅速送附近的医院救治。（如不能确定是哪种蛇毒应将蛇打死，一并带到医院）

记住这些小技巧吧，相信当你在进行户外活动时，会多一分安心，少一分担忧，多一分帮助，少一分无助。

## 思考

1. 你认为拓展知识室内学习和直接参加户外拓展体验哪个更重要？还是两者都很有必要？

2. 拓展安全是首要，如果你是团队组织的负责人，从安全的角度出发，你在组织拓展前、参与拓展中以及拓展结束后分别要采取哪些措施？

3. 本章学习的野外生存技巧中，你印象最深的是哪几项？请简要列举。

4. 通过第一、二章的学习，你对拓展训练是否已有大致的了解？在你看来，社会团体、在校学生喜欢参与拓展的原因是什么？各种企业、组织重视拓展培训的原因又是什么？

# 第三章 素质拓展训练内容

素质拓展训练是一种体验式的学习，它将大部分的课程安排在户外，精心设置了一系列新颖、刺激的情景，让学生主动去体会、解决问题，在参与体验的过程中，让他们的心理受到挑战，思想得到启发，在特定的环境中去思考、发现、醒悟，对个人和团队重新认识、重新定位。

本章着重介绍了大学生素质拓展训练项目的内容、类型及操作方法。拓展项目涉及团队协作、团队竞技、团队信任、指挥服从、协调沟通等方方面面，多角度地展现了素质拓展活动的生动有趣、惊险刺激。

通过本章素质拓展训练的学习与实践能让大学生在训练项目中学会在交流与分享中提升感悟，并能够将拓展训练的感受和所得运用于日后的学习与工作。

## 第一节 暖场破冰

暖场破冰是大学生素质拓展训练的第一课，是同学之间要相互认识、相互了解，走出交流共享的第一步。要求同学之间、同学和培训教练彼此认识，消除陌生感，建立互信，同时帮助同学对训练采取开放的态度，这在整个训练中具有至关重要的作用。本小节主要介绍了四种暖场破冰类游戏：直呼其名、按摩派对、传递呼啦圈、动力小火车。

破冰又称融冰，意思是打破人际交往间怀疑、猜忌，就像打破严冬厚厚的冰层。这个破冰游戏帮助人们变得乐于交往和相互学习，打破陌生人之间的隔膜，消除人与人之间的陌生感，建立互信。

→→→→→

【案例分析】

A、B、C 三个人在一片结了冰的水面，看见水底沉着一块金子，冰层看起来好厚的样子。

A 看了看，摇了摇头，继续往前走。

图 3-1　拓展的开始——暖场破冰

B 则坐在那里，想等冰自己融化掉，好捡起金子。

只有 C，随手捡起一块石头，砸破了冰层，捡到了那块金子。

很小的故事，但却折射出我们的生活。人生其实就是这样，你可以有很多选择，不同的选择会有截然不同的结果。最终得到金子的是 C，因为他付出了行动，他有勇气打破冰层，他善于利用身边可以利用的东西。

我们，其实需要的，就是多一点行动，多一点勇气，多一点睿智。

（资料来源：青年文摘 http://www.qnwz.cn）

## 一、破冰游戏与培训

在培训领域可以达到破冰目的的活动叫作破冰游戏。破冰游戏是许多培训者作为培训开始的必要环节，因为破冰游戏可以使培训者更好地把握整个培训团体，并更快速地达到培训的目的与期望。很多人以为是一个游戏的名字叫破冰游戏，而其实很多游戏都可以达到破冰的要求，在培训的领域可以达到破冰目的的都叫破冰游戏，可以说破冰游戏是一个统称。破冰游戏是一种非常有效的手段，可以使大型的团体更加融洽，鼓励害羞的人更多地参与，活跃团队的气氛，使完全陌生的人群建立起凝聚力。事实上，破冰游戏可以有效地应用于任何团队情境，你所要做的只是选择一个最恰当的破冰游戏。

## 二、破冰与暖场

很多时候我们容易把暖场和破冰混在一起，但是其实两者是有差别的，破冰的目的是把人与人之间的间隔消除，而暖场的目的是让参与者保持专注或者兴奋的程度，这两者有相似的地方，但是训练目的有很大差别。

**破冰的方式**

1. 疯狂运动：疯狂运动不是疯癫运动，而是让参与者忘我地运动，运动的时候就会少了很多没必要的想法，这样就达到破冰的目的，其缺点是参与者一清醒过来，无形的隔膜又会恢复。

2. 直接亲密：直接亲密是指设计一些让参与者进入培训预想状态的联系或活动，让破冰后的彼此无间和亲密既成事实，其缺点在于这个活动亲密不等于下个活动就没有隔膜，很可能好不容易破的冰很快又恢复。而且表面上看似热情的，而心底却筑起无形的墙。

3. 自我消除：自我消除是让参与者真正认识到彼此隔膜的存在，利用彼此自己的力量来消除它，这个技术难度最高，技术含量也高。自我消除是三种破冰技术中最成功有效的，但操作不当造成的负面影响也最大。在户外培训开始前的第一步是要让每个组员相互之间达到一种相对和谐的状态，即破冰。

---

### ·【训练 1：直呼其名】·

**活动介绍**

记住彼此的名字，是互相认识的第一步，也是互相尊重成为朋友的第一步。“直呼其名”这个活动项目主要用来帮助同学之间记住彼此的名字，迅速相互认识。扔球游戏使活动气氛逐渐活跃高涨，活动队员在扔球过程中，喊出接球队员的名字，让整个团队队员在较短时间内消除陌生感。

**活动设计**

概述：选一块宽阔的场地，所有队员分组后，每个小组成员围成圆圈，在扔出球的过程中喊出接球队员的名字，以此到达记住其他队员名字的效果。

适用对象：高校新生、学生社团等。

时间：10～15 分钟。

分组：15～20 人/组，可安排几个小组同时进行并在活动小组之间适时交换部分队员进行交叉活动。

项目道具：软球若干(每组 3 个)。

**操作步骤**

1. 选一块平整宽阔的游戏场地(例如：校园塑胶跑道)。

2. 队员们以小组为单位站成一圈，每人相距约一臂之长，培训教练也不例外。

图 3-2　直呼其名

小组游戏从某一位组员 A 开始，他喊出自己的名字，然后将手中的球传给自己左边的队友，接到球的队员也要如法炮制，喊出自己的名字，然后把球传给自己左边的人，这样一直下去，直到球又重新回到组员 A 的手中。

3. 组员 A 重新拿到球之后，要重新改变游戏规则了。现在接到球的队员必须要喊出另一个队员的名字，然后把球扔给该队员。

4. 几分钟后，队员们就会记住大多数队友的名字，这时，再加一只球进来，让两个球同时被扔来扔去，游戏规则不变。

5. 在游戏接近尾声的时候，再把第三只球加进来，其主要目的是让游戏更加热闹有趣。

游戏结束后，在解散小组之前，邀请一名队员，让他在小组内走一圈，报出每个人的名字。

**安全及注意事项**

1. 注意扔球的时候不可用力过猛，最好是一个较慢的高球，为后续的扔球手法树立典范。

2. 如果有几个小组同时在玩这个游戏，可以让不同的小组在游戏中间交换一半队员。

3. 让队员们可以随心所欲地更换小组，被新小组接纳的唯一条件是新成员在站好了位置后，喊出自己的名字，以便其他队员扔球给他。

4. 教师组织活动的目的是让新同学较快地记住别人的名字，所以，这个活动更多地用于新生入学时。

5. 探索在特定环境下，利用活动配合记忆，创造一个有利于加强记忆训练的方法。

→→→→→

【案例分析】

钢铁大王卡耐基对钢铁冶炼技术懂得很少。他手下有好几百个人,都比他更了解钢铁冶炼技术。

卡耐基10岁的时候,他发现人们对自己的姓名看得很重要,而他正是利用这个发现,去赢得了后来与其他人的合作。

有一次,他抓到一只兔子,那是一只母兔。他很快又发现了一整窝的小兔子,但没有东西喂它们,可是他却有了一个很妙的办法。他对附近的那些孩子们说,如果他们谁能够找到足够的苜蓿和蒲公英喂饱那些兔子,他就以他们的名字来给那些兔子命名。

这个方法太灵验了,卡耐基一直忘不了这件事。

后来,他在商业界利用这一同样的人性的弱点,赚了好几百万美元。

当卡耐基和乔治·普尔门为卧车生意而互相竞争的时候,这位钢铁大王又想起了那个兔子的故事。

卡耐基控制的中央交通公司,正在跟普尔门所控制的那家公司争生意。双方都拼命想得到联合太平洋铁路公司的生意,你争我夺,大杀其价,以致毫无利润可言。卡耐基和普尔门都到纽约去见联合太平洋的董事长。有一天晚上,两人在圣尼可斯饭店碰头了,卡耐基说:"晚安,普尔门先生,我们岂不是在出自己的洋相吗?"

"你这句话怎么讲?"普尔门想知道。

"于是卡耐基把他心中的话说出来——把他们两家公司合并起来。他把合作而不互相竞争的好处说得天花乱坠。普尔门注意地倾听着,但是他并没有完全接受。最后他问这个新公司要叫什么呢""以你的名字命名怎么样?"结果,他们达成了协议。

卡耐基这种记住并重视自己朋友和商业人士名字的方法,是他领导才能的秘密之一。他以能够叫出公司许多员工的名字为骄傲。他很得意地说,他自己担任主管的时候,他的钢铁厂未曾发生过罢工事件。

**启示**

这个小故事告诉我们:牢记别人的姓名,是一种既简单又重要的获取别人好感的方法。善于记住别人的名字是一种礼貌,也是一种情感投资,在人际交往中会起到意想不到的效果。记住对方的名字,并把它叫出来,等于给对方一个很巧妙的赞美。而你若是把他的名字忘了或写错了,就可能处于非常不利的境地。

如果你要别人喜欢你,就记住他的名字。记住一个人的名字,对他来说,是任何语言中最甜蜜、最重要的声音。在现代社交中,很多人不善于记住他人的名字。其实,这是增进人际关系的一个很好的机会。这还可以削弱人与人之间的敌对、冲击和仇视气氛,并缓和彼此意见的对立。

(资料来源:http://www.17k.com)

←←←←←

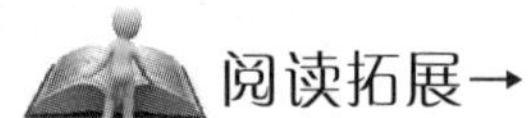


## 记住别人的名字

一位朋友说，他曾经和一个明星吃过一次饭，而且握过手，当时紧张又激动，手心都出汗了。大家羡慕不已。我问他：明星记得你叫什么名字吗？他不太自信地说：应该记得吧。

我说：我不认识明星，明星离我太遥远了。我和我们楼下卖烧饼的、修自行车的、送纯净水的很熟，我记得他们的名字，他们也记得我的名字。每天上下班见了面，彼此热乎乎地叫着名字打招呼问好。

那位朋友有些不屑一顾，说：这有什么好记的？

我知道，我的话有点逆耳。我所关注的人，像一粒沙，世俗的标准已经将他们打上标签，很显然，似乎精英的名字才值得被记住。

一天下班，突然下大雨，我没有雨具，站在单位大门口张望，犹豫着打的还是等雨停后再回家。

门卫看到了我，他叫我名字，说："这里有雨衣，你带回家吧，我晚上值班不要雨衣。"让我窘迫的是，我叫不出他的名字，叫了他一声"胖子"表示感谢。他似乎看穿了我的心思，热情地自报姓名，并说："你来了没几天，我就记住了你的名字，你经常收到报刊、信件还有稿费，真不错！"我故作谦虚地说："哪里哪里，写着玩呢。"

末了，他有点不好意思，欲言又止。我问："还有什么事吗？"他说："请你以后不要叫我胖子了好吗？叫我小×，或者直接叫我的名字好了。"我的脸红了。

机关里有几个勤杂工，每天上班比别人早，等我们上班后，她们已经将楼梯、垃圾桶收拾得干干净净。机关里上班的人平时遇到她们叫小刘、小李、小赵，估计知道她们名字的人不会超过一半，名字被姓氏代替。我曾仔细留意过，她们每天分两三次更换机关卫生间里的手纸、洗手液、垃圾桶，这让我很感动，可一想到有很多人不知道她们的名字，这多少让我有些悲凉。

在一个单位，很多人把领导的家属、朋友的名字烂熟于心，就是记不住一个默默在背后为他们服务的普通人员的名字。我深深地思考过这个问题，这不仅仅是简单的尊重不尊重的问题，而且是一种文化现象。

如果说人的姓名是一顶帽子，那么他的尊严、人格首先由他的姓名所凝聚。记住一个人的姓名很容易，只是我们不屑于记住或者不愿意记住。我们记住的往往是与我们有利益关系的人。我们习惯于眼睛向上，脑袋向上，向上望，我们才有可能分到一杯功利的羹，沾到一点权势的光，靠到一点精英的边，似乎只有这样，我们自身才有了被他人"上看"的砝码和分量。

没错，这个一天天美好起来的世界，很大程度上由一些精英所驾驭左右。可是记住并念出一个人的名字，并不是无足轻重的一口气，而是一种发自内心的尊重，一种平等人格的风度。就像喷香水，你往自己身上喷上一点，不经意间和别人擦肩而过，他们的身上也会沾上一点。

（资料来源：http://www.xiaogushi.com）

## 如何记住别人的名字

人类就像气球——每一次听到或看到自己的名字时，就像气球被灌了一次气。这会使他们渐渐膨胀起来。喊别人的名字！他们会觉得这是最悦耳的声音，就好像珍珠落到手掌中一样。

你可以一而再地使用这个工具，别人永远不会厌倦。这还可以削弱人与人之间的敌对、冲击和仇视气氛，并缓和彼此意见的对立。但如何记住别人的名字呢？大多数人都知道记住别人的名字是非常重要的，但是他们说："我的记忆力很差，我实在记不得那么多名字。"其实他们错了，每个人都有很好的记性，只是他们不懂得利用罢了。这里提供几个简单的原则，教导你运用你的记性去牢记别人的名字。

1. 开始对自己说："我有世界上最好的记性，可以牢记很多名字！"不要老是告诉自己你记不得别人的名字。不要害怕你会忘记，也不要害怕你会叫错别人的名字。只要你消除心中对名字的犹疑和恐惧，你就能发挥记忆的能力。

2. 你想要记住很多名字吗？如果有人告诉你每记得一个人的名字就给你一百美元，你觉得很困难吗？你可能会急不可待地查出你所遇见每个陌生人的名字，并牢牢记住以便累积赏金！

3. 问清楚正确的名字。别人会很乐意听到你提出如下的问题："可否请你再说一遍你的名字？""你的名字怎么拼写？""你的名字我叫得对不对？"记住，别人的名字永远是最好听的！你尽管叫他的名字！不要不好意思问清楚别人的名字。

4. 马上重复念三次这个人的名字。在第一个小时内，就可以测验出你是否记得它。当你听到一个名字时，马上至少重复念三次以便加深印象，然后尽可能将它和你熟悉的影像或事物联想在一起。凡是你和这个人相遇的地方，和这个名字有关的事物，和你心中对这个名字的"影像"，都能帮助你记得一个人的名字。

5. 把它写下来。睡觉之前，你不妨将今天你所遇见的新面孔的名字写下来。如果你有日记簿或台历，你不妨将这些名字摘记在上面。你最好将自己所认识的团体建一个档案，然后将名字分类记在档案上。每次当你要参加任何一个团体的活动之前，就先快速地复习一下他们的名字。这么一来，你当然会渐渐熟悉这个人，进而容易记得他的名字。

（资料来源：http://hi.baidu.com）

### 思考

1. 通过这次活动，你对所有的成员都熟悉吗？能脱口而出他们的名字吗？
2. 你觉得大喊自己和他人名字能够帮助记忆吗？
3. 通过这个项目有什么技巧来记住陌生人的名字？
4. 这个活动项目有哪些启示？
5. 在传递球的过程中，你按照规则强迫自己记住别人的名字，这个方法有效果吗？

6. 请想一想，如何在传球时留给自己更多的时间？

7. 在日常生活中，集中精力、手脑配合对你加强记忆是否很有效果呢？

## ·【训练 2：按摩派对】·

**活动介绍**

“按摩派对”又称人椅靠座，参加活动的所有同学围成一个首尾相连的圈，互相坐在后面一个人的两只腿上。这个游戏考察了学员的协调能力和合作精神，以及培训学习在明确的目标下相互扶持获得胜利的能力。

**活动设计**

项目类型：团队暖场。

目的：从本游戏中体验团队精神，要求在团队中的每一个人都要充分贡献自己的力量，不能存在任何偷懒、滥竽充数的思想，考察参训学员在明确的目标下相互扶持获得胜利的能力、恒心与毅力、交流与合作精神。通过活动让参训同学尽快融洽和谐，达到破冰暖场的目的。

场地要求：宽阔的操场。

**操作步骤**

1. 所有的学员围成一圈，每位学员将他的手放在前面学员的肩上。

2. 听从训练者的指挥，然后每位学员徐徐坐在他后面学员的大腿上。

3. 坐下之后，培训者可以再喊出相应的口号，例如“齐心协力、勇往直前”。

4. 可以以小组比赛的形式进行，看看哪个小组可以坚持更长的时间，获胜的小组可以要求失败的小组表演节目。

**注意事项**

活动过程中培训师要在旁边给予学员鼓励，比如告诉他们已经坚持了多长时间了，或告诉某组他们目前是第一，等等，以鼓舞学员的士气。

→→→→→

## 【案例分析】

有一个装扮像魔术师的人来到一个村庄，他向迎面而来的妇人说：“我有一颗汤石，如果将它放入烧开的水中，会立刻变出美味的汤来，我现在就煮给大家喝。”这时，有人就找了一个大锅子，也有人提了一桶水，并且架上炉子和木材，就在广场煮了起来。这个陌生人很小心地把汤石放入滚烫的锅中，然后用汤匙尝了一口，很兴奋地说：“太美味了，如果再加入一点洋葱就更好了。”立刻有人冲回家拿了一堆洋葱。陌生人又尝了一口：“太棒了，如果再放些肉片就更香了。”又一个妇人快速回家端了一盘肉来。“再有一些蔬菜就完美无缺了。”陌生人又建议道。在陌生人的指挥下，有人拿了盐，有人拿了酱油，也有人捧了其他材料，当大家一人一碗蹲在那里享用时，他们发现这真是天底下最美味好喝的汤。

**图 3-3 按摩派对**

（资料来源：http://wenku.baidu.com）

**启示**

这个小故事中的汤石不过是陌生人在路边随手捡到的一颗石头。其实只要我们愿意，每个人都可以煮出一锅如此美味的汤。当你贡献自己的一份力量时，众志成城，汤石就在每个人的心中。

团队凝聚力在内部表现为团队成员之间的融合度和团队的士气。人是社会中的人，良好的人际关系是高效团队的润滑剂。因此，必须采取有效措施增强团队成员之间的融合度和亲和力，形成高昂的团队士气。团队是开放的，在不同阶段都会有新成员加入，团队凝聚力会让团队成员在短期内树立起团队意识，形成对团队的认同感和归属感，缩短新成员与团队的磨合期，在正常运营期间，促使团队的工作绩效大幅提高。

## 阅读拓展→

在美国的一次艺术品拍卖现场，拍卖师拿出一把小提琴当众宣布："这把小提琴的拍卖起价是 1 美元。"还没等他正式起拍，一位老人就走上台来，只见他二话不说，抄起小提琴就竟自演奏起来。小提琴那优美的音色和他高超的演奏技巧令全场的人听得入了迷。

演奏完，这位老人把小提琴放回琴盒中，还是一言不发地走下台.这时拍卖师马上宣布这把小提琴的起拍价改为 1000 美元。等正式拍卖开始后，这把小提琴的价格不断上扬，从 2000 美元、3000 美元、8000 美元、9000 美元，最后这把小提琴竟以 10000 美元的价格拍卖出去。

同样的一把小提琴何以会有如此的价格差异？很明显，是协作的力量使这把小提琴实现了它的价值潜能。

一个人，一个公司，一个团队莫不是如此。如果只强调个人的力量，你表现得再完美，也很难创造很高的价值，所以说"没有完美的个人，只有完美的团队"，这一观点被越来越多的人认可。

**思考**

1. 在游戏过程中，自己的精神状态是否发生变化？身体和声音是否也相继出现变化？
2. 在发现自己出现以上变化时，是否及时加以调整？
3. 是否有依赖思想，认为自己的松懈对团队影响不大？最后出现什么情况？
4. 要在竞争中取胜，有什么是相当重要的？

**分享**

1. 彼此之间相互依靠相互承担的决心取决于什么？
2. 我们最大的感受是什么？
3. 当有人倒下或是脱节后，我们的心态是什么？
4. 最振奋人心的时刻是什么时候？为什么？

## ·【训练3：传递呼啦圈】·

**活动介绍**

所有学员手拉手围成一圈，用呼啦圈穿过所有人的身体回到原位。在活动过程中，人与人之间通过沟通互相了解，达成共识，相互拉着的手不能放开，也不能用手指去勾呼啦圈。计时，可多玩几次，看最快用了几秒完成，这是一个随时可用的、引人发笑的游戏。此游戏旨在检视团队成员彼此沟通的状况，同时帮助畅通沟通渠道，以推动今后的相互协作。使学员彼此以语言沟通，完成低难度活动。

**活动设计**

时间：20～30分钟。

人数：不限，人数较多时，需要将队员划分成若干个由12～16人组成的小组。

道具：每个小组配置2个大呼啦圈(尽可能用直径大的呼啦圈)、1只秒表、1只哨子。

目的：培养队员间团结协作和包容同伴错误的意识，增强沟通的渠道和能力。通过该游戏说明不改变方法而仅仅是改善熟练程度及技巧对结果的改善是缓慢的，但如果有创意、有创新的方法，会对结果的改善产生突飞猛进的效果。

**活动准备**

1. 在一个宽阔的场地或操场。
2. 活动开始前，所有学员应做关节操，让学员把全身关节都活动开。

**操作步骤**

1. 把队员们分成若干个由12～16人组成的小组。
2. 让每个小组都手拉手、面向圆心围成一圈。
3. 等每个小组都站好圆圈、拉好手之后，任意选一个小组，让其中两个队员松开拉在一起的手，把两个呼啦圈套在其中一个队员的胳膊上，让两个队员重新拉起手。对其他小组做同样处理。

4.现在，让各个小组沿相反方向传递两个呼啦圈。为了把呼啦圈传过去，每个队员都需要从呼啦圈中钻过去，当两个呼啦圈相遇，再从原路径返回，重新回到起点后，本轮游戏结束。

5.吹哨开始游戏，同时开始用秒表计时。

6.第一轮游戏结束后，祝贺大家成功完成任务，并通报各小组完成任务所用的时间。重新开始一轮游戏，并告诉队员们这次要求更快一些。反复进行4～5次呼啦圈传递，确保队员们知道他们需要一次比一次快。

7.也可以分组进行比赛，看哪个组完成最快。

图3-4 呼啦圈传递

## 思考

1.接受到任务以后你是否愿意配合？

2.是否能够真实判断任务的轻重和具体实施的步骤？

3.提升经验积累是提高效率的一个途径。

4.当你花费很多精力改善效果却不显著时，是否该考虑换个角度思考问题。管理者必须同时意识到：(1)动员所有人参与讨论与实践；(2)明晰改革或变革是促进组织绩效突进的唯一办法。

**安全事项**

1.如果有人身体的柔韧性较差，不适合参加这个游戏，那么可以让这些人来计时或是充当安全员。如果在游戏中使用了安全员，要让安全员尽量跟着呼啦圈移动，这样当钻圈的人不小心被绊倒时，他们可以及时保护和搀扶。

2.提醒学员在钻呼啦圈时，注意脚不要被绊到。

**自我评价**

每组满分是20分，然后按照完成情况加减分。

1. 遵守规则(犯规一次减 0.5 分)。

2. 完成效果(分多组比赛时,获得第一名、第二名、第三名的小组分别加 3、2、1 分)。

3. 在游戏中发现最重要的是靠什么(配合、统一指挥、集体荣誉感)。

**变通**

1. 在每轮游戏开始前,给每个小组一分钟准备时间。

2. 让每个小组在开始新一轮游戏之前,事先确定出本轮游戏的目标时间。

指导:教师在分组时既可以随机组合,又可以按照原有小组,前者能够加深同学之间的了解与信任,扩大接触面,后者则更注重小组的合作与荣誉感。

→→→→→

## 【案例分析】

### 地狱与天堂

牧师请教上帝:地狱和天堂有什么不同?

上帝带着牧师来到一间房子里。一群人围着一锅肉汤,他们手里都拿着一把长长的汤勺,因为手柄太长,谁也无法把肉汤送到自己嘴里。每个人的脸上都充满绝望和悲苦。上帝说,这里就是地狱。

上帝又带着牧师来到另一间房子里。这里的摆设与刚才那间没有什么两样,唯一不同的是,这里的人们都把汤舀给坐在对面的人喝。他们都吃得很香、很满足。上帝说,这里就是天堂。

同样的待遇和条件,为什么地狱里的人痛苦,而天堂里的人快乐?原因很简单:地狱里的人只想着喂自己,而天堂里的人却想着喂别人。

感悟:在一个团队里,如果成员没有团队意识,各行其是,那么,团队的目标将永远无法实现。创建和谐的集体,必须增强团队意识。只有大家密切配合,团结协作,才能使集体焕发出生机和活力。

### 短四寸的裤子

小宇明天要参加小学毕业典礼,他高高兴兴地上街买了条裤子,可惜裤子长了两寸。吃晚饭的时候,趁阿婆、妈妈和嫂子都在场,小宇把裤子长两寸的问题说了一下,饭桌上大家都没有反应,饭后这件事情也没有再被提起。

妈妈睡得比较晚,临睡前想起儿子第二天要穿的裤子长两寸,于是就悄悄地把裤子剪好缝好放回原处。半夜里,被狂风惊醒的嫂子突然想起小叔子的裤子长两寸,于是披衣起床将裤子处理好又安然入睡。第二天一大早,阿婆醒来给孙子做早饭时,想起孙子的裤子长两寸,马上"快刀斩乱麻"。结果,小宇只好穿着短四寸的裤子去参加毕业典礼。

(资料来源:http://wenku.baidu.com)

**点评要点**

1. 一个团队仅有良好的愿望和热情是不够的,要积极引导并靠明确的规则来分工协

图 3-5 短四寸的裤子

作,这样才能把大家的力量形成合力,管理一个项目如此,管理一个部门也是如此。

2. 团队协作需要默契,但这种习惯是靠长期的日积月累来达成的,在协作初始,还是要靠明确的约束和激励来养成,没有规则,不成方圆,冲天的干劲引导不好就欲速则不达。

**感悟**

沟通不畅不仅不能为集体创造效益,反而会造成管理混乱、效率低下。一个团队只有进行充分的沟通,在沟通的基础上明确各自的职责,才能搞好协作,形成合力。

传递呼啦圈这个项目和以上两个故事告诉我们:沟通是团队运作的基本保障,团队中出现的各种问题有50%以上是因为沟通障碍所致。沟通协作对于任何组织都是非常重要的,尤其对于一个团队、一个企业来讲,缺少了成员之间的交流与沟通是难以想象的。生活与工作中都是这样的,只有更好的沟通才会少走很多弯路。

←←←←←

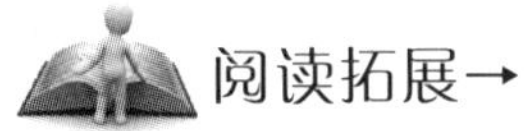


### 沟通与团队

有一个博士分到一家研究所,成为单位学历最高的人。

有一天他到单位后面的小池塘去钓鱼,正好正副所长在他的一左一右,也在钓鱼。他只是微微点了点头,这两个本科生,有啥好聊的呢?不一会儿,正所长放下钓竿,伸伸懒腰,蹭蹭蹭从水面上如飞地走到对面上厕所。博士眼睛睁得都快掉下来了。水上漂?不会吧?这可是一个池塘啊。正所长上完厕所回来的时候,同样也是蹭蹭蹭地从水上漂回来了。怎么回事?博士生又不好去问,自己是博士生哪!

过一阵,副所长也站起来,走几步,蹭蹭蹭地飘过水面上厕所。这下子博士更是差点昏倒:不会吧,到了一个江湖高手集中的地方?博士生也内急了。这个池塘两边有围墙,要到对面厕所非得绕十分钟的路，而回单位上又太远，怎么办？博士生也不愿意去问两位所长，憋了半天后，也起身往水里跨：我就不信本科生能过的水面，我博士生不能过。只听咚的一声，博士生栽到了水里。两位所长将他拉了出来，问他为什么要下水，他问："为什么你们可以走过去呢？"两位所长相视一笑："这池塘里有两排木桩子，由于这两天下雨涨水正好在水面下。我们都知道这木桩的位置，所以可以踩着桩子过去。你怎么不问一声呢？"

## 思考

1. 你们在游戏过程中碰到了什么问题？是如何分析的？
2. 游戏过程中有无领导者或者教练员产生？
3. 哪些因素有助于成功完成游戏？
4. 哪些因素使完成任务变得更加困难？
5. 有没有确定出比较现实的目标？如果有，是如何完成的？
6. 游戏中最关键的改善动作是什么？
7. 你们在平时生活中是否也能这样互动，相互模仿学习？
8. 你认为活动过程中对团队最有帮助的一点是什么？
9. 当团队成绩不理想时，你有没有埋怨身体协调性不佳的队友？

## ·【训练 4：动力小火车】·

### 活动介绍

"动力小火车"活动是一项需要团队协作的破冰暖场游戏。它能使学生身体得到全面的锻炼，并且可以消除紧张学习给学生带来的压力；培养学生团结合作、勇于进取、坚持不懈的意志品质；同时在活动中加深同学之间的了解，增进友谊，促进班级的团队意识和凝聚力。

### 活动设计

项目类型：破冰暖场、团队协作型。

参赛人员：每组 10～20 人，每组人数相同，可男女生搭配。

### 活动准备

1. 场地：一片空旷的大场地，比赛赛距 30 米，可选在校园塑胶跑道笔直段，选定起点线、终点线。

2. 器材：护膝若干，比赛中可以戴在脚踝以上的小腿处，使同伴便于抓牢，若穿长裤也可不用护膝，抓牢裤管即可，比赛时根据实际情况灵活选择。

### 火车连接方式

1. 小腿后抬式：(适合女生或者力量、耐力等身体素质较差的学员)排头一人双手叉腰，两脚支撑站稳，后边两路纵队。除排尾一名同学外，其他队员将内侧手扶在前面人的肩上，内侧腿支撑，外侧腿小腿向后抬起，同时外侧手拉住前面人向后弯曲小腿抬起的裤管（也可以在外侧脚踝上方戴护膝使同伴抓牢），最后一名同学（排尾）抓住前面两位同学向后抬起的腿（裤管）。

2.小腿前伸式：（适合大部分普通学员）除排头以双脚支撑，双手抱住后边两人的膝关节外，后边两路纵队的其他队员以内侧手扶在前面人的肩上，用内侧脚支撑，外侧腿小腿向前抬起，同时外侧手抱（抓）住后面的人向前抬起的外侧脚踝的关节处。

**活动规则**

1.游戏过程中队员必须跳步前进，不允许松手（一直保持抬起前边的人的左腿），以防止出现断裂现象，队伍断裂必须重新组织好，从起点重新开始游戏。如果不重新组织，继续前进，则成绩视为无效，记为0分。

2.以各队最后一名同学通过终点线为准。

3.比赛过程中，参赛队必须在规定的赛道进行比赛，不许乱道，犯规一次扣时2秒，依次累加。

4.“火车”行进过程中，除排头、排尾外，如其他人以两脚行走，则判为失败。

**操作步骤**

1.参加活动的各组学员选择一种火车连接方式组建“小火车”，游戏开始时，各队从起跑线出发，跳步前进，最先到达终点的为胜。按时间记名次，按名次记分。

2.裁判员鸣哨后，除“火车头”与“火车尾”两名队员用走步方式引导“火车”前进外，其他全体队员以单脚支撑集体向前跳进，行进时可以喊着统一的口令，使全队步调、节奏保持一致，例如：“一二、一二……”“哐珰、哐珰……”等。以排尾学生首先越过终点线的队为胜。多支队伍比赛可以分组采用计时的方法，确定名次。

图3-6 动力小火车

**注意事项**

游戏前双方队员应做好准备活动，选择平整、无障碍的场地，两支队或多支队同时比赛时应使两队间隔在5米以上，防止互相影响。

**变通**

1.训练时可先由部分队员之间配合再到一路纵队的配合，直至完整的两路纵队配合，由易到难，由部分到整体，循序渐进地练习。

2.“火车”连接的方式可根据年龄、性别灵活选用，以提高游戏的观赏性和趣味性。

→→→→→

## 【案例分析】

蚂蚁是我们最常见的昆虫之一。在不大的蚂蚁家族中，有着复杂的分工与合作。蚁后，也叫蚁皇，是一族之主，专管产卵繁殖，一般一群只有一个。雄蚁，专与蚁后交配，交配后即死亡。工蚁，是蚁群中的主要成员，专司觅食、饲养幼蚁、伺候蚁后、搬家清扫等勤杂工作。兵蚁，个头较大，两颚发达，是蚁群中的保卫者，担负着本蚁群的安全，如有外蚁入侵，或争夺食物时，必誓死决斗。蚂蚁家族中的每一个成员既不多做也不少做，缺了其中一个环节都不行。蚂蚁家族正是凭借每一个成员的合作精神，才能生存下去。

**启示**

从蚂蚁家族的事例我们知道，小小蚂蚁只因它们之间有着明确的分工与合作，所以整个家族就拥有了强大的生存力量。从蚂蚁家族的分工，和蚂蚁家族分工之中的互相合作，我们联想，蚂蚁都懂得合作对于生存的重要性，更何况我们人类，就更需要分工与协作，不管是各级政府组织、大小企业，还是每个家庭都要有各自的分工，而且必须分工明确，否则将杂乱无章。

（资料来源：http://blog.sina.com.cn）

←←←←←

## 阅读拓展→

团队协作的五大障碍：

——缺乏信任（相互戒备）

——惧怕冲突（一团和气）

——欠缺投入（模棱两可）

——逃避责任（低标准）

——无视结果（地位与自我）

1.如何克服团队协作的第一大障碍——缺乏信任

(1)个人背景介绍；

(2)成员工作效率讨论；

(3)个性及行为特点测试；

(4)360度意见反馈；

(5)集体外出实践。

2.如何克服团队协作的第二大障碍——惧怕冲突

(1)挖掘争论话题；

(2)互相监督，实时提醒；

(3)采用测量工具测试不同性格类型和行为特点，帮助团队成员加深了解。

3.如何克服团队协作的第三大障碍——欠缺投入

(1)统一口径；

(2)确定最终期限；

(3)意外和不利情况的分析；

(4)低风险激进法。

4.如何克服团队协作的第四大障碍——逃避责任

(1)公布工作目标和标准；

(2)定期进行成果的简要回顾；

(3)团队嘉奖。

5.如何克服团队协作的第五大障碍——无视结果

(1)公布工作目标；

(2)奖励集体成就。

(资料来源:《团队协作的五大障碍》)

**思考**

1.你们在游戏过程中碰到了什么问题？是怎样分析的？

2.哪些因素有助于成功完成游戏？

3.哪些因素使完成任务变得更加困难？

4.如何尽量避免“小火车”脱节？

## 第二节 团队合作

在专业化分工越来越细、竞争日益激烈的今天，靠一个人的力量是无法面对千头万绪的工作的，只有把自己融入到团队中去的人才能取得巨大的成功。在工作中，是否具有团队意识，能否融入到团队当中，越来越成为考察一个人的综合素养的重要指标。

素质拓展活动是通过设计独特的富有思想性、挑战性和趣味性的体验式活动，培养积极进取的人生态度和团队合作精神，是一种现代人和现代组织全新的学习方法和训练方式。

本小节主要介绍了四种团队合作型的素质拓展项目，通过体验这几种训练项目，让学员体会到团体项目不是一个人就能很好完成的，更重要的是需要整个团队群策群力，一个人的成功不能代表整个团队的成功，只有团队中的个体相互团结，相互帮助，才能共同完成团队目标。

图 3-7　团结才有团队

## ·【训练 1:团队组建】·

### 活动介绍

团队组建是一项需要所有队员以完成团队任务为最终目标,通力合作的活动项目。它要求在规定的时间内所有学员分组组建自己的团队,并确立团队的名称、口号等团队信息,进而在活动过程中学员逐渐消除隔阂,真正打开心扉,逐步建立起一定程度的信任和凝聚力。

### 活动设计

项目类型:团队合作项目。

项目概述:在规定的时间内,以队为单位,组建团队,自行设计出团队的队名、队训、队旗、队歌、队形,选出队长、副队长、安全员、旗手,并制定团队规则,然后进行团队展示,根据团队组建任务完成情况进行团队评分。

培训目的:在与互不相识的人的接触中增强人际交往的能力,增强团队意识,增强队内领导的责任心,锻炼和提高管理者的管理水平和组织能力。

项目道具:彩旗、旗杆、彩色水笔、安全箱。

适合人数:全体参训人员。

### 评分标准

1. 基础分:在规定时间内完成团队组建全部任务基础分加 10 分。

2. 创意分:队名、队训、队歌、队呼整体具有创意,队旗具有创意,协调、美观(第一名加 2 分)。

3. 展示分:团队成员声音洪亮,统一一致(第一名加 2 分)。

### 操作步骤

1. 将参训的所有学员分组,各小组组建成一个团队,共同努力自行设计出团队的队

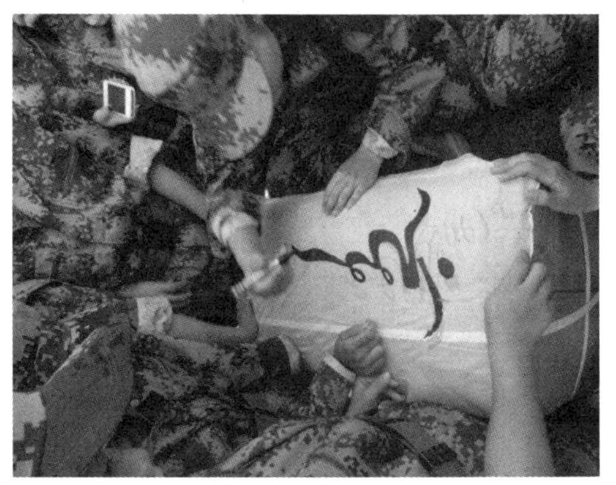

图 3-8 队标制作，团队初步组建完成

名、队训、队旗、队歌、队形，并选出队长、副队长、安全员、旗手。

2. 团队展示：正副队长、安全员、旗手各自展示，团队唱队歌、喊口号、摆队形（注意拍照留念），每队严格按照 3 分钟时间进行本队成果展示，超时将被强行停止。

3. 评选最佳创意奖等奖项并颁奖。（每队队长在不允许推荐本队的情况下，推选出最有创意团队，得票多者获胜。）

→→→→→

## 【案例分析】

### 飞行的大雁

大雁有一种合作的本能，它们飞行时都呈 V 型。这些雁飞行时定期变换领导者，因为为首的雁在前面开路，能帮助它两边的雁群形成局部的真空。科学家发现，雁以这种形式飞行，要比单独飞行多出 12％的距离。

合作可以产生一加一大于二的倍增效果。据统计，诺贝尔获奖项目中，因协作获奖的占三分之二以上。在诺贝尔奖设立的前 25 年，合作奖占 41％，而现在则跃居 80％。

**启示**

分工合作正成为一种企业中工作方式的潮流被更多的管理者所提倡，如果我们能把容易的事情变得简单，把简单的事情变得很容易，我们做事的效率就会倍增，世界正逐步向简单化、专业化、标准化发展，于是合作的方式就理所当然地成为了这个时代的产物。

一个由相互联系、相互制约的若干部分组成的整体，经过优化设计后，整体功能能够大于部分之和，产生 1+1>2 的效果。

（资料来源：http://wenku.baidu.com）

## 阅读拓展

在一个天气晴朗的日子，小刺猬一边哼着美妙的歌曲，一边漫不经心地散步，走着走着，突然，一个东西砸在它的头上。

“哎哟！谁这么缺德？”它狠狠地骂了一句。仔细一看：原来是一个又大又圆的红苹果从树上掉了下来，它赶紧捡起地上的苹果，用衣服擦了擦，狠狠地咬上一大口，苹果又甜又脆，煞是好吃。

小刺猬吃完这个苹果，还不满足，又拿起一块石头，向苹果树投去，可是它个子特小，本身没有那么大力气，石子还没有投到苹果，便落了地，它又爬到树上去摘，可是，自己的手臂太短，苹果枝条太细，小刺猬无可奈何只好放弃。小刺猬刚要走，猛一抬头，往远处一看，看见一只小山羊，站立在山头，它便高兴地跑了过去。

小山羊看到小刺猬便问：“出了什么事？”

小刺猬首先用手指了指，喘着粗气，又在小山羊耳旁悄悄地说了几句，小山羊如同得到了“圣旨”，高兴得手舞足蹈。

小刺猬和小山羊飞快地向苹果树跑去，顷刻之间，它们就来到苹果树下。

小山羊开始用头撞苹果树，每撞一下，树上就掉好几个苹果，就这样，它们俩一个撞，一个拾，不一会儿，就捡了堆像小山似的苹果。

它俩兴奋无比，一屁股坐在地上，一边吃着香甜丰盛的苹果，一边交谈着团结合作，助人为乐的道理。

## 思考

1. 你们的队名、队旗、队歌、队呼、队训是如何产生的？
2. 在团队组建过程中，你们遇到了什么样的困难？
3. 你们是如何做到在有限的时间内完成团队组建任务的？有何启示？
4. 如何才能把队名、队歌、队训、队员精神抖擞地展示在所有学员面前？

## ·【训练2:珠行万里】·

**活动介绍**

珠行万里是一项要有良好工作心态和勇于接受挑战精神才能顺利完成的活动项目。活动要求团队每个队员手拿一根半圆形的球槽,将球连续传动(滚动)到下一个队员的球槽中,并迅速地排到队伍的末端,继续传送前方队员传来的球,直到球安全地到达指定的目的地为止。

**活动设计**

概述:这个活动充分体现团队的领导力,沟通协调能力,工作的计划与严谨性,时间与效率的控制,资源的有效利用,及在规定时间内调动各种资源解决问题的能力。

**项目规则**

1. 所有队员一字排开,手持接力棒,在保证圆珠不掉落的情况下从教练指定的位置运珠到达终点。

2. 每个成员都是运作中的一个"链条",都非常重要,在任何一项工作完成时,要考虑是否能让你的下一个"链条"顺利承接。

3. 节奏:不必一味贪快,控制节奏非常重要,一切只为最后的胜利。

4. 指挥:一个团队必须要有一个统一的指挥。

5. 配合:当你的同伴出现问题时,要及时提醒,这样才能确保共同的成功。

图3-9 珠行万里

**项目分享**

1. 学会遇到困难时通过有效沟通及时解决问题。

2. 体会团队的明确的分工和良好的协作是打造高效团队的关键。

3. 加深对执行力的理解。

→→→→→

【案例分析】

## 向竹子学习团队协作

竹子有三大特点：

竹子的第一大特点是群生：人们看到的往往是一片竹林，而不是孤零零的一棵竹子。对一棵竹子而言，它面对的只有死亡。这说明团队成员之间，只有大家抱团才能生存和发展下去，否则，这个团队只有死亡。

竹子的第二大特点是虚心：所有的竹子都是中空的，都是能容得下其他人的，都是能像其他团队成员虚心学习的。

竹子的第三大特点是一节一节生长：生长一段，就接一个箍，再生长一段，再接一个箍。这说明，竹子是会总结和反思的。所以，对团队成员来讲，也要学会总结和反思，才能不断地成长和发展。

（资料来源：http://wenku.baidu.com）

←←←←←

## 阅读拓展→

一天，美国知名主持人林克莱特访问一名小孩，问他说："你长大后想要当什么呀？"小孩天真地回答："我要当飞机驾驶员！"林克莱特接着问："如果有一天，你的飞机飞到太平洋上空，所有引擎都熄火了，你会怎么办？"小孩想了一想说："我会先告诉坐在飞机上的人都系好安全带，然后我背上我的降落伞跳出去。"当在现场的观众笑得东倒西歪时，林克莱特继续注视这孩子，想看他是不是个自作聪明的家伙。没想到，这孩子的两行热泪夺眶而出，这才使得林克莱特发觉这孩子的悲悯之情远非笔墨所能形容。于是林克莱特问他说："你为什么要这么做？"小孩的答案透露出一个孩子真挚的想法："我要去拿燃料，我还要再回来！"

**分析**

你真的听懂别人的话了吗？你是不是也习惯性地用自己的想当然打断别人的话？我们经常犯这样的错误：在别人还没有来得及讲完自己的事情前，就按照我们的经验大加评论和指挥。打断他人的话，一方面容易做出片面的决策，另一方面会使他人缺乏被尊重的感觉。时间久了，你们很难再好好交流。

**感悟**

沟通不畅不仅不能为集体创造效益，反而会造成管理混乱、效率低下。一个团队只有进行充分的沟通，在沟通的基础上明确各自的职责，才能搞好协作，形成合力。

（资料来源：http://wenku.baidu.com）

## 思考

1. 当管子的长度不够时你们是如何解决的？

2. 整个项目中你觉得哪个环节最重要？

**学以致用**

1. 个人在团队中的位置(角色定位)，是团队成功的基础。

2. 建立有效的沟通及工作方式。

3. 学会适应而不是抱怨。

4. 把工作放到自己的身上，敢于承担责任。

## ·【训练 3：鼓动人心】·

**活动介绍**

鼓动人心是一个团队合作项目，主要目的在于训练学员理解团队合作的重要性，学习团队工作方法，并养成不轻言放弃的精神。活动要求将一个排球放在鼓面上，把球连续地垫起，在完成一定的次数下，尽可能多地创造垫球记录。

**活动设计**

概述：鼓舞人心是一个需要团队协作的活动项目，它要求所有参训队员共同牵拉系在鼓上的绳套，并将排球连续垫起，通过团队合作尽可能延长垫球的时间。

项目道具：每组一面鼓、一个排球、数量比人数多 1 根的绳子

**项目规则**

1. 每人牵拉一根或两根鼓上的绳子，必须抓握绳子的末端绳套处。

2. 将一个排球放在鼓面上，在通力协作下，使鼓有节奏地平稳地把球连续地垫起。

3. 球垫起的高度不低于鼓面 30 厘米，球不得落到鼓面以外的地方，否则重新计数。

4. 可以采用竞赛的形式，给团队增加外部压力，从而有更好的成绩，练习 30 分钟，然后比赛 3 轮，取最好成绩，一般前五个球内失误，可以重新开始。

5. 可以采用大鼓和小鼓组合进行的方式，第一阶段各小组 15 个人使用小鼓垫球，而后与别的小组一起合用大鼓垫球，从而体验团队与团队的合作。

**注意事项**

1. 要求学员注意爱护鼓，不要将鼓摔到地上，不要在地上拖拉鼓面，以防鼓面磨损。

2. 学员不得穿带后跟的鞋参加垫球活动。

3. 在大风天气下要降低垫球数的要求。

4. 教练口令不容置疑，令行禁止。

5. 移动过程中注意动作幅度不可过大，感觉手里的绳子绷紧的话，应该立即松手，不要硬拽。

图 3-10 鼓动人心专用鼓及拓展场面

6. 不能将绳子缠在手上。

7. 不得故意干扰其他队垫球。

**项目分享**

1. 在项目实施过程中，我们经历了一次浓缩的团队发展的 4 个阶段：形成期、动荡期、规范期和高效期，并认真反思每个成员在团队发展的不同阶段应该怎么做。

2. 当团队处在一直低迷的状态下，大家要放下包袱，抱着“不抛弃、不放弃、不抱怨”的心态来挑战，同时团队中要有很多人扮演鼓舞者，在每个时期都有大家的鼓励，比如“稳住”、“不要激动”的鼓励，还要勇敢向朋友说出自己的经验，勇敢分享，互相包容。

3. 要寻找团队关键点：注意力的转移（鼓而非手）、精神决定力量、专注于目标。

4. 过程中不断总结提升，思考无论个人还是团队从胜利走向更高的胜利的代价要远远小于从失败到成功的转变代价。

**学以致用**

1. 要学会感谢对手，两队虽然是竞争对手，但是可以给你很大的刺激，促使你有更好的表现。

2. 要善于目标管理，有阶段性目标，从 5、10、20、30、40、50……逐步提高。

注意力的转移（鼓而非手）、精神决定力量、专注于目标。

个人还是团队从胜利中走向更高的胜利的代价要远远小于从失败到成功的转变代价。

3. 和谐平衡，人、力量、心态、动作平衡、目标平衡（从对于个数的关注转到平衡地落到鼓面上）；规律方法改变和调整，从关注于弹起来到接得住到专注于目标、焦点，注意力的转移。

4.体验到个人和团队的高峰体验，就是以十当一、鼓人合一、鼓球合一、多样性与统一完美结合的和美境界，这种美好感觉可以让我们在工作生活中有更好的复制。

5.分析项目操作过程中的好与坏的阶段，就会发现，团队活动就像在演奏音乐，从开始的摸索到最后的优秀，就是从乱弹琴、夸张化到悄然无声、不显山水的心理历练过程。

→→→→→

【案例分析】

### 树虎的故事

一百年前，人们在亚马逊河两岸砍伐树木时，发现一种十分奇怪的现象，在电锯的轰鸣声中，所有的动物都逃离了，唯有一种叫做树虎的动物没有走。据记载，树虎是非常怕人的，工人们深感奇怪，不明白这些树虎为什么不走。他们找来动物学家桑普，桑普的话让工人们吃惊，他说一定有一只树虎被树胶沾在树上了，所以其他的树虎才不走。大家仔细搜寻，果然发现树干上有一只树虎，原来，一千只树虎里，总会有一只被树胶粘住，从此再不能动弹。让人感动的是，被粘住的树虎仍然能在世上活很多年，因为周围的树虎都会来轮番喂它，伐木工人听了如此的说法被深深感动，他们将整棵树移到森林的深处。于是，所有的树虎也都跟着迁移了。

启示

真正有效的团队管理是能将沙粒变成水泥块的高绩效管理。从高空洒落一把散沙，与掉下一块水泥块，其威力之差不言自明，故事中的树虎有着令人感动的团队精神。

美国著名管理学家约翰·C·马克斯韦尔在《所向披靡》一书中曾提到，世界杯中大部分甚至全部“打进的球”“好看的球”都是“配合”的结果，是“团队精神”的结果。即使是有名的球星也需要“配合”。所以现代管理强调“我们成功”而不是“我要成功”。凡是成功的团队都是和谐的团队，是以共同的价值趋向为基础，以深厚的情感氛围为纽带，以统一的战略目标为动力，从而产生强大的凝聚力和向心力，引发无穷的执行力和战斗力。

（资料来源：http://wenku.baidu.com）

←←←←←

阅读拓展→

### 沙龙兔的故事

南非沙漠里还有一种动物叫沙龙兔，沙龙兔之所以能在沙漠里成活不被干死，完全是因为一种团结的精神。沙漠每两年才会下一次像样的雨水，这对于任何生命都极为珍贵。每次下雨，成年的沙龙兔都会跑上几十里，不吃不喝，不找到水源绝不回来。每次它们都能把好消息带给大家。它在返回时，连洞也不进，因为沙漠中的雨水有时会在一天内蒸发掉。这又是沙龙兔一两年中唯一的一次正经补水。于是，为争取时间，平日很少见到的沙龙兔群集的景象出现了。成群的沙龙兔会在这只首领的带领下，跑上几十里去喝水。而那只成年沙龙兔，一般都会在到达目的地后，因劳累而死去。

（资料来源：http://wenku.baidu.com）

## 思考

1.对于一群人一起来做一件简单的事情，你有何感想？

2.活动中，如何让团队成员的配合体现得更加淋漓尽致？

3.你们团队能否再取得更好成绩？

4.活动中，有团队成员失误了，你有何感想？

5.活动过程中大家曾经想过放弃吗？看到别的队伍已经领先我们许多了，这个时候我们是否想放弃？

## ·【训练4：孤岛求生】·

**活动介绍**

将参训队员分成三组，分别安置在盲人岛（喻基层员工）、哑人岛（中层管理者）、健全人岛（高层决策者）。要求在规定时间内完成各自的任务并集合在一处安全的地方。此项目强调主动沟通、信息共享的重要性，尤其是说明了主管者运用资源和决策的重要性。

**活动设计**

概述：这个项目的名字叫孤岛求生，又称紧急救援，是拓展训练针对组织、团队管理设计的最经典的项目之一，看似简单的活动所蕴涵的道理，揭示的问题，对人的震撼，能够让我们回味无穷。

**活动目的**

这个项目主要训练学员的主动沟通能力以及体会信息共享的重要性，尤其要学习运用资源和抉择的重要性；当然，换位思考、突破思维定式也是本活动的重要方面。此外，还可以训练群体决策，发挥领导作用，合理安排人力资源，团队合作，寻求解决问题的科学方法，主要矛盾和次要矛盾的处理等。

项目道具：60 cm×60 cm×25 cm的木质方箱12个，两块木板（木板横向叠放在盲人岛上），一个塑料桶，网球5～10个，任务书一套，A4纸两张，生鸡蛋两个，筷子两双，透明胶带一卷，笔一支，眼罩$N/3+1$个（$N$为参训人数），木板无裂纹，哑人岛、珍珠岛相对大一些。

场地要求：平坦，方箱摆放紧密平稳，三座岛之间的距离以木板可以平板搭上为准。

项目规则：将所有队员分成3组，分别模拟盲人、哑人、健全人，并被请到3个岛屿上，3个岛屿之间的概念距离是数千海里，互相喊叫是没有用的。

**操作步骤**

1. 所有学员随机分3组，可以灵活调整，合作完成一项任务。

2. 先将一组人带至哑人岛，告诉他们"从现在开始你们就成了哑人，任何人不许从嘴里发出声音(包括你们内部)，如果违反规定，将进行'惩罚'或取消资格"。

3. 将一组人带到健全人岛。

4. 请最后一组人戴上眼罩，带至盲人岛。

5. 将健全人岛任务书、鸡蛋、笔、白纸、筷子与胶带发给珍珠岛上远离其他岛方向的那个学员。

6. 将哑人岛任务书交给哑人岛上其中一人，最后将盲人岛任务书悄悄塞到一名学员手里，并且将网球分给不同学员。

7. 宣布项目开始，限时40分钟。

**注意事项**

1. 重点注意监控盲人岛上的学员，在等待救援时，及时提醒他们注意自己在岛上的位置，不要掉下去。

2. 木板搭好后，在盲人向其他岛移动的过程中严密监控盲人，以防其掉下木板，拓展教师应跟随其一起移动，张开手臂做出保护的姿势，但与学员身体保持适当的距离。

3. 一个岛上集中人数较多时，尽量将盲人安置在岛的中间部分。

4. 提醒盲人在摘眼罩时要先闭眼再摘眼罩，捂住眼睛再慢慢睁开眼。

5. 哑人运用杠杆原理搭板时，提醒不要压伤手指，同时注意监控不要压伤学员的脚，木板搭好后防止呈跷跷板状态。

6. 大多数人集中至一个岛上时提醒他们相互保护。

7. 盲人的安全，哑人的自律，健全人的受指责要合理处理。

8. 分享回顾一定要朝积极向上的愿景发展。

9. 宣布项目开始时可以采用以下说法"40分钟后海水将淹没哑人和盲人所在的岛"。

**项目布置阶段**

1. 学员人数不应少于8人，其中哑人岛不应少于3人。

2. 如团队中有人做过此项目，则将其派至盲人岛并告知他既聋又哑，不用过多参与或安排其做观察员和记录员。

3. 可采用预先分组的方式，如将团队中人员的职业角色与岛上角色互换，以达到换位思考的目的，采用随机分组的微调也尽量如此。

4. 男女搭配分开，哑人岛上尽量安排一个力气大的男学员。

**项目挑战阶段**

1. 严格按照规则要求学员，如发现盲人摘眼罩，哑人说话时应立即制止，并告知再违规将受到处罚。

2. 密切监控哑人在盲人未投进球前不得挪动木板，告知他们违例或说："不能动"。

3. 时间过去大半仍无人下岛，建议提醒学员反复、认真、仔细地看任务书。

4. 项目伊始有人无意落水，建议装作没看见，时间过半可以利用学员偶然落水的机会将其带至盲人岛。

5. 除盲人外其他人不得触球，盲人长时间仍无法扔进球可将桶挪近。

6. 健全人、盲人不得帮助搭放木板，哑人特别努力但木板的一端仍轻微着地时可以不将木板拖至盲人岛。

7. 如发现学员有隔岛传递或两岛之间传看任务书的情况则应制止。

8. 项目结束后，所有器械必须立即复位，任务书必须收回。

图 3-11　孤岛求生：盲人岛、哑人岛、健全人岛（珍珠岛）

**孤岛求生任务书**

盲人岛一1 号岛任务书

1. 将每个网球投入桶中。

2. 将所有人集中到一个安全的岛上。

规则：

1. 为了安全，你们不得踏入激流。

2. 在整个过程中你们不得摘去眼罩。

3. 不得动木板。

可用资源：

1. 数个网球。

2. 你们的聪明才智。

周边地形：

你们现在处在一座孤岛上，周边是急流，湍急并布满漩涡，最多 40 分钟这座孤岛就会被海水淹没；但任何欲通过急流离开孤岛的企图都是徒劳的。只要触及急流，即会被冲回孤岛（在急流远处的岩石上固定着一个桶）。

哑人岛一2 号岛任务书

1. 帮助盲人。

2. 将所有人集中到一个安全的岛上。

规则：

1. 任何物品触及急流，将被迅速冲至“盲人岛”。

2. 在盲人岛上的盲人们完成第一项任务前，你们不得使用木板。

3. 在完成任务前，你们不得从嘴里发出任何声音。

4. 只有盲人可以触球。

5. 你们是唯一可以动木板的人。

可用资源：

1. 两块木板。

2. 你们的聪明才智。

周边地形：

你们处在“哑人岛”上，周边是湍急的水流，最多 40 分钟这座孤岛就会被海水淹没；任何从岛上坠落的物品，都将被激流冲至同样危险的“盲人岛”。

健全人岛—3 号岛任务书

1. 外包装设计：使用岛上资源——两张纸，两双筷子，一卷小胶带，为两个鸡蛋设计外包装。要求：站在岛上，双手持包装好的鸡蛋，两臂平伸从两米高空自由下落，鸡蛋不碎。

2. 孤岛决策：你们正随着一艘救援船漂浮在海面上，一场原因不明的大火烧毁了船身及大部分内部设备，船只漂流到健全人岛后下沉。由于关键航海仪器被损坏，你们不知道所处的位置。最近的大陆约在西南方向，你们距离那里 1500 公里以上，下面列出 15 件未被大火烧毁的物品，你们的任务：把这 15 件物品按其在你们求生过程中的重要程度排列。把最重要的物品放在第一位，次要物品放在第二位，依次类推，直到排好相对不重要的第 15 件物品。

指南针、小半导体收音机、剃须刀、驱鲨剂、一桶 25 公斤的水、5 平方米不透明塑料布、蚊帐、一瓶烈性酒、一桶压缩干粮、15 米尼龙绳、若干海区图、两盒巧克力、一个救生圈、钓鱼具、一桶 9 升油气混合物。

3. 数学计算题：$ABCDE \times 3 = EDCBA$

算出 $A$、$B$、$C$、$D$、$E$ 各是几？

4. 将所有人集中到健全人岛上。

规则：

1. 岛不能移动。

2. 岛的边界不能改变。

3. 所有物品、所有人不得踏入溪流，否则将被立即冲至“盲人岛”。可以运用一些物理原理，但是，如果不能准确运用这些定律，将会导致危险的后果。

周边情况：

你们现处在“健全人岛”上，周围是湍急的溪流，任何触水的物品将被冲到“盲人岛”。

→→→→→

## 【案例分析】

### 谈判的艺术

狼和豹是草原上的两个霸主，各自统治一方。

它们之间经常会发生争斗，因为它们谁也不服谁，常常闹得两败俱伤，草原上的其他动物也经常饱受争斗之苦。终于，动物们再也无法忍受它们无休止的争斗了，大家推举聪明的狐狸去协调它们之间的矛盾。狐狸满怀信心地出发了。

狐狸找到争强好胜的狼。它对狼说："最近您没有听说吗？草原上都在议论您与豹谁最绅士，最佳绅士将获得无比的尊敬，您一定不能输呀！"狼心想：打架都不输给它，这方面也一定不能输。所以它决定让自己变成最有礼貌的绅士，用微笑和问好的方式战胜对手。

狐狸又去找豹，豹性格孤僻，不愿与人交谈。狐狸心想，说话不行，那就写信吧，它就给豹子写了封信，内容很诚恳："狼豹相斗何时了，两败俱伤终不好，武力不过撕和咬，何不比比谁礼貌。"豹子看后，顿时醒悟，也放弃了与狼一比高下的决心。几天后，两个霸主从仇敌变成了朋友，它们见面时彬彬有礼地向对方问好，以前的事好像从来没有发生过。

←←←←←

没有沟通就没有理解，甚至会产生误会。沟通不畅不仅不能为集体创造效益，反而会造成管理混乱、效率低下。一个团队只有进行充分的沟通，在沟通的基础上明确各自的职责，才能搞好协作，形成合力。工作中，一个单位的各个部门如果都在忙着各自的工作，认为不需要沟通交流，只是围绕自己的目标前进，没能取得总体方向上的一致，结果只会造成各个部门的工作成绩在封闭的环境中相互抵消，与整个团队的总体目标相去甚远。沟通交流不仅表现在工作中，更与我们每一个人的生活息息相关，沟通与交流是展示自我，让别人了解自己，让自己了解别人的过程；通过沟通，可以增进前行者的力量、信心与勇气，可以传递信息，交流思想，化解矛盾，分享快乐与幸福，增进团结与友爱，使人与人之间的关系更为融洽、和谐，使彼此的生活更为绚丽多彩。

阅读拓展→

### 四块糖的故事

著名教育家陶行知在任校长时，有一次在校园里偶然看到王友同学用小石块砸别人，便立即制止了他，并令他放学后，到校长室谈话。

放学后，王友来到校长室准备挨骂。可一见面，陶行知却掏出一块糖给他说："这奖给你，因为你按时到这里来，而我却迟到了。"王友犹豫间接过糖，陶行知又掏出一块糖放到他手里说："这块糖又是奖给你的，因为我教训你不要砸人时，你马上不砸了。"王友吃惊地瞪大眼睛，陶行知又掏出第三块糖给王友："我调查过了，你用小石块砸那个同学，是因为他不守游戏规则，欺负女同学。"王友立即感动地流着泪说自己不该砸同学。陶行知满意地笑了，掏出第四块糖递过去说："为你正确认识自己错误，再奖励你一块！我的糖发完了。"

**启示**

从孤岛求生这个拓展活动中我们可以发现团队领导的领导力和分析力发挥着重要的作用，而以上小故事也折射出了陶行知令人折服的领导力。要使不同的人结成团队，并使团队的凝聚力成为团队竞争的关键，领导力是必不可少的。从这个层面上说，高效领导力是团队竞争的关键。领导者应懂得如何让下属在合作中发挥作用，如何激励他们不断地超越自身的业绩。同时，领导者也应该清楚如何平衡团队成员的个人利益和团队成果，使团队取得的成果超过个体队员努力的总和。也就是说，领导者应该要求自己团队的队员在与团队的目标保持一致的前提下，努力将自己的水平发挥至最佳状态。

（资料来源：http://wenku.baidu.com）

**思考**

1. 大家在拿到自己的任务书的时候有什么想法？
2. 大家觉得自己利用资源完成任务，完成得怎样？
3. 如果项目不成功，大家觉得问题出在哪里？
4. 大家觉得其他岛屿的人做得怎么样？你们希望其他岛屿的人做些什么？
5. 完成任务的最大障碍是什么？

## 第三节　指挥服从

伴随中国社会快速发展，当代大学生大都缺乏团队意识，表现为过分看重个人发展、轻视社会合作、集体凝聚力不强、同学友谊不深厚等，原因是受成长环境影响、团队精神培养缺失、社会不良现象的冲击等。团队意识的缺乏将导致严重的社会后果，如电影《南京，南京》中所表现的“中国人一盘散沙”的悲剧将重现当代中国。本章旨在围绕霸行天下、有轨电车、齐眉棍、无敌风火轮等素质拓展项目，通过学生亲身体验式的教学模式，培养和提高学生团队意识。下面主要介绍相关项目的活动设计、活动进行以及活动反思等相关内容。

### ·【训练1：霸行天下】·

**活动介绍**

霸行天下这个活动项目是需要一个团队合作才能完成的，特别需要强有力的指挥领导和绝对的命令服从，团队的合作就是建立在指挥和服从之上，当大家的脚绑在一起，手互相搭着肩，整齐站成一排，听从口令，迈着齐整的步伐，最终才能到达终点。

**活动设计**

概述：每个队所有队员排成一排，所有队员的相邻腿绑住，每个队从相同的起点出发，行进的途中绑住腿的布条不能脱落，队员不能摔倒，最先通过终点的队获胜。

时间：10分钟左右。

分组:12～15 人一组,可安排几组同时进行,可以竞赛比拼的方式进行。

项目道具:一片空旷的大场地,布条若干,保护垫若干。

**活动目的**

本项目主要为培养队员协调配合、团结互助的能力;培养计划、组织、协调能力;增强队员之间的交流和交际能力;增强队员间的相互信任和理解;使队员之间突破性别的界限,齐心协力完成游戏。

**操作步骤**

1. 把整个团队分为若干组,最好 15 人一组,每组人数越多,挑战难度越大。

2. 每组组长到教练处领取若干布条和保护垫,保护垫放在终点处,以保护队员在通过终点时的安全。

3. 每一组要利用布条,将所有队员相邻的腿绑住,要求在跑动的过程中,布条不会松开,同时手挽手,每队有 30 分钟的练习时间。

4. 准备时间结束后,教练示意游戏开始,每组队员成一横队站立在出发标志线处出发,当到达另一条标志线后(所有队员全部通过标志线),游戏结束,完成游戏时间最少的队获胜。

图 3-12　准备交流环节

图 3-13　两组竞技

图 3-14 强大气势，霸行天下

**注意事项**

1. 将参赛小组两人的相邻腿绑住，位置不能高于膝盖部分，也不能低于脚踝，绳子必须绑在小腿上，并捆紧，如中途松开，应系好再前进。

2. 必须在起跑线后把腿绑好，不准抢跑。

3. 中途若有人摔倒，应立即停下来，等重新准备好之后，再接着跑，或者自动放弃比赛。

4. 要注意的是男女搭配要合理。

**安全事项**

1. 患有严重的心脏疾病、高血压、哮喘等易突发性疾病者不宜参加。

2. 患有急性传染病及其他不适于参加公众活动的疾病者不宜参加。

3. 活动需要安排在平整的场地进行。

4. 若有人失去平衡或者倒地后发生其他意外情况，其他队员要及时停止前进，同时注意保护头部等关键部位。

5. 宜穿着宽松舒适的运动服、运动鞋。

6. 女生不宜穿裙子和高跟鞋参加活动。

→→→→→

## 【案例分析】

每年的 9 月至 11 月，加拿大境内的大雁都要成群结队地往南飞行，到美国东海岸过冬。第二年的春天再飞回原地繁殖。在长达万里的航程中，它们要遭遇猎人的枪口，历经狂风暴雨、电闪雷鸣及寒流与缺水的威胁，但每一年它们都能成功往返。雁群一字排开成“V”字形时，比孤雁单飞提升了 71％的飞行能量。当每只雁振翅高飞，也为后面的队友提供了“向上之风”，这种省力的飞行模式，让每支雁最大地节省能量。当某只雁偏离队伍时它会立刻发现单独飞行的辛苦及阻力，它会立即飞回团队，善用前面伙伴提供的“向上之风”。

当前导的雁疲倦时，它会退到队伍的后方，而另一只雁则飞到它的位置上来填补。当某只雁生病或受伤时，会有其他两只雁飞出队伍跟在后面，协助并保护它，直到它康复，然后它们自己组成“V”字形，再开始飞行追赶团队。在队伍中的每一只雁会发出“呱呱”的

图 3-15　雁群排开成"V"字形

叫声，鼓励领头的雁勇往直前。

这个小故事给我们的启示是：假使我们如雁一般拥有着共同的目标并且向着共同的目标不懈前进，相互依靠，彼此相互依存，分享团队的力量，我们就会在队伍中，跟着带队者到达目的地，并时刻准备着为队伍贡献自己的力量。我们接受他人的协助，并也要协助他人。艰难的任务需要轮流付出，我们要相互尊重、共享资源，发挥所有人的潜力。如果我们如雁一般，无论在困境或顺境时都能彼此呵护，互相依赖，再艰辛的路程也不惧怕遥远。生命的奖赏是在终点，而非起点，在旅程中遭尽坎坷，你可能还会失败，只要团队相互鼓励，坚定信念，终究能够成功。

（资料来源：http://www.docin.com）

## 阅读拓展→

### 保龄球效应

两名保龄球教练分别训练各自的队员。他们的队员都是一球打倒了 7 只瓶。教练甲对自己的队员说："很好！打倒了 7 只。"他的队员听了教练的赞扬很受鼓舞，心里想，下次一定再加把劲，把剩下的 3 只也打倒。教练乙则对他的队员说："怎么搞的！还有 3 只没打倒。"队员听了教练的指责，心里很不服气，暗想，你咋就看不见我已经打倒的那 7 只。结果，教练甲训练的队员成绩不断上升，教练乙训练的队员打得一次不如一次。这就是行为科学中著名的“保龄球效应”。

关于“保龄球效应”，还有一个经典的案例。

美国钢铁大王安德鲁·卡耐基选拔的第一任总裁查尔斯·史考伯说：“我认为，我那能够使员工鼓舞起来的能力，是我所拥有的最大资产，而使一个人发挥最大能力的方法，是赞赏和鼓励。”“再也没有比上司的批评更能抹杀一个人的雄心……我赞成鼓励别人工作，因此我乐于称赞，而讨厌挑错。如果说我喜欢什么的话，就是我诚于嘉许，宽于称道”。这就是史考伯做法。史考伯说：“我在世界各地见到许多大人物，还没有发现任何人——不论他多么伟大，地位多么崇高——不是在被赞许的情况下比在被批评的情况下工作成绩更佳、更卖力气的”。史考伯的信条同安德鲁·卡耐基如出一辙。卡耐基甚至在他的墓碑上也不忘称赞他的下属，他为自己撰写的碑文是：“这里躺着的是一个知道怎样跟他那些比他更聪明的下属相处的人”。

请所有队员思考，在“霸行天下”中能否体会到工作生活学习中的“保龄球效应”？应如何处理？

**参考点评**

希望得到他人的肯定、赞赏，是每一个人的正常心理需要。而面对指责时，不自觉地为自己辩护，也是正常的心理防卫机制。一个成功的管理者，会努力去满足下属的这种心理需求，对下属亲切，鼓励下属发挥创造精神，帮助下属解决困难。相反，专爱挑下属的毛病，靠发威震慑下属的管理者，在下属心中已经众叛亲离了。

（资料来源：http://news.cnfol.com）

## 思考

1.在明确游戏规则以及领取布条保护垫之后，你们团队做的第一件事情是什么？这对之后的比赛有什么影响？

2.你在团队项目中起到了什么作用？

3.团队是如何保证步伐一致的？

4.在活动进行中你遇到的困难是什么？

5.在练习和比赛的过程中，你们团队中是否有人摔倒？你们是如何处理的？

6.“霸行天下”能训练个人以及团队的哪些方面？

7.结合日常的生活学习，谈谈你的感受？

8.在练习时间内，你们团队做了些什么？有什么成果？有什么经验教训？

9.在实际活动阶段，有没有发现什么新的问题？练习时的方案有没有得到很好的执行？

**点评要点**

1.学会思考以及事先制订方案，面对任何问题第一应该是先思考，制订行动策略，然后再很好地执行既定策略，有需要的前提下可以修改既定策略。盲目的行动不可取。

2.团队意见不统一的时候应该加强沟通，首选在沟通中解决分歧；如果沟通无果，一定要充分地信任大部分人的意见，并且需要很好的引导化解不同意见，使团队充分团结。

3. 把握机遇，展现自我，释放青春，团结就是力量。

4. 细节决定成败，集思广益。

6. 任何事情结束之后，所有队员要充分反思，分享收获，总结经验教训。

7. 合适的人放在合适的岗位干合适的事，合理分配人员。

8. $P=p-i$ 即表现=潜能－干扰（$P$ 表示 Performance，$p$ 表示 potential，$i$ 表示 interference），每个团队的表现都满足上述公式，在团队中，充分发挥所有队员的潜能，最大程度地排除干扰，团队就能取得成功，拥有优越的表现。

## ·【训练 2：有轨电车】·

### 活动介绍

有轨电车是一个需要体力、需要技巧、需要行动高度统一的活动项目，只有当团队的每个队员的脚和手一起行动时，"电车"才能开动，如果有一个队员的行动节奏跟不上整个团队的节奏，"电车"将会出现故障或停止行驶。所以，团队获胜的关键是行动统一，行动统一的前提是服从命令，服从命令的基础是统一指挥。指挥、服从是团队合作中必不可缺的关键点。

### 活动设计

概述：这个游戏主要考验团队领导、团队合作和团队指挥能力，需要全体队员的共同努力，做到指挥和服从相一致，每个队员全力以赴，并且协同配合。全体队员同时站在木板鞋子上，按照教练的命令前进或后退。

时间：每队耗时 3～5 分钟。

分组：8～10 人为一组，可安排几组同时进行，可以竞赛比拼的方式进行。

项目道具：两条长 3.5 米、宽 0.15 米的厚木板，每条木板上间隔一只脚的距离拴一根提绳。

### 操作步骤

1. 把整个团队分为若干组，最好 10 人一组。

2. 每个组的队员都按木板上提绳的顺序站上木板上，双手拉住提绳。

3. 规定好行进路线，到达目的地所用时间最少的组获胜。

4. 教练下达命令，开始比赛，每组按照指定的要求，前进，后退，拐弯。

5. 若在活动进行中，有队员的脚触及地面，则该组挑战失败。

### 活动目的

1. 培养全体队员的进取心和不畏艰难、勇往直前的精神。

2. 感受预先制订团队方案的必要性，体会方案制订过程中的领导和服从，并提升至学习生活的高度。

3. 领导能力，沟通协调能力的培养。

4. 理解个人、小团队、大团队的相互关系。

5.感悟方案优劣与执行力强弱的不同结果。

图 3-16 有轨电车

**注意事项**

1.建议一名教练负责一套电车,教练在讲解时要简单明了、重点突出、反馈及时,确保每名队员都清楚规则。

2.队员提绳站在木板上,若有多余的队员,则可做安全保护,同时注意观察自己队伍有什么问题并及时改进。

3.听到开始的发令后比赛。赛前练习非常重要,整个比赛过程中的队员之间的默契和协调程度都需要在赛前尽量的磨合。

4.活动进行中要保持步调一致,如遇到情况要及时停下调整,不要把绳子缠绕在手上,以便摔倒时可以及时扔掉绳子同时大声告知队友停止前进。

5.失去平衡的时候要把脚向两侧踏,不要向中间。

6.每个小组在比赛进行中,都要有一个队员指挥,而指挥的队员最好是活动参与者,才能有足够的默契和把控能力。

7.如在拐弯处,一定要控制速度以防摔倒。

**安全事项**

1.有严重外伤史队员或者不适合剧烈运动者,务必提前说明,同时教练在活动开始前务必问清楚,队员切忌有所隐瞒。

2.活动需要安排在平整的场地进行。

3.团队指挥人员应避免队员在行进的过程中速度过快，以防摔倒；如遇到拐弯，要提前安排防止侧滑。

4.教练要实时跟进，务必在离队员 1.5 米左右观察并做好安全防护准备。

5.若有人失去平衡或者发生其他意外情况，其他队员要及时停止前进，切记不要剧烈提放电车，失去平衡或倒地队员不要手扶电车。

6.特别注意拐弯处或者设计特殊路段的运用。

→→→→→

【案例分析】

图 3-17　全力以赴的兔子

一天猎人带着猎狗去打猎。猎人一枪击中一只兔子的后腿，受伤的兔子开始拼命地奔跑。猎狗在猎人的指示下也飞奔去追赶兔子。

可是追着追着，兔子跑不见了，猎狗只好悻悻地回到猎人身边，猎人开始骂猎狗了："你真没用，连一只受伤的兔子都追不到！"猎狗听了很不服气地回道："我尽力而为了呀！"再说兔子带伤跑回洞里，它的兄弟们都围过来惊讶地问它："那只猎狗很凶呀！你又带了伤，怎么跑得过它的？""它是尽力而为，我是全力以赴呀！它没追上我，最多挨一顿骂，而我若不全力地跑我就没命了呀！"

人的潜能是无限的，但是在失败或者结果不尽如人意的时候，我们往往会对自己或对别人找借口："管它呢，我们已尽力而为了。"事实上，在很多时候尽力而为还是远远不够的，尤其是现在这个竞争激烈的年代。我们应常常问自己，我今天是尽力而为的猎狗，还是全力以赴的兔子呢？

（资料来源：http://home.51.com）

←←←←←

## 阅读拓展→

生活在海边的人常常会看到这样一种有趣的现象：几只螃蟹从海里游到岸边，其中一只也许是想到岸上体验一下水族以外世界的生活滋味，只见它努力地往堤岸上爬，可无论它怎样执著、坚毅，却始终爬不到岸上去。这倒不是因为这只螃蟹不会选择路线，也不是因为它动作笨拙，而是它的同伴们不容许它爬上去。你看每当那只企图爬离水面的螃蟹，就要爬上堤岸的时候，别的螃蟹就会争相拖住它的后腿，把它重新拖回到海里。人们也偶尔会看到一些爬上岸的海螃蟹，但不用说，它们一定是单独行动才上来的。

在南美洲的草原上，有一种动物却演绎出迥然不同的故事：酷热的天气，山坡上的草丛突然起火，无数蚂蚁被熊熊大火逼得节节后退，火的包围圈越来越小，渐渐地蚂蚁似乎无路可走。然而，就在这时出人意料的事发生了：蚂蚁们迅速聚拢起来，紧紧地抱成一团，很快就滚成一个黑乎乎的大蚁球，蚁球滚动着冲向火海。尽管蚁球很快就被烧成了火球，在噼噼啪啪的响声中，一些居于火球外围的蚂蚁被烧死了，但更多的蚂蚁却绝处逢生。

请所有队员思考，在“有轨电车”中能否体会团队中的“蚂蚁抱团”？应如何处理？

**参考点评**

这两则关于动物之间团队合作的故事相映成趣，说明这样一个道理：掣肘，易事难为；携手，难事可成。螃蟹的“拖后腿”，就是因为大家没有整个团队意识，而蚂蚁的“抱成团”却与此大相径庭，这一抱，是命运的抗争，力量的凝聚，是以团结协作的手段，为共渡难关，获求新生所做出的必要努力。在一个团队里，如果成员没有团队意识，各行其是，那么，团队的目标将永远无法实现。创建和谐的班集体，必须增强团队意识。只有大家密切配合，团结协作，才能使团队焕发出生机和活力。

（资料来源：http://zxc.8910.blog.163.com）

## 思考

1.“康泰之树，出自茂林，树出茂林，风必折之。”这句话描述了一个人的辉煌离不开团队的力量。那我们又如何把这个力量发挥出来呢？

2.在行进中你遇到的困难是什么？

3.一个高效率的团队应该具备哪些因素？

4.“有轨电车”能训练个人以及团队的哪些方面？

5.结合日常的生活学习，谈谈你的感受？

6.在练习时间内，你们团队做了什么？有什么成果？有什么经验教训？

7.在实际活动阶段，有没有发现什么新的问题？练习时候的方案是否得到了很好的执行？

**点评要点**

1.对所有人齐心协力完成项目表示鼓励与肯定。

2. 对活动中存在的问题进行回顾，尤其是那些起关键作用的队员。

3. 完成任务的方法需要所有的人共同协商，就此和队友分享自己的感受。

4. 经验是在不断的失败和尝试中总结出来的，积极的尝试对完成任务非常重要。

5. 统一的指挥对完成任务的作用，指挥者和领导者的区别和相同点各是什么？

6. 团结就是力量。

7. 体会良好沟通对团队合作的重要性，感受个人目标的实现有赖于团队目标的实现，团队目标的实现需要团队中的每个人发挥作用，个人在组织中起积极作用时也许不明显，但一旦起破坏作用，对组织的危害就非常大。

8. 场地拓展设施有轨电车功能：

(1)训练团队在短时间里建立统一指令、达成一致行为。

(2)培养良好的人际关系与互动状态。

(3)体验领导的作用和对集体的影响。

(4)学习在条件限制与手忙脚乱的情景下进行良好沟通的方法。

(5)理清角色与分工，合理分配与运用资源。

(6)增强个体的手臂、腰部、腿部力量，身体协调能力与平衡力。

---

## ·【训练 3：齐眉棍】·

### 活动介绍

一个高效的团队，需要有一个良好的服从观念，同时，也需要一个统筹全局的领导能力，齐眉棍这个活动项目在进行过程中，能够很好地体现领导能力和服从观念。若处在服从者的位置，要遵照指令行动，必须暂时放弃个人的独立自主、我行我素，全心全意听从指挥，若处在指挥领导者的位置，必须要把握整个团队的纪律和行动节奏，把整个团队的力量凝聚一起，团结，就是力量！

### 活动设计

概述：每组队员分为两队，相向站立，共同用手指托住棍子并保持棍子平衡，需要将棍子平稳放置到地上，手离开棍子即失败，这是一个考察团队是否同心协力的体验。在所有队员手指上的同心杆将按照教练的要求，完成一个看似简单但却最容易出现失误的项目。此活动深刻揭示了团队中队员之间协调配合的重要性。

时间：30 分钟左右。

分组：10～15 人一组，可安排几组同时进行，可以竞赛比拼的方式进行。

项目道具：一块开阔的场地，3 米长的轻棍。

### 操作步骤

1. 把整个团队分为若干组，最好 15 人一组，每组人数越多，挑战难度越大。

2. 每组队员平均分成两排，相向站立，用手指托住棍子并保持棍子平衡。

3. 每组队员只能依靠食指完成最终将棍子平稳放置在平地上的目标。

**活动目的**

在团队中，如果遇到困难或出现了问题，很多人马上会找到别人的不足，却很少发现自己的问题，忽视队员的抱怨、指责、不理解对于团队的危害。这个项目将告诉大家："照顾好自己就是对团队最大的贡献"。统一的指挥以及所有队员的共同努力对于团队成功起着至关重要的作用。

图 3-18 齐眉棍(照顾好自己就是对团队最大的贡献)

**注意事项**

1. 全体队员只能以食指接触棍子，其他身体任何部位接触到棍子都属犯规。

2. 全体队员不得以手指相互勾结，不得将手指压在棍子的上方。

3. 在整个游戏过程中，只有在教练宣布的"2 分钟协调时间"内可以交流和讨论，而在游戏进行的整个过程中只能说两个字"停"或者"放"。

4.若分组队员中有人违反以上任何一条规则,则该组必须重新开始游戏。

**安全事项**

1.患有严重的心脏疾病、高血压、哮喘等易突发性疾病者不宜参加。

2.患有急性传染病及其他不适于参加公众活动的疾病者不宜参加。

3.近期做过重大手术者不宜参加。

4.素质拓展训练不属于极限运动,有一定的运动量,但不过量。

5.女生不宜穿裙子和高跟鞋参加活动。

6.素质拓展训练不是一个人的游戏,参与者要打开心扉,和队员合作,积极主动。

→→→→→

## 【案例分析】

### 鱼竿和鱼篓

从前,有两个饥饿的人得到了一位长者的恩赐:一根鱼竿和一篓鲜活硕大的鱼。其中,一个人要了一篓鱼,另一个人要了一根鱼竿,于是他们分道扬镳了。得到鱼的人原地就用干柴搭起篝火煮起了鱼,他狼吞虎咽,还没有品出鲜鱼的肉香,转瞬间,连鱼带汤就被他吃了个精光,不久,他便饿死在空空的鱼篓旁。另一个人则提着鱼竿继续忍饥挨饿,一步步艰难地向海边走去,可当他已经看到不远处那片蔚蓝色的海洋时,他浑身的最后一点力气也使完了,他也只能眼巴巴地带着无尽的遗憾撒手人间。

图 3-19 鱼竿和鱼篓

又有两个饥饿的人,他们同样得到了长者恩赐的一根鱼竿和一篓鱼。只是他们并没有各奔东西,而是商定共同去找寻大海,他俩每次只煮一条鱼,他们经过遥远的跋涉,来到了海边，从此，两人开始了捕鱼为生的日子，几年后，他们盖起了房子，有了各自的家庭，有了自己建造的渔船，过上了幸福安康的生活。

在工作生活学习中，一个人只顾眼前的利益，得到的终将是短暂的欢愉；一个人目标高远，但也要面对现实的生活。在接下来的素质拓展活动中，如何处理个人和团队的关系，希望各位队员能从故事中得到启发。体会没有优秀的个人只有优秀的团队这句话。

（资料来源：http://qiaoling515.blog.163.com）

←←←←←

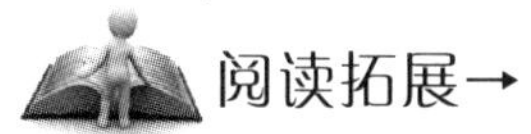

阅读拓展→

## 鲶鱼效应

西班牙人爱吃沙丁鱼，但沙丁鱼非常娇贵，极不适应离开大海后的环境。当渔民们把刚捕捞上来的沙丁鱼放入鱼槽运回码头后，用不了多久沙丁鱼就会死去。而死掉的沙丁鱼味道不好销量也差，倘若抵港时沙丁鱼还存活着，鱼的卖价就要比死鱼高出若干倍。为了延长沙丁鱼的活命期，渔民想方设法让鱼活着到达港口。后来渔民想出一个法子，将几条沙丁鱼的天敌鲶鱼放在运输容器里。因为鲶鱼是食肉鱼，放进鱼槽后，鲶鱼便会四处游动寻找小鱼吃。为了躲避天敌的吞食，沙丁鱼自然会加速游动，从而保持了旺盛的生命力。如此一来，沙丁鱼就一条条活蹦乱跳地回到渔港。

这在经济学上被称作“鲶鱼效应”。

请所有队员思考，在“齐眉棍”中能否体会到工作生活学习中的“鲶鱼效应”？应如何处理？

**参考点评**

在游戏中，某些队员可能会急于求成或者本身做事效率就高于他人，都将会有被淘汰的可能。如果我们的工作生活学习中，某些员工急功近利、急于求成，那么他可能太过浮躁，经不起时间和工作压力的考验，淘汰无妨；假如这个员工本身就是以高效率、高质量著称，是“渔夫”找来的“鲶鱼”，而其他人恰是一群养尊处优的“沙丁鱼”呢？“鲶鱼”的高效率可能会导致其成为这场游戏中的失败者，被众“沙丁鱼”指责为不按“节奏”办事，没有“集体观念”，从而被淘汰出局。那么，一旦出现这种情况，领导者就必须得认清形势，做到奖勤罚劣，因为在这场游戏中，如果众人畏首畏尾，皆不敢也不愿意积极主动行动起来，游戏将无法继续，完成目标就更加无从谈起。

（资料来源：http://www.shangxueba.com）

←←←←←

## 思考

1. 在练习制订方案期间，团队是如何进行的？团队的领导者是谁？在这个过程中各位队员有什么心得体会？

2. 在活动进行中你遇到的困难是什么？

3. 一个高效率的团队应该具备哪些因素？

4. “齐眉棍”能训练个人以及团队的哪些方面？

5. 结合日常的生活学习，谈谈你的感受？

6. 在练习时间内，你们团队做了什么？有什么成果？有什么经验教训？

7. 在实际活动阶段，有没有发现什么新的问题？练习时的方案是否得到了很好的执行？

**点评要点**

1. 项目结束后，组织全体队员进行思考和讨论，并积极发表自身观点和想法，是素质拓展的重要环节。教练引导队员讨论的主题可以概括在如下范畴：如何自我管理及心态调节、团队管理者重要性讨论、有效管理行为对团队的影响、团队的内部激励！

2. 组织队员思考并充分讨论后，引导队员对执行力的思考，并给出团队管理第一招：明确队员的能力与责任。团队成员要共同规划、遵循和执行自己团队的制度，每个团队成员都必须知道并理解这些基本的规则。团队成员也要懂得如何合作。换句话说，他们需要自如地交流观点，学会做选择，讨论可行的方法并表达他们的真实想法。

3. 团队管理第二招：如何看待制度建设和开始工作的问题。团队常会犯一个严重错误，无论接到任何任务，团队未加思考，马上开始工作。对于团队而言最明智的做法是先花一定的时间进行团队制度建设，特别是在团队开展工作的初期阶段，团队需要明确如何协同工作，如没有团队的制度，团队工作很快就会恶化成无组织、无目的、充满争吵的讨论会，或是陷入其他的僵局。首先团队需要管理者，而管理者需要想清楚你要怎样运营你的团队，将想法简化为几条简短的规则！

4. 团队合作不能过分强调个人的力量，团队合作也不是所有人全力以赴就能够使得团队高效而有结果的，相互促进的团队合作需要对团队制度和分工进行管理和设计，并让队员通过练习、反馈、纠正、再练习、再反馈、再纠正，如此循环直至形成团队共同的行为习惯。

5. 在一个团队中，往往共同的问题是队员执行难，有很多因素会影响团队的执行力，比如队员之间的和谐程度等。对于中国社会而言，执行难是因为国人对待制度的习惯问题，如：宣布新的交通条例，在美国，常规做法是先把制度公示三个月，大家充分提意见去修改，吸取这些建议并最终通过、实施后大家都遵守；在中国，也是制度公示三个月，却没有一个人注意和提意见，之后就实施了，一旦有人触及了制度，抱怨和牢骚马上就来了，所以应引导大家积极参加计划、制度的制定，而后保证执行力度。

6. 在素质拓展中，还有一个重要的目的就是引导队员更多地从自身去找原因，而不是抱怨其他队员。在现实社会生活学习工作中，由于对制度的建设和公平重视程度不够，制度往往是用来被打破的，但是触及了自己的利益是决不可以容忍的。齐眉棍活动中，在如何进行活动的讨论时，发表意见或多或少，而在进行执行的时候，一旦遇挫，各种新的建议或者抱怨就出来了，但很少队员会从自身的执行效果去找原因。

## ·【训练 4：无敌风火轮】·

**活动介绍**

无敌风火轮这个项目需要考验的是整个团队的毅力，队员间的相互包容，正确指挥和无条件服从的配合。活动进行时，参与项目的队员只能依靠指挥队员进行前进、停止、调整，从接收指令到接受指令这个过程，可以看出整个团队的执行力，而执行力的强弱就是服从观念的强弱。而直接统筹整个活动项目的指挥者，必须目标明确，沟通能力强，能把握好团队的整体气氛，具备遇到突发情况能及时处理的公关能力。团结就是力量这是真理。

**活动设计**

概述：每个队用提供的材料将报纸围成一个可以行进的履带式的环，要求本组所有队员在规则要求下走完规定的路程，以最快到达终点的组为优胜。

时间：10 分钟左右。

分组：12～15 人一组，可安排几组同时进行，可以竞赛比拼的方式进行。

项目道具：一片空旷的大场地，报纸、胶带、剪刀若干。

**操作步骤**

1. 把整个团队分为若干组，最好 15 人一组，每组人数越多，挑战难度越大。
2. 每组组长到教练处领取若干报纸、胶带、剪刀。
3. 每一组要利用这些材料做成一个大纸圈，大纸圈不能断，并且能容下所有队员。
4. 准备时间结束，教练示意游戏开始后，每组队员成一纵队站立在大纸圈中从标志线处出发，当到达另一条标志线后（大纸圈必须全部过标志线），游戏结束，完成游戏时间最少的队获胜。

**活动目的**

本素质拓展项目主要为培养队员团结一致、密切合作、克服困难的团队精神；培养计划、组织、协调能力；培养服从指挥、一丝不苟的工作态度；增强队员间的相互信任和理解。

**注意事项**

1. 全组队员必须都踩着纸圈带前进，途中如有队员踏出纸圈则视为犯规，全组原地停 5 秒后继续前进。
2. 滚动过程中纸带如发生断裂，全组必须回到原出发点，修补后再重新出发。
3. 在整个行进途中，风火轮必须垂直于地面，报纸必须紧密连接。
4. 训练中要注意的是男女搭配要合理，参与者要打开心扉，积极主动。

图 3-20　风火轮的制作

图 3-21　无敌风火轮(纸上练兵)

**安全事项**

1. 无需剧烈的运动,可谓是老少皆宜,但同时也要注意自身安全,注意不要绊到其他队友的脚,以免摔倒。

2. 着宽松舒适的运动服、运动鞋。

3. 不宜穿裙子和高跟鞋参加活动。

4. 活动结束后借用者对场地进行打扫,不要留下剪刀等异物以免伤到旁人。

→→→→→

【案例分析】

### 团　结

很久以前,有一个人看到了蚂蚁的壮举:突如其来的水包围了一小块陆地,那一小块陆地有许多的蚂蚁,是蚂蚁的家园。蚂蚁对水是很敏感的,因为它们不识水性。天要是要下大雨了,它们总是能够预先知道,于是就能看到它们浩浩荡荡搬家的场面。但是这一次它们无法预先知道,因为这一次是人祸,菜园主人挖开了沟渠,要浇灌他的菜园子。天灾可以预知，但是对于人祸，蚂蚁们就无法预知了。蚂蚁们爬出了洞穴，一阵慌乱之后，蚂蚁们开始聚拢，聚拢成了一个大大的蚂蚁团，这时，水漫了上去，蚂蚁团就漂在了水面，而且在微风的吹动下，蚂蚁团滚动，在水面上向前滚动。没有一只蚂蚁松手，那蚂蚁团好像向前漂得很轻灵。终于，它们抵达了陆地，分散开来，它们又一次开始重建家园。菜园主人看得呆了。他在想，假如有蚂蚁不想在最外边想着里边的安全，还会有那紧密的蚂蚁团吗？假如有更多的蚂蚁这样想，还会有蚂蚁团吗？他的脑海闪现了一个词：团结。他想：这是一个多么好的词啊！他把蚂蚁的壮举讲给他的子孙，临了总要说一句："团结啊！"他的子孙把蚂蚁的壮举讲给他们的子孙，临了总要说："这就是团结啊！"后来蚂蚁的故事传丢了，一代叮嘱一代："团结啊！"

一个团队，如果组织纪律涣散，人心浮动，人人强调自我利益，人人自行其是，不顾集体利益，甚至搞"窝里斗"，何来生机与活力？又何谈生活学习工作？在一个缺乏凝聚力的环境里，个人再有雄心壮志，再有聪明才智，也不可能得到充分发挥！团队精神的重要性，在于个人、团体力量的体现，小溪只能泛起破碎的浪花，海纳百川才能激起惊涛骇浪，个人与团队关系就如小溪与大海。每个人都要将自己融入集体，才能充分发挥个人的作用。团队精神的核心就是协同合作。

（资料来源：http://home.babytree.com）

←←←←←

图 3-22 蚂蚁团在水面上

阅读拓展→

## 木桶理论

木桶的容水量，不取决于构成木桶的那些长木板，而取决于最短的那一块木板，要使木桶能盛更多的水，只要设法加长最短的那一块木板就行了，企业的经营管理也一样，因人力、财务……资源有限（尤其是规模不大的企业），要提升企业竞争力，最直接有效的方法就是加强最弱的部门与环节，故我们常言，公司不怕钱（资源）不够，就怕钱没花在刀刃上。且企业在经营管理必要运作职能上难免有它不擅长的地方，也就是短处，它会成为发展的瓶颈；除此外，木桶理论还告诉我们，企业要有比人强的地方，而且这些强项必须形成自己的“核心竞争力”，否则就像一个超长的木板，对木桶的作用、功能一点帮助都没有，甚至只有增加木桶重量、成本、操作与运用困难度的负作用。

请所有队员思考，在“无敌风火轮”中能否体会到工作生活学习中的“木桶理论”？应如何处理？

**参考点评**

木桶理论还可以再延伸：一只木桶能装多少水，不仅取决于每一块木板的长度，还取决于木板间的结合是否紧密。如果木板存有间隙或缝隙很大，同样无法装满水，甚至于一滴水都没有，面对激烈竞争的市场环境，企业更需要企业成员、单位职能间发挥团队精神紧密合作，形成强大团队，才能从容应对。

（资料来源：http://blog.sina.com.cn）

## 思考

1. 在练习制订方案期间，团队是如何进行的？团队的领导者是谁？在这个过程中各位队员有什么心得体会？

2. 你在团队项目中起到了什么作用？

3. 团队是如何充分有效地利用资源的？

4. 在活动进行中你遇到的困难是什么？

5. 一个高效率的团队应该具备哪些因素？

6. “无敌风火轮”能训练个人以及团队的哪些方面？

7. 结合日常的生活学习，谈谈你的感受？

8. 在练习时间内，你们团队做了一些什么？有什么成果？有什么经验教训？

9. 在实际活动阶段，有没有发现什么新的问题？练习时候的方案有没有得到很好的执行？

**点评要点**

1. 加强团队内部的有效沟通，这点对于团队领导者来说需要特别重视，这将在很大程度上决定团队的效率。

2. 分别了解个体决策，团队领导意见与群策结果的差异。

3. 分清层次管理，领导授权，监督机制，时间统筹的学习。

4. 团队各方面资源的合理利用和高效分配。

5. 细节决定成败，注重细节，同时在决策过程中避免个人主义，应该集思广益。

6. 选人用人问题，合适的人放在合适的岗位干合适的事。

7. 著名的 PDCA 理论：P(Plan)——计划，确定方针和目标，确定活动计划；D(Do)——执行，实地去做，实现计划中的内容；C(Check)——检查，总结执行计划的结果，注意效果，找出问题;A(Action)——行动,对总结检查的结果进行处理,成功的经验加以肯定并适当推广、标准化,失败的教训加以总结以免重现,未解决的问题放到下一个 PDCA 循环。

## 第四节 伙伴关系

伙伴关系,国际关系学术语。本意是指在国际交往中,国家间为寻求共同利益而建立的一种合作关系。而在我们的团队当中,每个队员之间的共荣共辱关系的存在也属于伙伴关系的一种延伸。处理好团队之间的伙伴关系,让队员相互信任,与伙伴们结成相互信任相互依靠的关系是相当重要的,关系到之后工作的开展,任务的完成。

### ·【训练 1:信任背摔】·

**活动介绍**

信任背摔是一个心理挑战与团队精神合作相互结合的训练项目,具有一定的挑战性。需要由队员轮流站上背摔台,背向全体承接的队员,身体呈笔直状态倒下并由台下的队员安全接住的过程。这个项目看似有一定的危险性,但如果操作方法得当,安全问题注意到位,安全性是相对较高的。通过信任背摔,队员们可以突破自己内心的枷锁,打开心理防线,学会换位思考和包容心态,与团队迅速结合到一起,从而用个人的信任建立起整个团队的信任,在提升个人内涵的同时起到增加团队凝聚力的作用。

**活动设计**

概述:全体队员轮流站上背摔台按照事先要求动作倒下,尽量确保每个人都能挑战一次。有不适合参加激烈挑战项目身体状况的队员不能参加此项活动。教练在开展活动前要排除病患,确保安全。活动要求全体队员都要参与到其中,整个活动不能有旁观者。

时间:一般控制在 60 分钟左右。

分组:10 人以上为一组,同时有两组人员以上在场方可开展。

**项目道具**

背摔台一个(一般控制安全高度应在 1.3~1.6 米以内)。

海绵垫一个(面积在 2 平方米大小,用于防止队员没有接好背摔者时,起到缓冲的保护)。

**操作步骤**

1.所有参与训练的队员要按顺序轮流站上背摔台,背向下面承接队员,等待教练发出可以往下倒的口令之后笔直向后倒下,底下保护队员顺势安全接住。

2.未安排到上背摔台的队员要求在台下搭建保护“人床”,即两两对立,手臂向上互相搭好,确保可以在队员倒下时安全接住。

3. 活动的最后要开展心得交流总结，教练引导到团队的相互信任与交流上，让队员自由发言，建立起良好的团队合作氛围。

图 3-23　信任背摔高台准备

图 3-24　高台下队员做好保护工作

**注意事项**

1. 信任背摔要求在平整的场地开展，活动开展之前要排除场地内的不安全因素。

2. 地面的坚硬物体、绊脚的物体等要提前清理干净。

3. 参与活动的队员要求统一着运动服装，身上携带的硬物如手表、手机、眼镜、发卡、别针等，要统一交到教练处保管。

活动结束后紧接着的讨论环节，让大家分享在信任背摔中的感悟。本活动主要涉及以下几方面的内容：

1. 学会换位思考，为什么在下面时觉得很容易，到了上面却有些害怕？

2. 做好本职工作，就是减轻团队的压力。

3. 信任是如何产生的？对彼此的了解；有效的、严谨的规则；好的能力和态度；过去的成功经验等。

4. 对社会、对团队、对他人的责任感。

5. 成功源于对本能的突破。

［资料来源：《大学生基本素质训练教程》（第 2 版）］

→→→→→

【案例分析】

2013 年 10 月的高校素质拓展活动中，信任背摔训练项目一切按照教练的要求顺利进行着。突然，同学晓莹出现了害怕的情绪，连背摔台都不敢上，整个训练项目的进行一下子卡住了。由于教练在事先有要求除非特殊情况不能参加之外，其他人都不能当“逃兵”，这个项目不能有缺席的人员。晓莹的害怕让大家也稍微有点着急，也拖慢了项目进行的时间。

“来，大家不要硬逼着晓莹同学了，我们一起来鼓励下她！”这个时候在一旁观察整个团队反应的教练给大家指出了一条明路。紧接着，十一个队友一一给晓莹加油打气！

“晓莹，不要害怕！”

“加油！你可以的，晓莹。”

“相信我们吧，你不是一个人！”……

晓莹首先是害怕，接着对于打乱了有序进行的游戏，和大家说抱歉，最后因为团队温暖和鼓励，她衔着泪花，终于做出了最后的决定：“让我试一试！”“yes!”大伙进入了状态……

“晓莹同学，你准备好了么？”教练发出口令。

“准备完毕！”晓莹坚定地答道。

“预备——倒！”教练最后指示……嗖的一声，晓莹笔直地用标准的姿势完成了信任背摔，整个团队以她为中心，紧紧抱成一团，集体的温暖瞬间弥漫开来……

←←←←←

## 阅读拓展→

拓展训练起源的故事中，在海战中这些人之所以能活下来，关键在于他们有良好的心理素质。当他们遇到灾难的时候，首先想到的是：我一定要活下去，有一种强烈的求生欲望。而那些年轻的海员可能更多地想到的是：这下我可能就完了，我不能活着回去了。于是德国人就思考着利用一些自然条件和人工设施，让那些年轻的海员做一些具有心理挑战的活动和项目，以训练和提高他们的心理素质。

拓展训练并非体育加娱乐，也不是所谓的“魔鬼训练”。它回答我们这样一个问题：知识和技能是有形的资本，而强烈的进取心，顽强的拼搏精神与意志力，良好的沟通和团队合作精神，才是一种无形的力量，这个力量往往很大很大，比有形力量大得多，但是大多数人无法正确估计自己的能力并将其发挥出来。

拓展训练的目的就是让大家通过游戏能够感受到自身一些可以提高的地方，将生活与工作充分地贯穿于整个游戏中，正如“人生如戏，戏如人生”。

（资料来源：http://www.360doc.com）

**思考**

1. 你站在背摔台上和在做保护队员时在想什么？
2. 整个活动中你最担心的是什么问题，有什么感受？
3. 从活动中你感悟出了哪些道理？（例：换位思考，互相信任）
4. 你觉得你平时可以为团队做点什么来增加团队的凝聚力？

## ·【训练2：穿越电网】·

**活动介绍**

穿越电网是一个广为人知的户外游戏，属于团队合作项目。它是幻想和挑战的完美融合。虽然这个游戏需要培训教练进行一定的准备工作，但是这些准备工作一定会带来完美的体验和效果。穿越电网对于团队的主要作用是：提高学员的心理健康水平和应对能力，培养团队协作意识；合理地利用资源，学会倾听别人的意见和建议；正确地认识到自己的位置和领导者的位置；关爱弱势群体等。

**活动设计**

概述：摆在团队队员面前的是一张由电网绳结成的“电网”。网上有着大小不一的网眼，在大家的配合下，所有人员在规定的时间之内，从“电网”的一边依次穿过到达另一边，在完成任务的过程当中，人的所有部位不得触碰网的任何部位，否则被触碰到的网眼必须封闭不能使用，而碰到“高压网”就表示任务失败，需要重新再来。并且一个网眼只能使用一次。

时间：30分钟到40分钟左右。

分组：10～15人一组。

项目道具：平坦宽敞的场地、两棵相距4米左右的大树（室内也可以用器械支撑）、海绵防护垫、电网绳、stop挂标。

**活动目的**

在接到任务后，队长和队员充分发挥大家的智慧，广纳建议，制定穿越计划，共同协商

图 3-25 小心谨慎避免碰线

协作，把每个人或抬着或扛着安全送过网洞，每次的成功换来的是大家的欢呼雀跃，最后所有的队员都顺利穿过了“电网”。

穿越电网的活动意义就在于整个游戏凸显出团队合作，无论多么好过的洞口一个人是很难完美通过的，而大家认为很难过的洞，在团队合作下也都顺利通过了，可见团队的作用是很大的，一些看似无法做到的事情，在团队协作好的队伍中都是可以完成的。

**操作步骤**

1. 在项目开始前，用挂件封闭部分网洞，留下网洞为“学员人数＋1”。

2. 把学员带到场地，介绍项目名称、项目特点。

3. 布置项目，讲解要点。

图 3-26 选择适合队员大小的网眼

**注意事项**

1. 活动范围:电网的正方形范围内。
2. 每个网洞只能通过一人次,用过就封。
3. 任何人、物触网,网洞即被封,学员退回原位。
4. 唯一可通过通道是未被封的网洞。
5. 不允许蹿跃过网。
6. 搬运队员过程不允许抛接,通过后,先放脚,再放头。
7. 搬运女队员,必须脸朝上。
8. 教练口令不容置疑。

→→→→→

【案例分析】

**项目的启示**

在参加了一系列的拓展训练后,我深受拓展活动的启发。特别是穿越电网这个活动让我开始静下心来思考一些事情。

在完成项目时暴露了我们很多弱点:刚开始时盲动、草率,忽略了集体的力量,理论上还没有确定下完全可行的具体方案,就开始盲目行动,使得原本可以更加轻松合理完成的任务事倍功半,空做无用功;当我们冷静下来认识到只有依靠集体的力量才能完成任务的时候,我们又忽略了民主与集中的关系,大家的不同意见没有通过正当有效的渠道传达给团队领导者,使得具体方案迟迟决定不下来,最终造成走了不少弯路或完成不了任务。

团队领导者果断合理地规划及团队队员对领导者的服从也是至关重要的,在我们的实际工作中,每一项工作任务的完成,都需要我们制订合理的工作计划,根据项目组成员的不同特点进行合理的分工,在实施过程中,一定要仔细考虑问题点和难点,找出对应的解决方法,同时每个成员一定要服从组织的领导,严格执行集体下达的任务和使命,只有这样才能保证集体任务的顺利完成;同时,对困难估计不够,准备不足以及思维定式的束缚也是导致我们项目失败的原因。

日常工作中,我们也会经常遇到看似简单的问题,以惯有的思维去准备,当现实情况与想象中不同时,我们由于准备不足,容易造成混乱,极其被动。这就要求我们在解决一个问题时,一定要全面思考、认真准备,在意外出现时才能从容应对。

(资料来源:上海众基拓展)

←←←←←

阅读拓展→

穿越电网这个项目具有非常久远的历史,是所有的拓展项目中相当经典的一个,说起它的起源还有一个故事。话说当时二战硝烟依旧,在德国西南部的一个纳粹集中营中,十几位盟军战士决定今晚趁着夜色逃生，他们万分小心地逃过了第一道封锁线，第二道封锁线……当他们即将到达最后一道封锁线时，突然后面响起了激烈的枪声。追兵到了，此时横在他们面前是一张漫天大网，上面的万伏高压电闪着吡吡的火花，他们已经没有了退路，唯一的办法就是从电网中穿过。这就是项目名字的由来——穿越电网。

（资料来源：http://baike.baidu.com）

**思考**

1. 你们在拓展过程中碰到了什么问题？
2. 你们是如何分析这些问题的？每个人分配到的任务是什么？
3. 你们是如何克服困难的？
4. 哪些因素有助于成功地完成游戏？
5. 游戏过程中有没有产生冲突？你们是如何处理冲突的？
6. 游戏过程中有无领导者产生？其他人是否属于被迫接受领导？他们的感受如何？
7. 这个游戏揭示了什么道理？
8. 如何将这个游戏与我们的实际工作联系起来？

## ·【训练 3：盲人方阵】·

**活动介绍**

在团队的合作当中，需要组织管理者，这就必然决定了我们在团队中的角色需要在领导者和被领导者之间抉择。而领导者又可以分为管理型领导者与专家型领导者，如果要共同完成一项任务，在特殊的情况下，有时候团队中的成员不发表意见而是完全的服从指挥，也是对于整个集体最大的支持。盲人方阵这个任务体现的是团队队员之间的配合和信任，一个有领导、有配合、有能动性的队伍才能称之为团队，本游戏主要为锻炼大家的团队合作能力。

**活动设计**

盲人方阵是一个团队合作项目，也称为“黑夜协作”，是在学员们切断视觉能力的非常状态下，通过自身的方法来进行团队沟通合作的项目。这个项目要求学员在教练规定的时间之内，将教练提供的一根长绳围成一块面积最大的正方形，并且团队中的学员要平均分布在这个正方形的每条边上。

让所有队员蒙上眼睛，在规定时间内，将一根绳子拉成一个最大的正方形，并且所有队员都要均分在四条边上。这个项目教会所有学员如何在信息不充分的条件下寻找出路，在领导人选出、方案确定之前是耗用时间最长、最混乱、所有人最焦虑的时候，当领导人产生、有序的组织开始运转的时候，大家虽然未有胜算，但心底已坦然了许多。而行动

图 3-27　先围成一个正方形

方案得到大家的认同并推进，使学员们在同心协力中初尝着胜利的喜悦。

**活动目的**

在团队合作完成盲人方阵的过程中，可以培养团队成员的沟通意识和沟通能力，不同的领导风格对于整个团队项目的完成具有不同的影响。培养在团队中快速定位自己的角色等技能。

图 3-28　盲人方阵需要一个安全的场地

时间：40 分钟内。

项目道具：眼罩、足够长的绳子、平坦安全的场地。

**注意事项**

1. 在戴上眼罩之后,任何人未经过教练的允许不得擅自摘下眼罩,如果有违反这条规定将会受到惩罚。

2. 教练分配好组员之后,告诉他们在周围 5 米之内有一捆绳子,团队成员必须在 40 分钟之内找到这条长绳并且将其围成一个面积最大的正方形。

3. 围成正方形之后,所有的学员必须平均站在每条边上。

4. 任务完成后放下绳子,踩在脚下,向教练报告,得到允许才可取下眼罩。

5. 观察围成的正方形是不是正确的形状,向教练报告团队是如何确认围成的形状是正方形的。

6. 注意在完成任务的时候,所有人动作必须缓慢,不能甩动工具,不得蹲、坐在原地,不得向不安全地带行动,摘下眼罩时要对光线有个适应过程。

→→→→→

【案例分析】

## 两个盲人

图 3-29 盲人的故事

威尔逊先生是一位成功的企业家,他从一个普普通通的事务所小职员做起,经历多年的奋斗,终于拥有了自己的公司,并且得到了大家的尊敬。

有一天,威尔逊先生从他的办公楼里出来,刚走到街上,就听身后传来"嗒嗒嗒"的声音,那是盲人用竹竿敲打地面发出的声响。威尔逊先生愣了一下,缓缓地转过身。那盲人感觉到前面有人,连忙打起精神,上前说道:"尊敬的先生,您一定发现我是一个可怜的盲人,能不能占用您一点儿时间呢?"

威尔逊先生说:"我要去会见一个重要的客户,你要什么就快说吧。"

盲人在一个包里摸索了半天，掏出一个打火机，放到威尔逊先生的手里，说："先生，这个打火机只卖一美元，这可是最好的打火机啊！"

威尔逊先生听了，叹口气，把手伸进西服口袋，掏出一张钞票递给盲人："我不抽烟，但我愿意帮助你。这个打火机，也许我可以送给开电梯的小伙子。"

盲人用手摸了一下那张钞票，竟然是100美元！他用颤抖的手反复抚摸着钱，嘴里连连感激着："您是我遇见过的最慷慨的先生！仁慈的富人啊，我为您祈祷！上帝保佑您！"

威尔逊先生笑了笑，正准备走，盲人拉住他，又喋喋不休地说："您不知道，我并不是一生下来就瞎的。都是23年前布尔顿的那场事故！太可怕了！"

威尔逊先生一震，问道："你是在那次化工厂爆炸中失明的吗？"

盲人仿佛遇见了知音，兴奋地连连点头："是啊，是啊，您也知道？这也难怪，那次光炸死的人就有93个，伤的人有好几百，可是头条新闻呐！"

盲人想用自己的遭遇打动对方，再多得到一些钱，他可怜巴巴地说道："我真可怜啊！到处流浪、孤苦伶仃，吃了上顿没下顿，死了都没人知道！"

他越说越激动，"你不知道当时的情况，火一下子冒了出来！仿佛是从地狱中冒出来的！逃命的人都挤在一起，我好不容易冲到门口，可一个大个子在我身后大喊：'让我先出去！我还年轻，我不想死！'他把我推倒了，踩着我的身体跑了出去！我失去了知觉，等我醒来，就成了瞎子，命运真不公平啊！"

威尔逊先生冷冷地说道："事实恐怕不是这样吧？你说反了。"

盲人一惊，用空洞的眼睛呆呆地对着威尔逊先生。威尔逊先生一字一顿地说："我当时也在布尔顿化工厂当工人，是你从我的身上踏过去的！你长得比我高大，你说的那句话，我永远都忘不了！"

盲人站了好长时间，突然一把抓住威尔逊先生，爆发出一阵大笑："这就是命运啊！不公平的命运！你在里面，现在出人头地了；我跑了出去，却成了一个没用的瞎子！"

威尔逊先生用力推开盲人的手，举起了手中一根精致的棕榈手杖，平静地说："你知道吗？我也是一个瞎子。你相信命运，可是我不信！"

←←←←←

阅读拓展→

## 沉默的螺旋

比尔·盖茨曾经这样生动地描述："贴在受人喜欢的公告板上或发给专题讨论组的一条信息可能会吸引数百万人，或者它只是待在原地，日渐憔悴而无任何影响……如果你的信息只是待在原地而无人理会，最坏的结果只是你可能感到有些窘迫。"盖茨可能没有接触过沉默的螺旋理论，可是，他却同样意识到了"尴尬"的力量，而这正是现实中社会孤立造成的一个最常见的结果。考夫曼在《公众场合下的行为》(1963年)中写道："尴尬是一种温和的惩罚，迫使人们生活在一定的限制之中，至少在公共场合是这样的"。

沉默的螺旋概念基本描述了这样一个现象：人们在表达自己想法和观点的时候，如果看到自己赞同的观点，并且受到广泛欢迎，就会积极参与进来，这类观点越发大胆地发表和扩散;而发觉某一观点无人或很少有人理会(有时会有群起而攻之的遭遇),即使自己赞同它,也会保持沉默。一方意见的沉默造成另一方意见的增势,如此循环往复,便形成一方的声音越来越强大,另一方越来越沉默下去的螺旋发展过程。

(资料来源:http://blog.sina.com.cn)

### 思考

项目结束后,团队成员需要集中起来进行分享活动。请每个队员谈谈自己的体验和感悟。本活动主要涉及以下几方面的内容:

1. 学员回顾完成正方形的方法,怎样确认四边等长、四角为直角、对角线相等。
2. 团队工作方法,团队工作流程。
3. 有效的领导。
4. 在非正常的沟通状态下如何提高团队的工作效率;怎样用不擅长的沟通方式有效表达或者接收信息。
5. 缺勤理论:暂时的放弃是一种勇气,也是为了长久的收益。沉默有时候不是坏事。
6. 个人对团队的态度要更积极、更主动,但个人有想法、办法时可采用适当的途径来发表、阐明。
7. 有限理论:在规定的时间内(短时间)做事情要迅速地做决定;没有最好只有更好,找到比较好的方法后就要坚定地去执行;最好的不一定是适合的,适合的不一定是最好的;有限代替绝对,满意代替最佳。

## 第五节 意志磨炼

人类的心理统统都是这样,而且,似乎永远是这样:愈是得不到手的东西,就愈是想得到它,而且在实现这一愿望的过程中所遇到的困难愈大,奋斗的意志就愈是坚强。

——乔万尼奥里

### 阅读拓展→

#### 培养意志力的黄金法则

1. 牢牢掌握自己的意志力。
2. 有疑虑的时候什么也不要做,等待新的想法。
3. 培养镇静沉着的气度。
4. 永远都要保持热忱、高昂的状态。
5. 千万不要使性发火,也不要对烦躁不安的情绪不加理会。
6. 怒气冲冲的时候不要作出任何决定。

7. 如果自己有莽撞的倾向,培养平和、保守的个性。

8. 如果自己倾向于过分的保守——应当培养当机立断的作风和积极上进的精神。

9. 需要深入思考时,在思考之前不要作任何决定。

10. 无法进行深入思考的时候,保持冷静镇定。思维不清是大脑的无政府状态,它使"意志之王"毫无用武之地。

11. 作出决定后不要后悔。懊悔是积极意愿的敌人。如果自己在非常冷静客观的时候作出了决定,所作出的决定具有舍此无它的必要性,神仙也帮不了什么忙。

12. 没有明确的目标不要作出决定,用自己的头脑判断目标是否有足够的说服力。

13. 不要让任何困难使你偏离既定的目标。

14. 永远不要作出不可能实现的决定。

(资料来源:http://jingyan.baidu.com)

## ·【训练 1:匍匐前进】·

**活动介绍**

匍匐前进是一种军事术语。是以躯体贴近地面,以手臂和腿的攀爬力量,使身体整体前进的运动方法。主要用于军事训练及实战中。另一指拓展训练、户外活动、火灾逃生中的运动方式。在战争中,如果我们要通过一段敌军的火力封锁地带,或者生活中我们需要从火场的浓烟中逃生,都有极大的可能要用到匍匐前进这个战术动作。在素质拓展中开展这项训练,对于所有成员都是一种自我能力的提升。

图 3-30　匍匐前进的动作要领学习

**活动设计**

动作要领学习：匍匐前进在通过敌军火力封锁下的较短地段或利用较低遮蔽物时采用。根据遮蔽物的高低分为低姿、高姿、侧身和高姿侧身匍匐四种。

1. 低姿匍匐前进

在遮蔽物高约40厘米时采用。其要领：右手掌心向上，枪面向右，虎口卡住机柄，余指握住背带，枪身紧贴右臂内侧；或右手虎口向上，握住背带环处，食指卡枪管，使枪置于右小臂上。前进时，屈回右腿，伸出左手，用右腿和左臂的力量使身体前移，同时屈回左腿，伸出右手，再用左腿和右臂的力量使身体继续前移，依此法交替前进。

2. 高姿匍匐前进

在遮蔽物高约60厘米时采用。其要领：携枪的方法同低姿匍匐，也可两手横托握枪，枪托向右。前进时，以两小臂和两膝的内侧支撑身体前进。

3. 侧身匍匐前进

在遮蔽物高约60厘米时采用。其要领：持枪的同时向右转身，左小臂着地，左大臂向前倾斜，左腿弯曲，右脚靠近臀部着地，右手持枪，用左臂的支撑力和右脚的蹬力使身体前移。

4. 高姿侧身匍匐前进

在遮蔽物高约80～100厘米时采用。其要领：收枪的同时屈左腿于腹下，以左手、左小腿的外侧将身体撑起，右手提枪，以左手的撑力和右脚的蹬力合身体前称。

卧倒的动作要领：卧倒时，左脚向前一大步，身体下塌，左膝稍向里合，按左膝、左手、左肘的顺序着地卧倒。还可右脚向前一大步，左手撑地迅速卧倒。需要射击时，应迅速出枪。出枪的方法是：右手撑护木，以四指的顶力，虎口的压力，小臂的推力将枪送出，同时，左手接握弹匣上方，右手移握握把，做好射击准备。出枪要稳、准、狠，力求一次到位。出枪的同时转体，全身伏地。

项目道具：护膝、护肘、开阔平整场地、训练用枪（81-1或者雷射枪）、胶绳、虚拟掩体等。

**操作步骤**

1. 准备训练

(1)清点人数，检查装备、护具。

(2)活动身体(慢跑等热身，充分活动身体各关节)。

2. 徒手分解动作练习

训练方法：在徒手卧倒的基础上，听到“侧身低姿匍匐——前进!”的口令后，按动作要领左腿弯曲，右脚靠近臀部着地；左大臂弯曲，手掌着地，呈预备前进姿势。

听到“1”的分解口令后，按动作要领利用左臂向后的支撑力和右脚的蹬力使身体正直前移一步，右手可稍微辅助支撑地面，掌握身体平衡。

听到“2”的口令按此法进行。

在该步训练中，应注意分解口令下达的速度，不能使学员动作做得太快。细心注意每名学员所做的动作，重点及时纠正以下几个易犯错误：

(1)右腿蹬地方向不正确，导致身体不正直朝向运动。

(2)“后蹬前拉”的动作没做到位，导致身体运动幅度过小。

图 3-31　掌握要领前进更迅速

(3)左手支撑过度，导致上身离地，身体高度过高。

(4)目光着地，不直视正前。

在学员都对该分解动作熟练掌握以后，可以尝试稍微加快口令的下达，检查学员是否还存在以上易犯错误。

(资料来源：http://wenku.baidu.com)

图 3-32　匍匐前进通过障碍

→→→→→

## 【案例分析】

### 主动趴下,匍匐前进

古时候有一位将军,在撤退的时候始终在后面。回到京城大家都称赞他勇敢。他却说:"非勇也,马不进也。"他虽然不承认自己勇敢,把自己断后的行为归结为马走得太慢,但人们却更加赞扬他,并把他的勇敢和谦虚载入史册。

前世界重量级拳王阿里有一次到中国访问时,与中国的老将进行了表演比赛。他故意装作被打倒在地,引起在场观众热烈鼓掌,一时传为美谈。

"主动趴下,匍匐前进"是一种明智。

然而主动趴下并不是因病倒下,匍匐前进并非趴着不动。而是自己先倒下了,别人就无法再使你跌倒,匍匐前进正可以无声无息地做着别人想不到的事情。

匍匐前进,这看起来似乎速度太慢,太不痛快,缺乏英雄气概。但是能登上最高地位的,往往就是那个与地面贴得最紧的人。

低调处世,低调做人,善于把鲜花和掌声让给别人的人,也一定是一个拥有成功人生的人。

←←←←←

## 阅读拓展→

### 军人的队列动作

**立正**

要领:两脚跟靠拢并齐,两脚尖向外分开约 60 度;两腿挺直;小腹微收,自然挺胸;上体正直,微向前倾;两肩要平,稍向后张;两臂下垂自然伸直,手指并拢自然微曲,拇指尖贴于食指第二节,中指贴于裤缝;头要正,颈要直,口要闭,下颌微收,两眼向前平视。

**跨立**

要领:左脚向左跨出约一脚之长,两腿挺直,上体保持立正姿势,身体重心落于两脚之间。两手后背,左手握右手腕,拇指根部与外腰带下沿(内腰带上沿)同高;右手手指并拢自然弯曲,手心向后。

**稍息**

要领:左脚顺脚尖方向伸出约全脚的三分之二,两腿自然伸直,上体保持立正姿势,身体重心大部分落于右脚。

**停止间转法**

1. 向右(左)转

要领:以右(左)脚跟为轴,右(左)脚跟和左(右)脚掌前部同时用力,使身体协调一致向右(左)转 90 度,体重落在右(左)脚,左(右)脚取捷径迅速靠拢右(左)脚,成立正姿势。转动和靠脚时,两腿挺直,上体保持立正姿势。

2. 向后转

要领：按照向右转的要领向后转180度。

**行进**

1. 齐步

要领：左脚向正前方迈出约75厘米，按照先脚跟后脚掌的顺序着地，同时身体重心前移，右脚照此法动作；上体正直，微向前倾；手指轻轻握拢，拇指贴于食指第二节；两臂前后自然摆动，向前摆臂时，肘部弯曲，小臂自然向里合，手心向内稍向下，拇指根部对正衣扣线，并与最下方衣扣同高（着夏季作训服时，与第四衣扣同高；着冬季作训服时，与第五衣扣同高；着水兵服时，与腰带同高），离身体约25厘米；向后摆臂时，手臂自然伸直，手腕前侧距裤缝线约30厘米。行进速度每分钟116～122步。

2. 跑步

跑步主要用于快速行进。

要领：听到预令，两手迅速握拳（四指蜷握，拇指贴于食指第一关节和中指第二节），提到腰际，约与腰带同高，拳心向内，肘部稍向里合。听到动令，上体微向前倾，两腿微弯，同时左脚利用右脚掌的蹬力跃出约85厘米，前脚掌先着地，身体重心前移，右脚照此法动作。两臂前后自然摆动，向前摆臂时，大臂略直，肘部贴于腰际，小臂略平，稍向里合，两拳内侧各距衣扣线约5厘米，向后摆臂时，拳贴于腰际。行进速度每分钟170～180步。

3. 踏步

踏步用于调整步伐和整队。

要领：两脚在原地上下起落（抬起时，脚尖自然下垂，离地面约15厘米；落下时，前脚掌先着地），上体保持正直，两臂按照齐步或者跑步摆臂的要领摆动。

（资料来源：http://wenku.baidu.com）

---

**思考**

1. 匍匐前进动作要领中最重要的是什么？
2. 哪几个动作是最不容易掌握和操作的？
3. 知道学习匍匐前进的意义是什么吗？
4. 和大家分享下自己的心得和收获，都有哪些？

---

·【训练2：战地传送】·

**活动介绍**

在真正的战场上，不可避免地会有人员受伤，对于这些受伤的战友们，如何利用一个既隐蔽又节省体力的方式将他们从受伤的前线运送到安全地带呢，这个就是我们这次任务需要完成的——战地传送。

**活动设计**

概述：战地传送需要团队的队员们分为左右两队，担任传送任务的队员面对面站立，各自伸出右脚卡住，确保传送队伍下半身的稳定，队员先各自左手抓住右手臂的上半部分，再与对面的队员的手臂构成一个"井"字形结构的手臂传送带。

划分出"危险区"和"安全区"，由在"危险区"的第一位学员开始扮演伤员，卧倒在有序躺好的队员手上，"伤员"必须手脚并用，从队员们用手臂搭建好的"传送带"上逃离危险区域到达安全地带。

在进行这项活动之前，所有人要身穿运动服装进行演练，并上交身上携带的所有硬件物品到教练处，包括钥匙、钱包、手机、发卡、眼镜、首饰等。

时间：20～40 分钟，取决于参加人数的多少。

分组：15～25 人。

**活动目的**

明白团队中的信任与责任。

图 3-33　传送队员校正姿势

项目道具：一块 2 米宽，10 米左右长的地毯。如果在草坪上进行这个游戏，就不需要地毯了。

**操作步骤**

1. 开场白示例。

你们大家都从电视上见过现代化的生产线，产品按照工艺流程，由传送带从一道工序传到下一道工序，最后完成了产品的加工。现在你们自己尝一尝躺在传送带上的滋味，当然这个传送带也很特殊,是由大家的双手组成的。

2.选出三个志愿者,其中一人第一个被传送,另外两人分别在队首和队尾保护。

3.其他队员双臂上举搭建好“传送带”。

4.被传送的队员在“传送带”上前进的时候注意动作要稳健,不要图快,要求稳,安全为主。

5.被传送的队员安全到达另一方后,在队尾成为传送者,以此方式轮转,直到所有的队员都被传送过。

图 3-34 队员通过传送带

→→→→→

## 【案例分析】

### 未来,谁上战场?

据英国《泰晤士报》报道,驻阿富汗美军在打击塔利班的战斗中,将得到多种行动灵巧的军用机器人支援。当以美国为首的北约联军进入阿富汗时,几乎没有装备机器人。但是在随后的战斗中,这些机器人愈发受到重视。目前,在伊拉克和阿富汗地面战场,共有1.2万个机器人和7000多架无人驾驶飞机在执行任务。

这些机器人中,有可以从战场上运送伤员的机器人,有能摸清敌人所在位置并向他们开火、即使在漆黑的夜晚也能成功完成任务的机器人。此外,还有一种正处于后期研发阶段的机器人——“大狗”。“大狗”有4条可活动自如的腿,身形与毛驴相当,能够携带重物在崎岖不平的山路上行走20公里,酷似《星球大战》中帝国军队使用的“步行者”战车。

在科幻电影里,机器人主宰着战场。只不过科幻电影给人带来的只是遐思,对未来的不确定性使人们容易迷恋现实之外的东西:一开始,机器人上战场可以遐想;紧接着,机器人上战场成为事实。但真正面临着成千上万的机器人纵横战场,想象的极限突破以后,

“未来，谁上战场?”拷问着人类想象的空间。

“未来，谁上战场?”这确实是个有趣的问题。战争是政治的延续，只要有政治体制存在，战争就永远不可能避免。未来，科学技术突飞猛进，这为开发研制军用机器人提供了必要条件。而机器人上战场带来的降低士兵面临风险，减少作战成本的优势更宣告一个时代，一个机器人大战时代的来临。“未来，谁上战场?”似乎有了定论：机器人主宰战争。

但是，我们也应该看到机器人战士的弊端：有技术、有能量，但是没有思想的这些战士可能成为战场上血腥的刽子手，它们很可能在打击军事目标的时候不加选择地对平民、对非打击对象进行野蛮的摧残。而且，一旦这些战士失去控制，那么调过枪口对准自己人也非天方夜谭。机器人战士好用，但是“如何用，用多少”必须要精心计划。

这也注定了在未来战场上，我们可以看到成千上万的机器人战士奔赴战场，也可以看到惊心动魄的机器人大战。但毫无疑问，战争从未让人走开，人也不可能做一个置身战争之外悠闲喝咖啡的旁观者。未来，还是需要军人以血肉之躯奔赴战场保家卫国。毕竟，人，才是战争不二的主宰者。

美军上万机器人纵横伊拉克、阿富汗战场，从一个侧面也说明了科技在战争中的威力。但在战场上，技术难以完全弥补精神的伟力。这告诉我们，时时刻刻加强战斗精神培育，即使在机器人横行的未来战场，也具有永恒的魅力！

（资料来源：铁血论坛 http://bbs.tiexue.net/bbs32-0-1.html）

←←←←←

图 3-35 战场上的物资运送机器人

图 3-36 机器人运送战场伤员

阅读拓展→

## 如何正确搬运伤员

生活中难免会出现一些意外，出现意外后，我们该如何正确搬运伤员，这是最关键的一步，因为稍有不慎就会有生命危险。那么下面就介绍几个正确搬运伤员的方法，主要方法如下：

1. 徒手搬运

(1)单人搬运：由一个人进行搬运。常见的有扶持法、抱持法、背法。

(2)双人搬运法，常见的有椅托式、轿杠式、拉车式、椅式搬运法、平卧托运法。

2. 器械搬运法

将伤员放置在担架上搬运，同时要注意保暖。在没有担架的情况下，也可以采用椅子、门板、毯子、衣服、大衣、绳子、竹竿、梯子等制作简易担架搬运。

工具运送：如果从现场到转运终点路途较远，则应组织、调动、寻找合适的现代化交通工具，运送伤病员。

3. 危重伤病员的搬运

(1)脊柱损伤：硬担架，3～4 人同时搬运，固定颈部不能前屈、后伸、扭曲。

(2)颅脑损伤：半卧位或侧卧位。

(3)胸部伤：半卧位或坐位。

(4)腹部伤：仰卧位、屈曲下肢，宜用担架或木板。

(5)呼吸困难病人：坐位。最好用折叠担架(或椅)搬运。

(6)昏迷病人：平卧，头转向一侧或侧卧位。

(7)休克病人:平卧位,不用枕头,脚抬高。

温馨提示:出现意外后一定要采取正确的急救措施,及时与医院取得联系,尽快送往医院。

(资料来源:http://www.fx120.net)

### 怎样运送战场伤员?

单人徒手搬运法:背式、抱式。

双人徒手搬运法:椅式、拉车式。

脊椎骨骨折搬运法:两人用手将伤员平托于硬板(或门板)单架上,严禁抱头、脚和使身体屈曲,以免加重损伤。

几种特殊战伤的处理:

1.脑膨出

遇有因火器穿伤使脑组织膨出伤口者,首先松解衣扣、腰带和装具,以保持呼吸道畅通。用无菌纱布覆盖膨出脑组织,然后用纱布折成圆圈放在脑组织周围(也可用干净的瓷碗扣住),以三角巾或布带轻轻包扎固定。切勿压迫膨出脑禅,并禁止将其送回伤口内。后送时,将头部垫好,并使伤侧向上。天冷时,要注意保暖。

2.开放性气胸

胸部受伤空气由伤口进入胸膛,压迫肺脏,引起呼吸困难叫开放性气胸。遇到此类伤员应迅速严密饩民,封闭伤口,防止空气继续进出。封闭的方法是:用急救包外皮内面(无菌面)迅速紧贴于伤口,然后用多层纱布棉花作垫,用三角巾加压包扎。后送时,伤员取半卧位。

3.腹部内脏脱出

腹部受伤伴有肠等内脏脱出时,应尽快抢救,方法如下:

先盖上干净的敷料保护好脱出的内脏,再用厚敷料或宽腰带围在(也可用干净的碗罩住)脱出的内脏周围,然后进行包扎。注意不要压迫脱出的内脏,并禁止将脱出的内脏送回腹腔内,以免加重污染。

包扎前后伤员应取仰卧位,屈曲下肢,使腹部放松,以降低腹腔内的压力。

伤员要严禁饮食或口服药物。

(资料来源:http://yhasdfgh2348.blog.163.com)

## 思考

1.要完成一项工作,团队中的每个人都要认真负责,如果有人偷懒,就会造成失败。

2.信任是相互作用的,给予别人信任,才能获得别人的信任。

3.团队成员之间表现出的责任感能加彼此信任的程度。

## ·【训练 3:集体登山】·

### 活动介绍

登山来自于人们生活、生产劳动的实践。世界上许多地方都有山,地球上几乎所有国家都有山脉。俗话说"靠山吃山,靠水吃水",长期生活在山上或靠山的地方的人通过上山砍柴、打猎、伐木及采掘野果、野菜、药材和矿藏等手段,取得各种生活和生产资料。在远古时期,洪水泛滥时,人们上山去躲避洪水。当人类社会出现部落、民族和国家后,人们又常常上山去躲避入侵的敌人或依山打击敌人。在商品交换形成之后,人们又赶上马匹,翻山越岭与外族进行商品和文化、艺术的交流。

图 3-37　登山分队

整个人类的生活与山有着密切的关系,登山也就由此而不断得到了发展。为了登上峰顶,人们充分发挥着自己的聪明才智。1786 年之前就曾有人使用登山镐、绳索等专门器械,并掌握了雪崩、滚石、冰崩、高山缺氧等有关知识。当登山专门技术及专门装备形成后,登山逐渐地从旅行活动中分离出来,成为一个独立的体育运动项目。而把登山作为一项专门的体育运动,是在 18 世纪末期开始的。

### 活动设计

概述:登山活动是集体的一项团队项目,需要教练员做好事先准备工作,并有更为详细的突发事件安全预案。

项目道具:山形地图、登山服装、登山运动鞋、饮用水、备用药箱、手机、绳索和必要的防护用品。

### 操作步骤

1. 在挑选所要攀登的山时,要注意不能太偏太荒,也不能太险。最好是有人工修葺台阶的。教练员要熟悉这座山的各个位置的特征,或者通过咨询熟悉的人做出一张这座山

图 3-38 危险地段注重团队作用

的平面图，标注各个位置的特征。

2. 登山之前，教练员将成员按人数和男女比例等规则划分成人数和实力均等的小队，或者选出几个小队长，让他们根据要求挑选队员。比赛到达山顶的某个目的地，需要团队中的所有人全部到达才算完成任务，比赛哪个分队用的时间最少。最后一名的队伍需要给予适当的惩罚措施。

3. 统计好人数之后，收集每个学员的手机号码，做成一个表格，人手一份，以备在山上走散时，方便联系，如果山形较为复杂，将地图印发给每个小分队。最好能确认山里有手机的信号。

4. 做一张大概需要携带的物品清单和注意事项，出发前发给每个参加者。必须携带的大概就是饮用水、手机，夏天要戴帽子或擦防晒霜，穿结实舒服的鞋子，攀登植物比较多的山要提醒穿长裤，戴手套。

5. 教练员则要携带必备的药品和应急用品，如消毒药水、云南白药、藿香正气水（夏天）、创可贴和止泻药。适当带一些高热量的食品，如巧克力等，防止有人因疲劳而虚脱。

可以尽量提前告诉参与者目的地，让参与者自己到网上去搜集山的特点和注意事项等，但是组织者必须亲自搜集这些，最好能打印出来发给每个人，一旦有情况，能有人帮助组织者。

（资料来源：http://wenwen.soso.com）

图 3-39　登山注意安全与速度并重

**注意事项**

登山对人的身心健康大有好处，但也潜伏着一定危险，为了保证安全，应该做到：

1. 登山前划分好小队，由各个分队的队长统一带领，集体行动。

2. 登山的地点应该慎重选择。要向附近居民了解清楚当地的地理环境和天气变化的情况，选择一条安全的登山路线，并做好标记，防止迷路。

3. 备好运动鞋、绳索、干粮和水。在夏季，一定要带足水，因为登山会出汗，如果不补充足够的水分，容易发生虚脱、中暑。

4. 最好随身携带急救药品，如携氧片、云南白药、止血绷带等，以便在发生高反、摔伤、碰伤、扭伤时派上用场。

5. 登山时间最好放在早晨或上午，午后应该下山返回驻地。不要擅自改变登山路线和时间。

6. 背包不要手提，要背在双肩，以便于双手抓攀。还可以用结实的长棍作手杖，帮助攀登。

7. 千万不要在危险的崖边照相，以防发生意外。

8. 对于团体登山可自行购买短期团体出游意外保险。

**安全事项**

1. 参加集体登山的队员必须无心脏病史、无关节类疾病、无高血压等不宜参加登山活动的疾病。

2. 所有队员要穿着轻便适宜的运动服装、运动鞋。

3. 所有队员要自行携带雨披，严禁携带雨伞。

4. 有饮食禁忌或者过敏体质要提前告诉教练，做好应急预案，携带必要药品。

5. 要攀登的山如果较高，体质虚弱的队员要慎重考虑是否参与活动。

→→→→→

【案例分析】

## 登山识人

那是一座海内名山，山灵水秀，峰石奇美。在灿烂的阳光下，那满山的林木，犹如一块硕大的翠玉，熠熠闪着光辉。

老总带着三名中层管理人员来这里游玩。这三名下属都是人中俊杰，老总的得力干将。行到山脚，老总自己坐上缆车，笑呵呵地对三名下属说："你们就爬山吧，比比谁的脚力好。记着，谁拿到第一，我可是有奖励的哟！"

三名下属彼此对望一眼，都笑了，比就比吧，正当壮年，谁怕谁啊，就当是锻炼身体吧。山鸟啾啾，溪水潺潺，三个人朝着青石山道奋力攀登起来。

一个小时后，第一个人登上了山顶，老总正对着云山苍苍，一脸沉静地吸着烟。老总抬起手腕看看表，欣慰地笑了："1 小时 15 分，你的效率就是高啊！我真没看错你！"老总递给他一根烟："把你的数码相机给我看看。"

老总打开他的数码相机，里面空空如也，满山秀美的风景居然一张照片都没有留下。老总语调深沉透着遗憾："可惜，你太执着了，这样容易急功近利啊！"

半个小时后，第二个人上来了。老总打开他的数码相机，只见里面静静地躺着二十几张风景照，全是这座山上的名胜，那拍摄的角度，光与影的配合还真不错。老总一展眉头，哈哈大笑："你懂得欣赏！"

又过了半个小时，第三个人才姗姗来迟。老总打开他的相机一看，好家伙，一百多张照片，清晰华美，张张美轮美奂。老总拍拍他[illegible]声轻叹："你还是这么贪玩。"

一年后，老总退休了。第二个人[illegible]一个人被任命为集团里唯一的副总。第三个人原地不动。

若干年后，集团在他们俩人的领导[illegible]，逐渐发展壮大。老总登山识人的故事也传为美谈。



但是，令人没有想到的是，只有第三个人成了老总的知己。闲来泛溪垂钓，醉赏春花秋红，在美丽的夕阳下，两人相谈甚欢。

（资料来源：www. xiaogushi. com）

←←←←←

阅读拓展→

## 登山人的选择

有一座山，高耸入云，飞鸟难越，没有人知道它有多高。山前山后有两条路可供攀登，前山大路石级铺就，笔直坦荡；后山小路，荆棘丛生，蜿蜒曲折。

一天，父子三人来到山脚。父亲举手遮阳，眺望峰顶，声如洪钟："你俩比赛爬上这山，上山有两条路，大路平而近，小路险而远——选择哪条路，你们自己裁夺。"哥俩思忖再三，各自选择，踏上征程。

时间过去了两个月，一个西装革履的身影出现在峰顶，哥哥走来了。他面色潮红，略显发福，头发油光可鉴。他骄傲地掸了一下笔挺的襟袖，走向充满期待的父亲，说："我赢了，我赢了！这一路真是春风得意。在坦荡的大路上我只需向前，向前！舒缓的坡度让我走得从容，平整的石阶使我心旷神怡。这里没有岔道让我伤神，没有突出的山石给我绊脚。我的心灵没有欺骗我，是英明的选择助我胜利。实践证明：在平坦和崎岖间，只有傻瓜才会放弃平坦，选择崎岖。聪明的选择使我有了多么得意的旅程啊。我获得胜利，我理当获得胜利！"

父亲慈祥地看着他："你的选择的确聪明，一路走得也十分风光，我的好儿子……"

这之后不知过了多久，又一个身影出现了：他步伐稳健，全身充满着生命的活力；尽管瘦削，衣衫褴褛，但双目炯炯有神，透着聪慧与睿智。弟弟微笑着走向父亲和哥哥，从从容容地讲起路上的故事："哦，这是多么有意义的一次旅程！感谢您，父亲，感谢您给我选择的机会。一路上陡峭的山崖阻挡着我攀爬的脚步，丛生荆棘刺破了我裸露的臂膊，疲惫的身心增添着孤独的酸楚。但我坚持住了，终于我学会了灵活与选择，学会了机敏与自护，学会了独立与坚忍。路边美丽景色，使我放慢脚步享受自然的馈赠。在山脚下，我看见山花烂漫，彩蝶翩翩，于是我与山花同歌伴彩蝶共舞。在山腰，我看见绿草如茵，华木如盖，清澈的小溪静静流淌在林间，朝圣的百鸟尽情放歌于林梢。我拥抱自然的和弦，追逐欢快的节奏。这些往往是我最快乐的时光。可更多的时候是阴冷浓雾的环抱，荆棒丛棘的阻隔。放眼望去，黄叶连天，衰草满路，但我在黄叶林中看到丰硕的果实，从衰草丛内悟出新生的希望。我感觉自己在成熟，一寸寸地成熟。再往上，是没有一点生机的寒风和石砾，我曾想放弃，但曾经的艰辛温暖着我，启迪着我，给我力量，给我信心，使我忘掉比艰险更艰险的死寂，抛掉比痛苦更痛苦的迷茫！我最终到达了这里！一路上，我阅尽山间春色，也饱尝征途冷暖，为此，我感谢您，父亲，感谢您给我选择的权利，我从自己心灵的选择中懂得了很多很多……"哥哥眼中露出不解，但旋即消失，他不无轻蔑地说："可是你输了！""是的，"父亲遗憾地说，"孩子，你输掉了比赛……"

弟弟极目远方，脸上露出平和的微笑："但，我赢得了人生！"

人生就是这样，正是因为崎岖才更多了几分韵味，才更显得其丰富。平坦纵然快捷，但却无法与崎岖之丰富相比。人生之崎岖往往于其崎岖之中包含智慧和成熟。

（资料来源：http://www.5068.com）

## 思考

1. 在登山的过程中，碰到的最困难的事情是什么？

2. 团队的速度是由最慢的那个人还是最快的那个人决定的，由此可以感悟出什么道理？

3. 有没有在登山的过程中遇到危险，是如何解决的？
4. 有没有人想要中途放弃的，团队给予了什么样的鼓励？
5. 最快的队伍，你们的成功诀窍是什么？

## 第六节 拓展实践

野外环境地形复杂，气候多变，时常还要忍饥挨饿，跋山涉水，顶酷暑冒风雨，在这种艰苦的环境下开展系统性的素质拓展的效果是室内活动训练所无法达到的，对磨炼受训者的意志，增强其战胜困难的信心是一个很好的机会。同时，自然的和谐与美妙会激发学生热爱自然的情感，增强他们保护自然的责任感和使命感。尽可能地拓宽素质教育空间，使学生的素质教育不再局限于校内、课内和课本，更大程度地挖掘学生实践潜能，对提高学生及其他类型受训者的综合素质具有很大意义。本节将结合野外素质拓展相关项目进行动手实践方面的延伸。

图 3-40 海边露营

### ·【训练 1：帐篷扎营】·

现代的帐篷既牢固又轻便，主要功能是防风、防雨、御寒、避免昆虫及小动物滋扰，保证使用者能够得到良好充分的睡眠，对保持使用者的体力起着至关重要的作用，在野外拓展训练中占很重要的角色。野外帐篷常见的有人字形、圆顶形等多种款式，使用者应按所要前往地区的季节和气候等情况选择适用的类型，并要在出发前学会怎样搭建。出行想更近距离地见证景色的美丽，就让我们扛起旅行中的家——帐篷，一起出发！

## 一、帐篷及配套设备的选择

### （一）帐篷

目前，市场上的帐篷种类很多，价格也相差很多。按使用地方的海拔高度不同，可分为高山帐篷和低山帐篷两种；按使用的季节不同，又分为春、夏、秋三季帐篷和四季帐篷两种。高山帐篷一般都是全外帐，防雨、防风，保暖功能较强，但透气功能就比不上半外帐的低山帐篷，所以高山帐在夏季使用时要比低山帐闷热。但由于特殊的设计，高山帐内部空间很狭小，能抗强风暴雨，而低山帐的内部空间则相对高一些、宽一些。

图 3-41　各式帐篷

由于使用的材料不同，所以帐篷在价格上有很大的差别。高山帐一般采用铝合金做帐篷竿，这种材料的支竿不但韧性好，抗寒能力强，不易断裂、变形，而且相对轻便。低山帐价格便宜，是因为用碳塑纤维做帐篷竿，这种材料韧性稍差，而且较重。防雨涂层的不同也导致帐篷在价格上有所差别。

### （二）睡袋和防潮垫

睡袋通过内里的填充材料不同，以达到不同的保温效果，使用者应根据所要到达的地区的气温来选择不同保温效果的睡袋。野外生存用的睡袋至少要达到防潮、保暖透气、质量轻、体积小的基本功能要求，要常晒常清洁，便于再次使用。防潮垫一面涂有金属膜，起到防潮、保暖等作用。

1. 睡袋的选购、使用和保养

选购睡袋前，请问自己这样几个问题：我参与活动的环境最低温度有多少？我是不是很在乎重量？我打算花多少钱？如果你希望在 0 度以上的环境使用睡袋，不妨选择温度更低一些的，比如－3 或－5 度。如果你的抗寒能力比较弱，建议选择温度指标更低的睡袋，毕竟人体对付暖热比对付寒冷要容易得多，也安全得多。

图 3-42　各式睡袋

使用睡袋要注意保持干燥，因为睡袋潮湿后保暖程度大大降低，尤其是羽绒睡袋受潮后会完全不保暖。所以在大雨天气或水上活动时，要保护背包以免进水，或者提前把睡袋用防水袋密封起来。睡袋受潮后，在条件允许下要尽快晒干或风干，潮湿的羽绒睡袋不能长时间保存，否则会发霉甚至蛀变。

无论是羽绒睡袋或化纤棉睡袋，在长时间不使用的情况下，尽量不要压缩以保持睡袋的蓬松，适当地晒一晒也是不错的方法。保持羽绒和棉的本性，延长使用寿命，尤其是羽绒睡袋，尽量保存在专用的羽绒睡袋存储袋里（宽松透气的棉质袋子）。

洗涤：化纤棉睡袋和抓绒睡袋都可以直接洗涤，如果洗衣机够大的话也可以机洗，或者交给专业的洗涤公司。晾晒时尽量平铺或多处挂搭，以免过度下垂。羽绒睡袋的洗涤方法：根据羽绒专家的建议，羽绒睡袋 4 年左右清洗一次即可。使用寿命约 10 到 12 年，可清洗 3 次。清洗方法如下：手洗或专业机洗。手洗用专用的羽绒洗涤剂浸泡，漂洗干净即可，不要过分揉搓，不要拧绞。清洗后风干或晾干，确认干燥后轻轻拍打，待其自然膨胀后存入睡袋存储袋。羽绒睡袋洗涤忌用碱性洗涤剂，忌拧绞，忌火烤烘干。

2. 提高保暖程度的方法

图 3-43　常用防潮垫和自动充气垫

(1)配备一条质量较好的防潮垫，这一点非常重要，常野营的人都有经验如果寒气从地上直达背部，那种寒冷是难以承受的；

(2)有条件的话睡前喝杯热饮料，牛奶果珍都可以，使身体发热；

(3)睡前吃一顿舒适的饭菜，尤其要补充碳水化合物(淀粉，糖类)；

(4)穿一套长的保暖内衣和干净袜子会非常有效；

(5)当睡袋保暖程度不够时可以穿更多的衣服，或把衣服和其他物品覆盖在睡袋上；

(6)和更多的人挤用一个帐篷；

(7)在保障安全的情况下，在帐篷中点汽灯或炉子；

(8)在帐篷外生火。

## 二、帐篷的搭建及回收

先决定好搭建帐篷的地点，依照顺序，由 1～2 人共同作业，不需花费太多时间，即可简单搭建完工。为考虑帐篷撤收时的状况，把最初搭配的情况记下，会比较方便。下面简单介绍下较常用的 3～4 人帐篷的搭建方法。

1. 地点的决定

在考虑风向及地形后，选择一个平坦背风之地。

2. 帐篷用具的检查

将袋中收藏的用品倒出，检查各部分零件。为了撤收帐篷时的方便和不遗漏东西，应先予以记录。

3. 铺设地面垫

地面垫铺好后，用钉子将四个角固定。若在湿气多的地方，先铺上地席后，再于其上搭建帐篷。

4. 平铺帐篷

将帐篷平铺于地席上，待帐篷内帐平好后，用两根长支撑杆以交叉方向穿进帐篷布套内。

5. 固定四个角

将支撑杆四角插入内帐四角的固定扣内。

6. 内帐完成搭建

四角固定好后，将帐篷拎起平放，这样内帐就支撑起来了。

7. 打地钉

将地钉穿过子母扣顶部的帆布套内，用地钉锤将地钉扎稳在地底。

8. 搭外帐

将外帐四角与内帐四角子母扣扣上，将支撑外帐的短支撑杆插入外帐中部的两端布套内。

9. 固定防风绳

在外帐上的四个防风布套上以打死结的方式系上防风绳，带三孔滑片的一端用地钉固定，调节滑片拉紧风绳即完成帐篷搭建。图示如下：

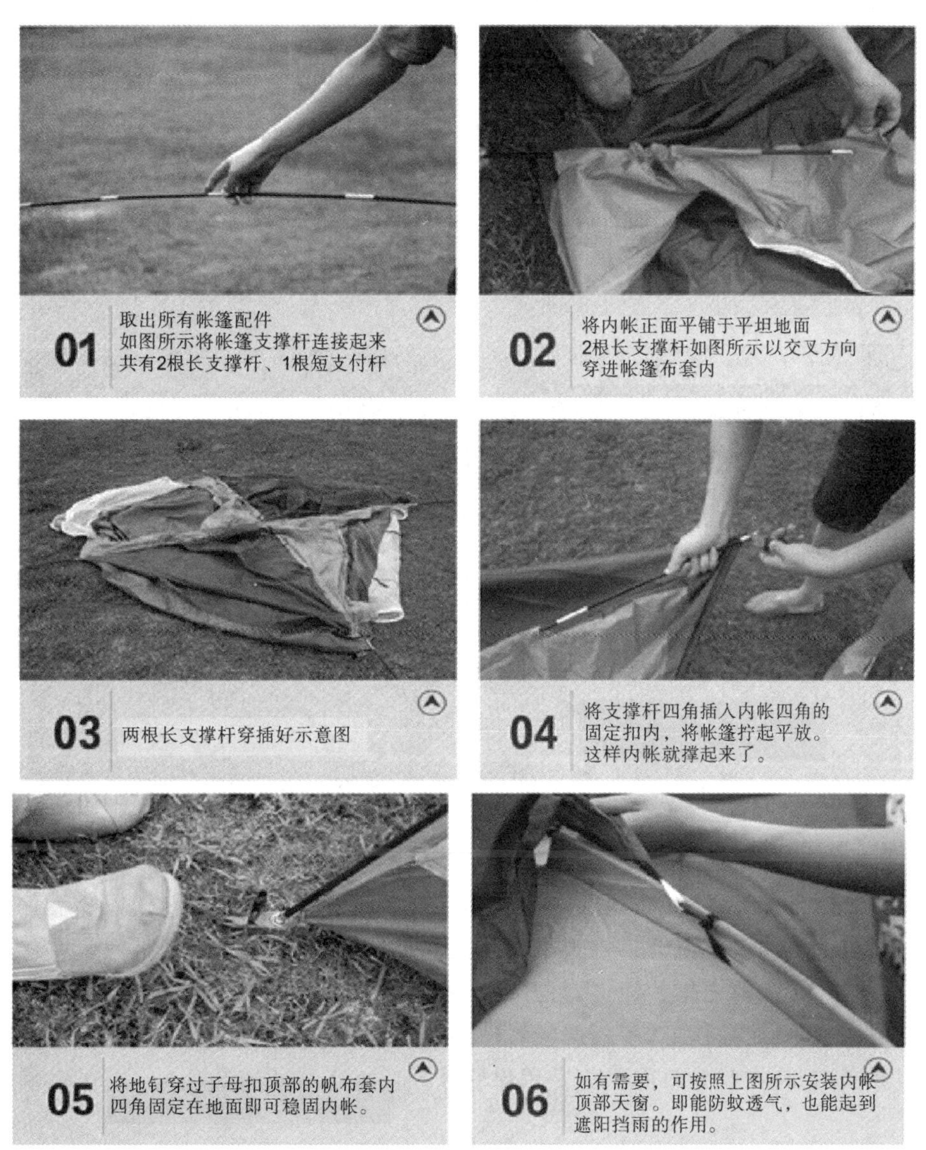

图 3-44　普通帐篷搭建图示

过去，帐篷搭好后，便可在四周挖掘水沟。现在站在保护自然的立场，除非在水洼地，否则不再挖设沟渠。露营第二天早晨若天气好，稍微晾干、擦拭后再回收帐篷。收帐篷先拆外帐，再拔掉内帐的地钉，打开帐篷门，抖动帐篷以倒掉进入到帐篷内部的沙土。然后将帐篷平放在地上，各摘两根帐杆一边的杆头后，帐篷就松垮了，最后把帐杆折叠好，连同内、外帐收好放回帐篷专用保管袋。注意不要将地钉丢失，以免影响下次使用。

## 三、营地的安扎及建设

### (一)扎营原则

露营营地的选择及其建设关系到全部人员能否得到良好的休息,所以营地的选择很讲究,主要原则包括:

1. 近水:扎营休息必须选择靠近水源地,如选择靠近溪流、湖潭、河流边。但也不能将营地扎在河滩上或是溪流边,尤其在雨季及山洪多发区,一旦下暴雨或上游水库放水、山洪暴发等,就有生命危险。

2. 背风:在野外扎营应当考虑背风问题,尤其是在一些山谷、河滩上,应要选择一处背风的地方扎营,帐篷门的朝向不要迎着风向。

3. 远崖:如果想扎营在悬崖下,由于条件的限制不能在崖下凹进去的地方找到合适的位置,就不要将营地扎在悬崖下面,一旦山上刮大风,有可能将石头等物刮下,造成危险。

4. 背阴:如果是一个需要居住两天以上的营地,在好天气的情况下应该选择一处背阴的地方扎营,如在大树下面及山的北面,最好是朝照太阳,而不是夕照太阳。这样,如果在白天休息,帐篷里就不会太热太闷。

5. 防雷:在雨季或多雷电区,营地绝不能扎在高地上、树下或比较孤立的平地上。

6. 防兽:建营地时要仔细观察营地周围是否有野兽的足迹、粪便和巢穴,不要建在多蛇多鼠地带,以防伤人或损坏装备设施。要有驱蚊、虫、蝎药品和防护措施。

7. 近村:营地靠近村庄遇有急事可以向村民求救,在没有柴火、蔬菜、粮食等情况时就更为重要。近村的同时也是近路,即接近道路,方便队伍的行动和转移。

8. 环保:保护自然环境,撤营时必须将燃火彻底熄灭。垃圾废物要尽可能带出,丢放在指定的地方,特殊情况无法带走时可将垃圾挖坑掩埋。

### (二)营地建设

营地选择好后即要建设营地,尤其是一定规模的野外露营,整个营地的建设尤为重要,具体分以下步骤:

1. 平整场地:将已经选择好的帐篷区打扫干净,清除石块、矮灌木等各种易刺穿帐篷的东西,不平的地方可用土或草等物填平。

2. 场地分区:一个齐备的营地应分帐篷宿营区、用火区、就餐区、拓展活动区、用水区(盥洗)、卫生区等区域。用火区应在下风处,距离帐篷区应在10～15米以上,以防火星烧破帐篷。就餐区应就近用火区,以便烧饭做菜及就餐。活动及娱乐区应在就餐区的下风处,以防活动的灰尘污染餐具等物,并距离帐篷区应在15～20米,以减少对早睡同伴的影响。卫生区同样应在宿营区的下风处。用水区应在溪流及其河流上分为上下两段,上段为食用饮水区,下段为生活用水区。

3. 建设帐篷宿营区:如有数顶帐篷组成的帐篷营地区,在布置帐篷时应注意:第一,所有帐篷应是一个朝向,即帐篷门都向一个方向开、并排布置。第二,帐篷之间应保持不少

图 3-45 各种地势营地安扎

于 1 米的间距，在没有必要的情况下尽量不系帐篷的抗风绳，以免绊倒人。第三，必要时应设警戒线(沟)，在山野露宿有可能会遇到威胁性的动物或者坏人的攻击，当然，这种可能性很小。可以在帐篷区外用石灰、焦油等刺激性物质围帐篷区画一道圈，这样可以防止蛇等爬行动物的侵入。

4. 建设用火就餐区：就餐同用火一般在一块儿或是相近的地方，这个区域要与帐篷区有一定的距离，以防火星烧着帐篷。烧饭的地方最好是有土坎、石坎的地方，以便挖灶建灶，拾来的柴火应当堆放在区外或上风处。就餐区最好有一块大家围坐的草地，"餐桌"可以用一块大平石或者就在地上。"餐椅"同样用石块最好，或者席地而坐，由于地气对人体有害，故可以用防潮垫或气枕头代用，不要怕麻烦，至少要用雨衣或塑料布。多数就餐时间已经是天黑的时候了，应当考虑照明的位置，不论是用汽灯还是其他方式照明，灯具应当放在可以照射较大范围的位置，如将灯具吊在树上、放在石台上或者做一个灯架将其吊起来。

5. 建设取水用水区：用水、取水一般都在水源处，盥洗用水与食用水应分开，如是流水，食用水应在上游处，盥洗生活用水在下游处，如是湖水则同样要分开地方。出于卫生的需要两种用水处应当距离 10 米以上。另外，取水要经过的河滩地带乱石灌木等物较多，没有小路可寻，故应当在白天的时候注意清理一下，以防晚上取水时不方便。

6. 建设拓展活动区：活动区可以设在就餐区，拓展活动后就餐或者就餐以后打扫出来进行拓展训练。如果场地大，也可以单独划出一块地，只要场地平整即可，同时场地里绊脚、碰头(矮树)的东西要少，因而要进行一般性的清理，在进行一些项目时应在一个划定的圈子里拉上保护绳，以免发生意外事故。

7.建设卫生区：卫生区即是队员们方便的地方，如果只是住宿一晚，可以不必专门挖建茅坑，可以指定一下男女方便处即可。如果队员人数多或者住宿天数在两天以上，即应当挖建茅坑，临时厕所应建在树木较密的地方，就不用拉围帘了。更要注意不能建在行人常经过的地方。如果附近的溪流多，可以将厕所建在溪流上，在小溪上塔两根大木头，要建平稳并有安全感，不用担心会污染河流，少量的粪便会被河流中的生物分解或被自然净化。建好卫生区后告知队员以便需要。

### （三）帐篷出现意外处理办法

1.帐篷着火

假如帐篷着火应马上离开。留意有没有燃着的碎布落在身上，有的话一定要扫掉，然后用衣服或用睡袋扑灭。只要动作敏捷，衣服一般不会烧着。

走出帐篷后，放倒支柱，必要时解开主要支索，然后扑灭火焰，或抓住帐篷一端，把它拖离火焰和帐篷内的物件。不要让泡沫胶或塑胶床垫近火，这些材料燃烧时大多会放出毒烟。如果火势猛烈，无法走近，就让它烧掉算了，物件可以再买，性命最宝贵。

2.帐篷漏水

如雨水漏进帐篷，可用熔化了的蜡或胶布封住孔洞。如漏水不止，可以用防水夹克或塑料布包裹衣服和睡袋。

3.帐篷遭水淹

若帐篷遭水淹，鸭绒睡袋弄湿了，就失去了保暖作用，因此最好丢下睡袋和帐篷，移往干燥的地方。如附近别无栖身之地，就用树枝架起一个台，换上干衣服，坐等到天亮。

如天气非常寒冷，要尽量保持体温。办法之一是不要套上最外面一两层衣服的袖子。先扣好纽扣或拉上拉链，然后把衣服从头上套下，包着上身，双手夹在腋窝下。

睡袋若是人造纤维的，即使湿了，仍能保暖，所以应立刻截断水流，例如在帐篷四周挖一道沟，把水流引向他处，然后弄干帐篷地面，拧干睡袋，留在帐篷地面。

4.帐篷被风吹塌

强风吹塌帐篷，要重新搭起是极其困难的。如天气恶劣，又没有汽车之类的栖身之所，还是留在帐篷内最安全。用身体压着帐篷边缘或与帐篷相连的地面防潮布，以防帐篷被风吹走。用背囊架或一根支柱撑起帐篷，以扩大帐篷内的空间。

### （四）注意事项

1.在选择好露营地后，要用硫黄（防蛇）或杀虫剂在露营地四周进行喷撒，防止有害虫类进入营地伤害人员。

2.帐篷搭建时进出口必须处于关闭状态。平时养成良好习惯，进出帐篷要及时顺手把帐篷口拉闭好，这样可以防止蚊虫等小动物飞爬进帐篷里。很多情况下队员在扎营时未拉闭好帐篷口，这样经常半夜被小动物骚扰，影响自己与其他队员的休息睡眠。

3.穿着较为贴身的长衣长裤，以避免蚊虫叮咬及树枝扯挂，临睡前要检查是否熄灭帐内所有火苗，帐篷是否已固定结实。

4. 夜间出入帐篷要先用灯光进行检查，再将鞋子倒一倒，预先制造一定的声响，惊动帐篷周围的有害物体，安排几个人轮流守夜值班，保证安全。

5. 穿越森林过程中注意留意路边的一些自然标志物，像古树、泉水、河流、怪石等。万一迷路时不要慌乱，可以按照这些标志物慢慢找到来时路。

6. 节约饮用水。断水时慎用野外天然水源，切勿摘食不认识的植物果实，紧急时可以砍断野芭蕉取水。

7. 收营时尽量等潮湿的帐篷干了之后再收拾，这样帐篷会轻很多，也有利于帐篷保养。

8. 保护生态环境，不随意猎杀捕捉野生动物、采摘植物、引燃篝火、丢弃垃圾。

**(五)其他物品准备**

1. 准备御寒衣物，野外气温会比室内低比较多，昼夜温差也很大。

2. 准备塑料袋若干，晚上睡觉时用塑料袋套紧鞋子防止露水打湿，还可当垃圾袋使用。

3. 准备足够的干净水以备饮用或洗漱，携带一些干粮如巧克力、牛奶、面包等。

4. 准备简易日常药品，如云南白药、创可贴、感冒药、防蚊虫药等。

5. 穿着合脚防滑的鞋子。当脚底疼痛时，迅速贴上一小片医用胶布，预防起泡。

6. 携带望远镜、放大镜、多用途工具刀、电筒、哨子等用具，可带来额外乐趣和便利。

7. 准备扑克、棋类、球类等户外娱乐辅助道具，增添拓展休闲娱乐气息。

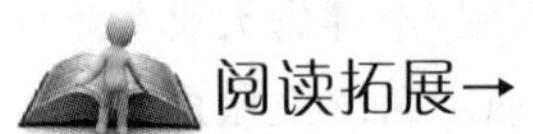

阅读拓展→

**关于防蚊虫叮咬**

1. 大蒜。吃大蒜后人会分泌一种味道，蚊子就会躲得远远的。吃大蒜前，最好先将其切成薄片，放置15分钟，驱蚊效果更好。还可以将大蒜切片，放在窗口或在纱窗上涂抹，阻止蚊子进入室内。缺点是味道难闻，估计很难有人喜欢。

2. 大豆油。美国《新英格兰医学杂志》刊登的一项新研究发现，由大豆油制成的驱蚊剂与普通含有化学驱蚊成分的驱蚊剂同样有效。大豆油成本低，并且很常见，是驱蚊的最佳选择。另外，大豆油具有极好的润肤功效，取少量涂抹在身体暴露的位置，既护肤又防蚊。

3. 黑胡椒。上述研究还发现，黑胡椒也具有明显的驱蚊虫功效。平时可以将其撒在窗口、门口或是花盆边缘，防止蚊虫滋生和入侵。

4. 薰衣草。这种香气驱蚊效果很理想。最好将薰衣草精油用大豆油等稀释后再使用。

5. 莲科植物。《亚太热带医药杂志》刊登的一项新研究发现，莲花等莲科植物是一种有效的驱蚊剂，同时还能杀灭蚊子的幼虫。因此，夏季不妨在家里养些小型莲科植物。

图 3-46 防蚊虫香薰包

6. 猫薄荷(也称樟脑草)。美国俄亥俄州立大学研究发现,猫薄荷会令蚊子“害怕”,其精油的驱蚊效果是驱蚊露的 10 倍。

7. 口服维生素 B,通过人体生理代谢后从汗液排出体外,会产生一种蚊子不敢接近的气味。服法为睡前一小时口服 B 群维生素 1～2 片,但不要长期大量服用。

8. 有些人经常挨蚊子咬,而身边的人却毫无感觉。原来蚊子咬人与人们所穿的衣服颜色大有关系。如果穿深蓝色或褐色的衣服,被蚊子叮咬的概率会大些,所以在夏天应穿浅色衣服。

9. 在身上或附近,放两三瓶揭开的清凉油、风油精等,蚊子会闻而生畏,不敢前来侵扰。但是效果稍差,而且清凉油、风油精挥发得很快。

10. 使用茉莉花、米兰或玫瑰,最好是夜来香等味道的香水。因蚊子不能忍受这些花的香气而逃避。

11. 取广口瓶数只,内装少许浓糖或啤酒,轻轻摇晃,使瓶内壁上沾上糖液或酒液,放在室内蚊子较多的地方,蚊子闻到糖味,就会往瓶内飞钻,而被粘住或淹死。

12. 使用驱蚊露、驱蚊霜等涂抹或喷洒驱避剂,有些有效保护时间甚至可以达到 8 小时。但需要注意的是,在与防晒类产品同时使用时,会对防晒效果产生较小程度的抵消,故使用者应适当提高涂抹防晒霜的频率。

13. 使用电子驱蚊手表。蜻蜓为捕食蚊子大王,蚊子闻其声而逃。电子驱蚊手表利用模仿蜻蜓振翅的声音有效地达到驱蚊效果,同时也能模仿雄蚊振翅的声音来驱赶雌性蚊子(吸血蚊子),有效范围 1 平方米。

### (六)意外发生时的应急处理

1.风雨与电击

长久住在都市的人在露营时,遇到闪电、听到雷声常容易慌了手脚,事实上不用紧张,只要不扎营在最高地势的山头或光秃秃的地方,危险性就减少了很多。闪电时避免站在高树之下,手中身上金属类东西最好丢弃。如果逃避不及,那么就地卧倒也可将危险降至最低。

2.山洪

扎营时应注意洪水流向,沙滩冲积地是扎营佳处,但洪水来时也首当其冲,下雨后应采取行动,换个营地,否则会有被洪水冲失的可能。

3.溺水与火烛

如果不幸有人溺水,第一要先清除口中的异物,并施行心脏按压和人工呼吸,并尽快找来懂得医护的人员,尽量不要压到伤者的腹部,从腹部挤出来的东西,很可能堵塞他的咽喉。救溺时,以竹竿、浮物(木头、木板、救生圈)或衣服均可。防火方面,除了做好灭火的工作外,切忌在帐篷内点蜡烛,烟头烟蒂不往干柴上丢,帐内的照明最好使用手电筒或营灯。

4.虫噬

预防蜂群攻击最重要的一点就是远离蜂窝,如果不慎被毒蜂螫到,用镊子等将刺拔出后,尽快使用含碱性的肥皂清洗,再以水或冰块冷敷,再在患部涂抹氨水或牛奶。

5.毒蛇咬伤

在野外如被毒蛇咬伤,患者会出现出血、局部红肿和疼痛等症状,万一是咬在靠近动脉之处,就有生命危险要尽快送医急救。先要迅速用布条、手帕等将伤口上部扎紧,防止蛇毒扩散,然后用消过毒的刀在伤口处划开一个长1厘米、深0.5厘米左右的刀口,用嘴将毒液吸出(如口腔黏膜没有损伤,其消化液可起到中和作用,所以不必担心中毒)。紧急处理后立即送医院急救。

6.其他突发情况

从大树或岩石上摔下来伤到脊椎时,将患者放在平坦而坚固的担架上固定,不让身子晃动,然后送往医院。骨折或脱臼时,用夹板固定后再用冰水冷敷。

外伤出血:在野外备餐时如被刀等利器割伤,可用干净水冲洗,然后用手巾等包住。轻微出血可采用压迫止血法,一小时过后每隔10分钟左右要松开一下,以保障血液循环。

食物中毒:吃了腐败变质的食物,除会腹痛、腹泻外,还伴有发烧和衰弱等症状,应多喝些饮料或盐水,也可采取催吐的方法将食物吐出来。

## 沙滩露营经验谈

1. 防晒

之所以把它放在前面，是因为容易被忽视。大多数人习惯待在室内，皮肤水分多，防晒性能差。暴露在海边阳光下，两个小时就会被晒伤(或许更短)。晒伤当时没有明显感觉，皮肤发红就表示已经被晒伤了。一两天后会皮肤疼痛和脱皮，甚至水疱。可以用毛巾冷敷的方法减轻疼痛，使用润肤品补充晒伤部分的水分，并补充维生素C阻止黑色素沉淀。

经常在阳光下活动的人对晒伤的抵抗力较好。也可以使用有防晒功能的遮阳伞(有银色涂层的)或穿长袖衣服，当然擦防晒霜效果更好，记得游泳或大量出汗后补擦。

2. 蚊虫

海边的蚊虫比起山上毫不逊色。除了蚊子和苍蝇，还要预防浅海滩和沙滩上一种跳虱，在浅水里会咬人(很痛)，而且四处乱蹦。注意擦抹驱蚊露避免挨咬，而且拉好帐篷的防蚊网，并保护好食品、餐具等(最好不要放在地上，可以放在包里)，围坐在篝火旁通常可以免受叮咬。

3. 防水

下过雨后两三天内沙滩都是潮的，帐篷内可以使用防潮垫或大塑料布等防潮。另外要注意涨落潮的时间。白天看上去很远的海，晚上有可能涌到帐篷里。可以询问当地居民涨潮时间，在紧靠沙滩的密集植被旁边扎营是安全的。

4. 睡眠

沙滩露营大都集中在夏天。如果沙滩干燥则触感是很松软的，平整后可以直接躺在上面睡。如果沙滩潮湿则触感会很硬，这时需要隔冷隔湿的防潮垫。睡眠之前要检查帐篷内有没有蚊虫，并上好厕所，以防半夜打开帐篷。

5. 饮食

烧烤是很适合沙滩的，煮食海鲜也很好，但一定要吃新鲜的。在农历初一、十五(或前后两天)的凌晨会落大潮，届时可以赶海，在落潮的海滩上挖蛤蜊、抓螃蟹等。蛤蜊、螃蟹、虾等海鲜用水煮，无需调料，水开即熟。烧烤的话要注意材料，馒头和肉串、鸡翅等在炎热夏天半天就会变味，若无保鲜工具最好在饭前再买，火腿肠则能保存得比较久。

6. 游泳

海水游泳的情况比河水、湖水更复杂。没开发的浴场可能会有看不到的石头，有时水下沙滩时常有“坑”，暗涌无法估测，强烈提醒切勿下海游泳，建议可数人结伴在海滩浅水边踏浪嬉戏，也同样趣味十足。

## ·【训练2:野外用餐】·

在野外环境中利用不同的自然条件进行用餐是野外生存很重要的一项技能,也是开展大学生素质拓展动手实践环节重要的项目内容。常见野炊形式大致可分为:第一种,大餐式,肉、蛋、鱼、鸡、卤菜齐上;第二种:素餐式,一般以包饺子、下面条或大杂烩等形式;第三种:风味式,主要为烧烤和火锅。在拓展训练中,后两种被广泛采用。

### 一、野炊建灶

现今,野外生活可以携带汽油炉、煤气炉等现代化设备,但在不具备这些条件时,利用地形、地物搭建野炊灶是野外用餐的基础和必备条件。如何根据所能寻找到的工具和燃料修建简易、实用的炉灶用以烧水、做饭需要一定技巧。

#### (一)三石炉灶

三石炉灶是最简单且历史最久远的一种炉灶。取三块高度相同的石块呈三角形摆放,锅或壶架放在当中,一般情况下锅底或壶底需距地面20厘米左右(高度需视所用燃料确定,如用牛粪,燃料高度不宜超过20厘米,如用木柴可适当加高)。

图3-47 三石炉灶

#### (二)吊灶

找两根上方有杈的树枝平行插在地上,中间横一木棍或树枝、帐篷杆等,将锅或壶吊挂在横木上,下方生火。也可用石块垒一道U型墙,在其上架一木棍或树枝,锅或壶吊在木棍上,下方生火。U型的口应向吹风方向,以利于燃烧。

以上两种炉灶是使用最普遍的,至今,边远地区的少数民族仍沿用此种炉灶。

图 3-48 吊灶

### (三)木架灶

在森林地区有时找不到合适的石块建灶，可找 4～6 根长约 30～40 厘米的粗树枝(最好是新的或湿树枝)，一端用刀削尖，按所用的锅或壶的底面积，呈方形或六角形钉在地上，将锅或壶架在木桩上，下方生火。

### (四)坑灶

在既无合适的石块又无树枝的情况下，也可在地上挖一坑灶。在地面上挖一深约 20～30 厘米、长约 120 厘米、宽约 30～40 厘米的斜形穴坑，坑口向风吹方向，用木棍或帐篷杆架在坑的两边用土堆起的土包上，将锅或壶吊挂在木棍或帐篷杆上(一般掌握在锅底、壶底和坑底之间的距离需在 20 厘米以上)。

### (五)火塘灶

火塘是篝火的一种，应选择坡坎下避风处，挖一方形或圆形深约 20 厘米左右的塘坑，上支三脚架以供烘烤食物、烧水、做饭。火塘坑可以较好地保存火种，还可以将食物埋在火塘中烘烤。

野炊灶还有很多种，如垒灶、散沿灶、避光灶等，可根据人数多少，就地取材修造。炉灶搭建好后可用小军用锅或大锅熬一锅大骨汤，或者再加点面条、包好的饺子，也可以加入大米、香肠、肉骨、蔬菜等煮一锅咸粥，可以极大地增添户外拓展的乐趣。

特别提醒：野炊灶在野外使用时，应特别注意避免发生火灾，建灶时应将灶边杂草等易燃物清理干净，并需有防火措施。使用后要将余火熄灭或用土掩埋，以免留下火灾隐患。

## 二、野外烧烤

野外用餐，以烧烤这种最原始的烹饪方式为首选。而在野外烧烤让队员既要吃饱，又要吃好则并非易事，不仅在烧烤过程中有许多注意的事项，烧烤前也有很多准备工作。

### （一）食品

食品的选择可根据各自的口味和喜好，一般来讲适合烧烤的食品有肉类、海鲜、蔬菜瓜果和面食豆制品等几大类。

图 3-49　充实的训练后是美味的烧烤

1. 肉类食品是烧烤食品的主力军，可以选择的有：羊肉串、牛肉串、猪肉串、鸡翅、鸡柳、鸡胗，等等。需注意的是肉类食品易变质，一定要选择新鲜的。若图方便，建议去超市购买腌制好的成包肉串，购买时要检查保质期。若是对肉串的口味要求比较挑剔，可以自己制作。制作时注意最好不要选择冷冻肉，肉块不要切太大，也不可太碎。用盐、味精、姜汁、洋葱汁等调料腌制，用竹签穿好即可备用。

2. 海鲜可以选择的有：活鱼、鲜鱿鱼、墨鱼仔、活虾、大闸蟹、鲜贝串，等等，选择时特别要注意“鲜活”两字。活鱼要先去鳞，去内脏，洗净，用盐、酒腌制。鲜鱿鱼和墨鱼仔若直接放在火上烤会卷曲，可以用竹签或牙签先将其固定。若想图省事还可像买肉串那样去超市买加工好的虾串、鲜贝串等半成品。

3. 蔬菜瓜果类可以调剂一下烧烤的种类，让人不会感到过于油腻。此类食品中最受欢迎的应是土豆和玉米，红薯、山药、芋头、青菜都是不错的选择。这些蔬菜都要经过适当的加工，土豆应去皮，切片；山药选择较细的；芋头选择较小的；红薯最好是去皮切片；青菜要洗干净。特别推荐一下大蒜，大蒜烤出来口味独特，并且大蒜本身具有杀菌的作用，很适合野外食用。一些水果和坚果如苹果、香蕉、核桃也可以尝试烧烤，看自己是否喜欢。须提醒的是板栗在烤的时候很容易“爆炸”，应特别小心，最好是先切个小口。超市里有卖现成的蔬菜串，有些烤出的味道也很不错。

4.面食和豆制品可以选择的有：馒头片、面包片、小烧饼、熟的小包子、豆腐块、腐竹，等等，这些都是大家喜欢的食品，而且是可以填饱肚子的东西。烤过的面食还有养胃的作用，很适合有胃病的朋友食用。面食烧烤时大都不需要什么调料，本身的香气就已经很诱人了，不过馒头片若是刷上油，洒上椒盐，味道就更美了。豆腐块和腐竹则不同，需要烧烤酱来出味。豆腐块可在豆腐店直接买现成的。

食物最好是在家都全部加工好，去皮切片等工作应在出发前完成，最好不要放在野外，切片的食物不要长时间放置，防止氧化变色。食品准备的种类要丰富些，不要只是肉串，要荤素搭配。食品的量要根据人数而定，不要过少，少了不过瘾，也不要太多，以免浪费。

图 3-50 烧烤调料系列

### (二)调料

基本调料有:孜然粉、椒盐(可用其代替食盐)、黑胡椒粉、辣椒粉、调和油、糖水,还可以根据个人喜好选不同口味的烧烤酱。

调料可选用一种小玻璃瓶的系列调料,小瓶子很好携带,带小孔的内盖又便于使用,无论是居家还是野外都是不错的选择。调和油是烧烤中不可缺少的,可以使食品更容易烧熟,同时保证食物的鲜嫩。调和油最好用密封性能好的玻璃瓶装,使用时可以倒到杯子中,用小毛刷在食品上刷制。糖水在烧烤时可以出色、增加口味,但糖经长时间加温后易产生不利于人身体健康的物质,且糖的热量较高,建议少用或不用。烧烤酱超市里见的不多,可以用辣椒酱等其他酱代替,如果不怕麻烦可以根据自己的喜好自制。下面介绍几种自制酱。

1.胡萝卜酱:胡萝卜泥加少许酱油、鸡汤、盐、柠檬汁、味精调制稠度适中即可。

2.豆酱:熟豆酱加料酒、糖、柠檬汁、姜末调制。

3.番茄酱:番茄沙司加辣椒油、酱油、盐、鸡汤调制。

4.甜面酱:甜面酱加辣椒油、酱油、白糖、柠檬汁调制。

### (三)烧烤工具

烧烤的工具根据方法的不同有很多种,明火烤、炭火烤、炉烤、泥烤、竹烤、铁板烧、石板烧、石子饭都算是烧烤的范畴。

1.明火烤

明火烤即是用明火加热,影视剧中常能见到一根木棍穿着一只鸡或兔子在篝火上烧烤的场景,就是属于明火烤。明火烤具有色泽金黄、外酥内嫩的特点,还有烟香和焦香的风味。明烤有直接烧烤和间接烧烤的区别,根据烤制工具不同,又可分为叉烤、炙烤和串烤三种。

(1)叉烤是将原料用铁制或竹制长签、树杈叉好,放在火上反复烤制,适用于烧烤整只的鸡、鸭、鱼和大块的肉等体积较大的原料。

(2)炙烤是在火上架上铁网或薄的石板,将原料切薄或切成小块,放在上面边烤边食用的方法,如韩国烧烤、日式烧烤。

(3)串烤是将小块原料用铁签或竹签串起来,放在火上烤制,如新疆烤羊肉串等。

将要烤制的原料用调味品腌渍后,放于敞口火炉或火坑、篝火上的铁架、铁栅上烤制,调味则可在烤制前、烤制中或烤制后进行,也可在三个时段内兼顾进行,须注意的是,在烤制中调味时,若用液体调味品,须用排笔涂刷在原料上;若用粉末状调味品,则用量不宜过多,否则易掉入明火中,燃烧后产生的烟雾会影响到就餐环境。

由于明烤法火力较集中,烤制时要勤翻动,使之受热均匀,还要掌握好与火的距离,保证内外成熟一致。这种烤法在此不做推荐,因为一般来讲,明火烧烤不宜掌握火候,而且更易产生对人体有害的物质,同时对环境危害较大,很不安全,建议不要尝试明火烧烤。

2.炭火烤

炭火烧烤操作方便,便于控制,对环境的伤害最小,可烤的食品种类最丰富,建议野外烧烤都用炭火。炭火烧烤所用的工具有烧烤炉、碳、钎子、刀、鱼夹、牙签等。

图 3-51　果木明火烤制老北京烤鸭

图 3-52　炭火烤蔬菜类食材

市面上常见的碳有易燃碳、木炭、机制碳三种。易燃碳在户外用品店有售，有方形和饼形两种。易燃碳的表面有一层易燃层，比起普通木炭要容易引燃，缺点是较贵。普通木炭优点是便宜，缺点是大小不一，烧烤时火力不均，燃烧时间短，烤的过程中须加碳。机制碳其实是由碳和煤混合而成，压制成中空的多棱形，从碳灰上就可看出来含有煤的成分。这种碳大小均匀，燃烧时间长，火力均匀，无烟，价格不贵，很多专业烧烤店选择的都是这种碳，缺点是不易引燃。若只是两三人烧烤用这种碳的话，人吃饱了碳还没用完，有些浪费。

3.泥烤

将鸡、鱼等原料经调味品腌制后，用猪网油、荷叶等包好，再用黄泥将其裹紧密封，放在火中烤制的一种方法，烤制时火不可过大，且要勤翻动，煨烤时，如发现裂缝要马上用黄泥封好防止烧及里面的原料，造成表皮焦枯。

图3-53　火山泥烤鸡

4.竹烤

图3-54　香竹烤饭

竹烤又叫筒烤，将要烤制的原料，如肉、禽、蔬菜、米等放进竹筒中，密封后在火上烧烤至成熟的一种烤法，注意要选择长度在30至40厘米、直径10厘米以上、两头带竹节且密封状况好的楠竹或毛竹筒来烤制，填入原料后一定要封严竹口，火不要太大，而且不停翻动竹筒，使之受热均匀。烤熟后劈开竹筒取食，原汁原味还带有竹子的清香。

5. 煎烤

煎烤是利用铁板、煎锅等进行煎制，利用食用油作为媒介。调味可以在烤制前、烤制中或烤制后进行，也可以在三个时段内兼顾进行。煎烤和明火烤不同之处：煎烤中主要加入液体调味品，从而能使味汁渗入到原料中，故煎烤菜肴风味多变，质地也更为酥软。

### （四）烧烤前准备工作

综合各方因素，野外烧烤多以炭火烤为主，其他烤法辅之。烧烤炉通常都要组装，一般都很简单，依说明书要求按部就班即可。使用前要清楚炉子各部分的功能和使用方法。烧烤炉的放置应选择较平整的地方，风门应在上风口。

木炭和机制碳的点燃并非易事，可以将碳堆成堆加助燃剂，碳自身燃烧后再摊开。如果条件允许，最好点燃篝火，将碳放入火中，待碳完全燃烧后再取出，放入烧烤炉中即可。若用篝火引碳别忘了带工兵铲。铺碳的时候要铺满铺匀，才能保证火力均匀。碳燃烧后不要急着烤，先把网烤一下，待碳全红，就是完全燃烧后再开始烤。烧烤时注意人不要站在下风口，一来烟大，二来飞出的火星很容易烫伤人。

### （五）烧烤过程

烧烤过程中油的使用很重要，刚烤上的肉类食品先不要急着刷油，待食品烤热、收紧后再刷油，其他食品可以烤的时候就刷油。油不要刷多，以刷完后不滴油为标准，烤的过程中要尽量避免油滴落烧烤炉中。烤时要勤于翻动，防止烤煳，翻动时最好用长筷子，不要用手，防止烫伤。放生食时要注意和快烤熟的食品保持一点距离，防止污染熟食。

肉串摆放时尽量向炉子的中部摆，烤的过程中要改变肉串的位置，以保证整串肉同时被烤熟。鸡翅是很适合烧烤的食品，易熟，而且皮的脂肪含量高，吃起来很香。鸡肉不易烤熟，可以切成小块，应放在火力集中处，或烤熟鸡肉，味道同样鲜美。玉米直接烧烤不易烤均匀，可以和鸡胗一样，烤煮熟的。烤鱼时最好选用鱼夹。如果用的是多功能炉，除了烤之外，还可以享受到焖、烘和熏的乐趣。将燃烧的木炭置于碳盘的周围，盖上盖子就可以焖了，大块的食品，还有蔬菜等都适合焖制，但要掌握好时间。

注意食品卫生，没有烤熟的食品不要吃。烤熟的食品温度很高，吃的时候小心烫嘴。烤煳的食品，特别是肉类对人身体有危害，不要吃。加碳时要注意应等到新加的碳完全燃烧后再烧烤，因为碳在没完全燃烧时易产生有害气体，不利于健康。

不同的烧烤酱适合不同的食品，甜面酱适合鱿鱼、墨鱼仔，番茄酱适合土豆片，胡萝卜酱则适合很多清淡口味的食品。

## 三、野外用餐注意事项

1. 选择用餐场地时应特别注意安全，注意防火，一些林区和水库区是禁止用火的，场地周围不要有灌木或过多的树木，下风口周围不要有易燃物品。

2.不要选蚊虫较多的地方，不要选择山洞、房间等封闭的场所烧烤，防止一氧化碳中毒。

3.若是能带上汽炉，再烧一碗可口的汤，将会为野餐增色不少。水果、果汁、酒（如果开车，一定不要饮酒）也是不可缺少的，其他速食品也可以带一些，以满足户外需求。

4.户外最好不要穿皮鞋，尽量着休闲装，烧烤尽量不穿化纤衣物，蹦出来的火星很容易就会把化纤衣服烧个洞。

5.最好是备有面巾纸、饮用水、打火机、应急药品、娱乐休闲道具等物品。

6.在野外不乱摘野果或他人种植的东西食用，安全第一。

7.如果用餐地点是水库、湖泊之类，要看是否允许钓鱼，钓鱼要注意安全。野外水系不比游泳池，一定不能下水。

8.烧烤碳若是没有烧完则一定要将其熄灭，留作下次使用，或是倒入垃圾箱中。若是找不到垃圾箱最好是将其掩埋，不要随便丢弃。

9.烧烤后不要忘记打扫场地，保持环境卫生。若是点燃了篝火，要埋好并踩实，恢复原貌。

## ·【训练 3:野外篝火】·

进行户外活动需要露营时，在野外燃起一堆篝火几乎成了户外活动的一个标志，特别是在户外进行拓展训练过程中，到了晚上必须取火来取暖煮食或开展相关的夜间拓展项目。在自然环境中，在无法连接电源、借助相关辅助设备的情况下，没有篝火，就无法烧水做饭，不能烘烤潮湿的衣物，夜里也不能露营，遗憾的是，至少超过半数的露营者并不了解如何燃起一堆篝火。本训练中将介绍一些常用方式以供实地采用及结合篝火开展相关夜间项目。

### 一、野外取火

野外活动中，检验一个人的野外生存能力，某种程度上取决于取火的能力。第二章已介绍几种野外取火的方法，这里，有一些小技巧可以帮助你感受到篝火的温暖。

1.清理出来一块环状的空地，要求下风处没有任何易燃物品，如干草、蜡纸、树皮、干苔藓等，或者用石头堆砌起一个环状的挡风墙，高度在 15～20 厘米即可，注意迎风的一面应该特别加固。

2.找一些不同材料、尺寸的易燃物来引火，再找一些干柴来保持篝火的燃烧，注意在燃起篝火之前应该准备好足够数量的干柴。

3.将所有的易燃物与干柴都堆在上风处，防止风吹过来的火星将木柴引燃。

4.将一些较细的木柴堆成印第安人的锥形帐篷形状或者船舱形状，下面留有一定可

图 3-55 篝火晚会

以放置引火物的空间。注意在堆放的时候不要堆得太挤，木棍之间要留有一定空隙，可以防止刚燃起时木棍倒塌将火压灭。

5. 永远记得携带防水的火柴或者将普通火柴放进防水袋里携带——不管你对你的打火机是多么有信心。

## 二、篝火方式

1. 框架式：将木柴交互成 90 度搭成“♯”字形框架，层层上叠，从底部点燃。

2. 放射式：将木柴或树枝以某点为圆心呈放射状排放，从中心点燃，可用于做饭。

3. 排列式：取 3～5 根较粗木材平行排列，两端用树枝或石块垫起，木柴下放置引火的干柴树枝，用于做饭与露营极佳。

4. 密林篝火：横放一根较粗的圆木，上面斜搭几根较细的干木头，一面烧一面挪动，适用于冬季无遮棚的露营。

5. 星形篝火：把 5～10 根圆木的一头，并拢如星形，从中心点燃，然后一面烧一面把圆木向里推。这种篝火热量很大，甚至几个人可围绕着它在雪地上睡觉。

6. 长条形篝火：用两段约为人体长的圆木顺风叠放，边上打入湿木锲，防止圆木滑落。两木之间加撑子，留出空隙，以利燃烧。这种篝火燃烧时间较长，几乎无需调整，适用于冬季露营时取暖。

7. 圣殿火：如果地面潮湿松软或积雪深厚，则需要搭建一个高出地面、悬在空中的平台，这就是所谓的圣殿。这种炉台由一个高出地面的平台构成。四根木桩竖直，叉点上横担着木棍，在上面放置一层圆木棍，再覆盖几层土或石头，才可在上面生火。成对角线的两根最长的直木上，横担一根木棍，用来悬挂锅等器皿。

图 3-56　圣殿火

8. 风中生火：如果风力强劲，可以挖一处壕沟生火。也可用岩石块将火堆围住，以使热量散失减慢，保存燃料。岩石上可放置器皿烧煮食物，另外，岩石散发的热量同样可以用来取暖。用岩石垒成炕亦可。

## 三、注意事项

火堆边不可放置潮湿或带孔隙的岩石或石头，尤其是曾经浸泡在水中的岩石更要小心——它们在受热时可能爆炸。还要避免使用板岩和较软的岩石——通过岩石间彼此猛烈撞击就可以检验出来。一切有裂隙、高度中空或表面易剥落的岩石都不可使用。如果它们含有水分，则膨胀速度更快，极易爆裂，迸溅出致命的碎片。

户外提示：尽管燃起篝火很诱人，但是篝火的根本目的是为了取暖。同时出于环保的角度考虑，如果不是非有必要，我们并不建议在露营的时候燃起篝火，毕竟，将环保理念贯穿于户外素质拓展过程之中，是作为一个有素质的大学生或背包客的基本守则之一。

阅读拓展→

### 篝火互动——兔子舞

狭义的兔子舞是指一种广场的集体舞蹈，在跳舞时播放《penguin's game》作为背景音乐，然后大家前后用手搭着彼此，步调一致地跳舞。在燃起篝火后，以跳兔子舞的形式互动是一个不错的选择。它重在游戏者的协调配合,要求全体学员听从统一口令,全神贯注地做出统一的动作,有助于培养学员的感情以及增进彼此的了解,同时让他们体会沟通与合作的妙处。

图 3-57 篝火晚会节目——兔子舞

**简介**

该歌曲原名:penguin's game 或《企鹅舞》。

国家:意大利。

歌手艺名:GELATO 洁拉特(直译冰激凌)。

这首歌曲是意大利传到台湾再传到大陆的,在意大利并不走红,但在亚洲却非常火爆。在百度视频搜索"企鹅舞",那个金发美女就是冰激凌。

**歌词**

Left Left Right Right
Go Turn Around
Go Go Go
Left Right
Left Left Right Right
Left Left Right Right
Go Go Go
Left Left Right Right
Go Turn Around
Go Go Go
Jumping Grooving Dancing Everybody
Rooling Moving Singing Night and Day
Let's Fun Fun Together

Let's Play The Penguing's Games
Smacking Beating Clapping All Together
Rocking Bumping Screaming All Night Long
Let's Go Everybody and Play Again This Song

图 3-58 共跳兔子舞 推动欢乐极限

**游戏规则及注意事项**

1. 此游戏适用于 15 人以上，人数如果过多，务必要调动起全场气氛。

2. 让所有学员组成一个小队，要求后面的学员用双手搭在前面学员的双肩上。

3. 拓展教练站在一边根据舞曲旋律为学员统一口令：左脚跳两下，右脚跳两下，双腿合并向前跳一下，向后跳一下，再连续向前跳两下。

4. 随着游戏的推进，教练可以将这个权力交给某个学员，让他指挥大家的步伐，逐步增加游戏的难度。因为教练站在旁观者的角度，有利于把握全局，下达的口令会照顾所有人。当这个权力转交给学员时，他只能凭感觉感受其他学员的需要，难免出现不协调的命令，这种更有难度的方法，会更有利于帮助学员体会协调与合作的重要性。

5. 除了下达口令的人员需要技巧外，参与的学员也需要投入很大的注意力，不仅要注意倾听下令者的指挥，还要注意前后同伴的动作，免得踩到别人的脚。这很重要，一个人的不专心很可能影响到他前后几个人的情绪，甚至扰乱他们的步伐。因此，作为拓展教练，发现这种情况时，要及时用幽默的语言提醒走神的人，以保持整个团队的拓展效果。

## ·【训练 4：环保意识】·

如果没有对脆弱环境的悉心保护，幽静美景将转化为拥挤和脏乱。户外素质拓展体现着人与自然的关系，作为环境的使用者，谨守户外环保规范，与他人共享户外生活的乐趣，尊重自然、保护环境、减少对环境的破坏是大学生义不容辞的责任和义务。

图 3-59 环保,你我一起努力

在我国,户外运动自 20 世纪 90 年代兴起并迅速发展壮大,但由于大部分人群缺乏必要的环保理念指导,加上相应的国家监督管理体制有待于完善,所以自然环境遭到冲击破坏的情况非常严重。

在亲近自然和保护自然的两难抉择中,美国土地管理单位、林业署联合学者、户外活动团体和户外用品厂商开始推行"无痕"的旅行观念。1982 年,美国林业局创造了一套名为"无痕山林(Leave No Trace)"的课程,简称 LNT,通过学习一系列户外活动的行动技巧及标准,将人类行为对自然的影响降到最低。2007 年,台湾林务局将无痕山林户外伦理中心的课程引入台湾。2011 年,这一理念被引进中国大陆。同年,自然之友培训出中国大陆第一批"无痕山林"初阶讲师。

"无痕山林"有七大基本准则,包括事前充分的计划与准备、在可承载的地表上旅行和露营、适当处理垃圾、保持环境原有的面貌、将营火的影响减到最低、尊重野生动植物、考虑其他使用者。除此之外,"无痕山林"还有两个最重要的原则:"尊重"和"够用就好"。

**基本准则一:事前充分的计划与准备**

1. 了解当地的生态环境状况以及相关的管制规定。
2. 对于气候、可能的危险以及紧急事故的应变要有充分的准备。
3. 避开热门时段,降低对当地环境的集中负荷。
4. 以小队伍的方式进行旅行,将大团体拆成人数少的小队伍。
5. 使用地图与指南针定位,减少路标、旗帜或岩壁图说的使用。
6. 重新包装食物以减少垃圾,确认你有正确处理垃圾的方法。

**基本准则二:在可承载的地表上旅行和露营**

可承载的地表包括既有设计好的步道、露营区、岩石地、砾石地、干草原或者雪地;

图 3-60 无痕山林活动 走过不留痕迹

1. 好的扎营地点是用“寻找”而来的，而非“创造”出来的。

2. 露营至少要远离湖岸或河岸 60 米远(约 70 步)的距离以保护当地的水生环境。

3. 使用现有步道，不要走捷径或任意地选择路径，纵使步道是泥泞或潮湿的，亦请待在指定的步道内行走。用较大型装水器具一次装多点水，以避免往返的次数。

4. 如果是横越荒野的旅程，请行走在坚固的表面(如岩石、沙面、小石子路、雪、松针路面或干草地)，这样可以防止对植栽的伤害及侵蚀。

5. 请露营在坚固的地面。避免脆弱容易被破坏的地表，因为它可能要花很久的时间才能恢复原貌。尽量集中扎营于指定区域，让已轻微受创的地方有愈合的机会。

6. 尽量缩小营地的规模，尽量在植被已经消失的地方进行活动。拔营时将营地恢复原状，以避免他人使用相同的区域扎营。

7. 尽量分散人为的使用与干扰，不要将地表的有机物如树叶等移除。

**基本准则三:适当的处理垃圾**

1. 将所有垃圾打包起来并带出野地。

2. 详细检查营地或休息点是否有遗留的垃圾或食物残渣。

3. 记得将所有垃圾、剩菜以及饮料带出野地。

4. 要记得将用过的卫生纸或其他卫生用品带出野地。

5. 要上厕所的时候，必须在距离水源、营地或者步道至少 60 米以上的地方，挖出一个 20 厘米深的洞来进行，事后并加以掩埋，并伪装、恢复成原来模样。

6. 如果要洗澡或者清洗餐具，必须提着水到距离水源 60 米以上的地方进行，并使用少量的可生物自然分解的肥皂。并在菜渣过滤之后，再将洗过的水倒掉。

7. 一般情况下，尿液不会对植被产生太大的影响，但其气味会骚扰或引来野生动物。所以最好的地点是岩石上、碎石地上，以减少气味。或可用容器先把尿液和水混合，然后再将其倒掉，这是一种很好的减少气味的方式，同时还要确定远离水源。

阅读拓展→

根据美国国家公园公告，自然分解所需要的时间：报纸 2～6 周；水果蔬菜 2～6 周；涂蜡牛奶纸罐 3 个月；棉线 3～14 个月；三夹板 1～3 年；香烟头 1～5 年；保温杯 50 年；铝罐 80～200 年；尿布 450 年；塑料饮料瓶 450 年；钓鱼线 600 年；玻璃瓶永远。

卫生纸的问题：

世界野生动物基金会：全球每天有 27 万棵树被冲进马桶。

充满化学物质，不易腐化；纤维越致密越不易分解腐化（面纸）；越香化学物质越多，也就越毒。

卫生纸的选用在野外要选用无味，不含任何添加剂的卫生纸。符合以上条件的卫生纸可以填埋在猫洞内，或放在塑料袋中带回。天然的卫生纸也不妨一试，如植物的叶子。要注意在沙漠中不可以填埋卫生纸，必须全部带回，以免由于气候过热而引发火灾。女用卫生巾不可填埋在野外，血液的气味可能会打扰到周边的野生动物。

**基本准则四：保持环境原有的面貌**

1. 保存过去的原貌，克制带回纪念品的冲动，留下石头、羽毛、古物、贝壳、树木化石等物件，保留你发现它们时的状态，请用拍照或绘画的形式带走它的美丽。

2. 不要仅仅是因为想悬挂一些物品而在有生命的树上钉钉子。不要锯掉有生命的树的任何部分。不要将帐篷上的绳子缠绕在有生命的树上。

3. 尽量不要在野外加工自然界的东西制造桌椅，简易房屋等。记住好的野营地是被发现的，不是被建造的。

4. 当您离开一片区域时，请确保这片区域与您达到之前的状态是一样的。如果您将地上的落叶、树枝、碎石清理以便于野营，请您离开时把它们再覆盖到原来的位置。

5. 野营热点区，如发现前人建造的一圈点营火的石环，可以留下它。拆除它可能使得今后的野营者不得不寻找新的石块再建造一个，这样会对自然资源产生更大的影响。

6. 绝不可带走任何古人留下的物品，在出发前应该确定此行不会进入人类学、考古学重点研究的区域。

7. 你可以带走所有被遗留的垃圾。

**基本准则五：将营火的影响减到最低**

1. 如果你决定要生火，首先要确定这是否合法，并确定没有引起森林大火的危险。

2. 尽量不要生营火，而以现代的炉具、衣物、帐篷来取代营火保暖与炊煮的功能。

3. 确定附近有足够的柴火，理想上对生态冲击最小的柴火是直径不超过手腕的枯枝，绝对不要去砍折直立树木的树枝。

4. 将火生在原有的起火点上，不要再烧出另一个窟窿，以确保冲击的集中与控制。

5. 在没有旧起火点的地方，使用营火盘或是沙堆来生火，避免创造出新的起火点。

6. 将木头完全烧成灰烬以减少对景观的影响，并将灰烬分散四处，恢复旧观。

7. 千万不可用石块制造营火框，熏黑的石头非常碍眼，而且它会一直维持很久。

**基本准则六:尊重野生动植物**

1.在适当的距离之外观察野生动物,不要跟踪或尝试接近它们。

2.绝对不要喂食野生动物。喂食将破坏它们的健康、改变它们的自然行为,并且使它们暴露在危险之中。

3.小心储存自己的粮食与垃圾,以保护自己与野生动物的安全。

4.随时控制好自己带来的宠物,或者干脆不要将宠物带至野外。

5.在某些特别的时候不要去接近野生动物,包括求偶期、筑巢、生育、照顾幼子,或者冬天的时候。

6.在离开水源处扎营,至少应距离水源60米远。因为动物也会到水源处饮水,应避免它们受到惊吓。水源附近地质较脆弱,如果在此扎营,长久恐将造成地质的侵蚀。

**基本准则七:尊重其他旅行者的权益**

1.很多人到户外是来欣赏自然的,所以,请尊重他人独处所需的宁静,如您携带了收音机、CD机等音像设备请使用耳机。在需要和队友交流时,尽量压低声音说话。带着谦逊的态度在自然中行走,当遇到其他的旅行者时要友善。

2.如希望旅游地有更大的活动空间,请避开旅游高峰期出行。集体旅行或骑家畜旅行时,切记不要占据整个山路,请靠一边前行。请小声和骑在马上的旅行者说话,以免惊吓到马。

3.选择野营地的时候,离其他扎营者适度的距离,避免对他人产生噪音及视觉污染。吓唬或戏弄其他的旅行者是绝对不允许的,这样有可能会造成旅行者受伤。野营地的娱乐活动要选择适合野外的,不可选择太过喧哗的活动。

4.衣服和其他野外野营设备的颜色不可太耀眼,如荧光黄或鲜艳的橙色会让其他旅行者或野生动物感到视觉上的不舒服,棕色和绿色是最佳的颜色。

5.上坡者拥有先行的权利。在山路上骑自行车时,请礼貌地提示前方的旅行者,以免旅行者突然向左或向右移动与自行车相撞。

6.在做出行前的准备时,请确定旅行地是否允许携带宠物。如带宠物一起旅行,请让它们始终与您随行并确保它们不会吓到其他的旅行者。如您带着小狗一起旅行,请用链子牵着它,并带走它在山路上的固体排泄物。

7.当你在荒野做任何决定时,不仅应思考你的行为对环境的影响,同时亦应考量你的行为对他人的影响。

请记住,自然的美丽不仅仅是用来让您欣赏的,也不仅仅是为了您这一代人的,它是我们可以留给子子孙孙的宝藏。

## 思考

1.你是否主动申请过露营守夜的职责?如果有,是因为新鲜,还是因为你的责任奉献品质?

2.登山活动中,你是喜欢登上山顶"一览众山小"的感觉还是喜欢在登山过程中饱览美景?

3.篝火晚会上,你会主动展示你的才艺么?在幽静美丽的夜晚,你会和大家一同分享你的情感经历吗?

4.露营的第二天清晨,你是否会和小伙伴在学弟学妹还在睡觉的时候一起清理场地?你是否觉得此刻的你更多了份担当?

## 第七节　突破挑战

逃生墙、生命之旅、极速60秒、挑战150秒,正是这一次次的挑战极限,才使突破挑战成为可能。人只要找准了目标,通过自己不懈的努力去奋斗,那么总会突破挑战,超越一切。

### ·【训练1:逃生墙】·

**活动介绍**

二战时期,在波涛汹涌的大海上,一只商船被德国军队的炮弹击中,船在半小时后将会沉没,39名船员的生命受到威胁。这时有一艘过往船只赶过来营救,可是船上没有任何营救设施,船员们只有靠自身的力量翻越4米多高的船身,获得解救。

**活动设计**

概述:现在,假设你们的团队遇到这种情况,要求在规定的时间内,所有的队员爬过面前4米高的逃生墙。墙的正面为唯一通道,没爬过墙的人不可以先到上面帮忙,爬过墙的人不可以到下面帮忙,否则要重新爬上去。

时间:40分钟(视实际人数调整)。

**活动目的**

这是一个团队合作项目,要求全体队员具有团结一致、密切合作、克服困难的团队精神,体会团结就是力量的意义。

项目道具:逃生墙,防护软垫。

**注意事项**

1.攀爬动作要领:只能踩大腿和肩窝,严禁踩头,严禁助跑。

2.所有队员参与项目前都要将身上的尖锐物品(如眼镜、发卡、手表、钥匙、戒指等)放在一边,做完项目后再拿回去,穿的硬底鞋与胶钉鞋必须脱掉。

3.拉人方法:腕腕相扣,严禁拉拽衣服、皮带等,轻拿轻放。

4.抱石保护法:所有队员单腿向前迈出半步,前面的腿微弓,后面的腿略绷,双手掌心朝前,手肘略弯,呈满月状目视攀登队友的背部,以便发生倒坠时能及时做好保护。保护队员离墙较近的,可轻轻将队友贴在墙壁上慢慢滑下。保护队友离墙较远的,可双掌后挫卸力或侧边转卸力将队友轻轻放在脚下的垫子上。

**图 3-61　逃生墙(毕业墙)**

5. 人梯动作要领：面对着墙(不可太近或太远)半蹲，手扶在墙面上。

6. 严禁同时搭两组人梯，两人同时上。

7. 女生不能倒挂。

8. 近视眼达 500 度以上的人禁止倒挂。

9. 教练口令不容置疑，令行禁止。

## 思考

1.看到逃生墙有什么想法？做完后怎么想？完成项目涉及哪些要素？这些要素在团队中的作用是什么？

2.把不可能的事情变成可能，为什么能做到？

3.谁第一个上去？谁最后一个上去？为什么这样安排？

4.谁做最下面的底座？人员如何安排？对于某些环节的困难，采取了哪些办法进行解决？是否取得了良好的效果？

5.在尝试多少次之后大家开始感到失望，出现放弃的念头？什么原因使得大家重新恢复信心？有没有想过放弃最后一个人？比如体形过于庞大的学员。

6.对于团队中付出特别多的学员，你们是怎么想的？比如一直处于人梯最底层的学员。

**学以致用**

团队工作方法：PDCA 工作方法。

团结协作、合理分工、互相鼓励、坚持到底的团队精神很关键；团结协作的要素：领导、任务目标分析、内部资源和外部资源利用、分工和流程、时间管理。

甘于牺牲的奉献精神。

学会感恩；感谢伸出双手保护我们的队友，是他们为我们的生命安全提供保障，为我们的翻越增加信心和勇气。

高效团队的基本特征：共同的目标、良好的沟通与协调、全员参与、注重团队的学习。

## ·【训练 2：生命之旅】·

**活动介绍**

这是拓展训练的经典活动，是基于以下情景进行模拟的，即很多队员被困在一个不知名的地方，需要穿过一片原始森林才能获救。但队员当中有一部分人员由于受伤暂时失明，有一部分人则暂时失语。他们需要相互帮助才能走出这片森林。为了不遇到野兽，在整个过程中不能发出任何的声音，否则会惊动野兽，大家都会失去生命。

分组：2 人为 1 小组。

**活动目的**

这是一个团队合作项目，主要训练学员用一段难忘的生命之旅来感悟、体验人生精彩，分享团队合作、真情、友情，学会感恩，并体验挑战自我。

项目道具：眼罩。

图 3-62 生命之旅(通过障碍物)

图 3-63 生命之旅(盲人和哑人行进)

## 操作步骤

1. 分组:将所有队员按 2 人一组分组。

2. 带眼罩:每组选出一名队员带上眼罩。

3. 任务、规则:向队员们介绍项目目标和规则,详细说明注意点。

4. 宣布开始：当所有队员明白项目规则后，教练宣布项目开始。

**注意事项**

在整个活动过程中，所有成员都不能说话，在行进时依靠肢体动作进行交流。在行进过程中，盲人和哑人的手需要紧紧拉在一起，不得松开；盲人不得摘下眼罩，结束后，当听到教练发出“好，结束”的口令后，所有队员把手伸入眼罩内，轻轻捂住双眼，慢慢揉搓眼皮后再睁开眼睛，等适应光线后再摘下眼罩。

---

### 思考

1. 大家牵你走过了重重关卡好比在人生的道路上，有许多双这样的手帮助我们走过艰难的路，在以后还会有无数双手伴我们度过漫漫人生路的。你有没有感激过他们，你是如何表达你的感谢之情的？

2. 沟通是合作的开始，沟通带来理解，理解带来合作；同时，沟通也是一个明确目标、相互激励、协调一致、增强团队凝聚力的过程。大家是如何在不能说话的情况下进行沟通的？过程中如何给对方安全感？

3. 在整个过程中，最重要的感受是什么？

**学以致用**

所谓赠人玫瑰，手留余香。帮助别人不会使自己损失什么，反而能让自己收获友情、关爱和愉悦的心情。

整个活动提示我们信任伙伴、理解盲人和他人。做到这一点需要能力，更需要内心的感恩。

学会感恩。感谢帮助自己的人、感谢困境让我们成长。

---

## ·【训练 3：极速 60 秒】·

**活动介绍**

美国电影《惊天动地 60 秒》讲述了一个窃车高手孟菲斯的故事。多年以来孟菲斯从未失过手，法律也没办法制裁他。不过他决心金盆洗手，停止这项“工作”，过正常人的生活。然而不久他的弟弟卷入一桩危险交易，为了救弟弟，孟菲斯不得不在对方的指示下 3 天内偷到 50 辆豪车，于是他召集从前的兄弟计划帮助他。而此时，警察得知昔日大盗有所心动，又在暗中跟上了他。《惊天动地 60 秒》在播出后被广大拓展训练公司应用到拓展训练过程中，该项目也称为“极速 60 秒”或“生死急速”。

**活动设计**

概述：这是一个团队合作项目，教练事先在这个区域内（封闭的环境）放好 30 张未知的数字信息号码牌，每一张号码牌的数字分别用一个形象的物体代表，要求队员在规定的时间内，在尽量短的时间内把散落在绳子区域内的代表数字 1～30 的卡片按顺序拿出来。

时间：分活动布置、进行和总结，大概 40～90 分钟。

目的：这个项目可以培养队员的团队意识。

项目道具：绳圈、一套(30 张)极速 60 秒卡片，反正面彩打、一根 12 米左右的绳子(划定区域用)、计时表、每个队一个立式白板(或大白纸)，几支笔选用。

图 3-64 极速 60 秒

**操作步骤**

1. 教室内有一个固定不动绳圈，绳圈内有 1～30 的数字信息卡片，且卡片正面朝上。
2. 每个队有两次进场的机会，每次进场时间为 60 秒。
3. 绳圈内只能有一位学员并且只有这位学员才可以碰绳圈内的卡片。
4. 一旦出现违规(卡片顺序错误，多人进区)，本轮即失败，60 秒结束后回到讨论区，准备下一轮。

5.在60秒内将圈内的所有数字信息卡片按照从小到大的顺序准确无误地交给绳圈旁的教练。

**注意事项**

1.讨论区和比赛区要有一定距离或隔开。

2.如多队在一起比赛,各队伍之间也需有距离。

3.对两种违规严格控制。

4.60秒时间一到,督促比赛区的队伍回到讨论区。

5.每一轮酌情给3～5分钟讨论时间。

6.大多数团队需要5～7轮完成。

---

## ·【训练4:挑战150秒】·

**活动介绍**

这是一个带有“魔鬼训练”特征的挑战游戏,大家在一系列组合活动面前,尽显本色逐个完成,并通过努力在150秒内完成,并尽可能达到最好成绩。

在150秒内完成一系列看似不可能的任务,对于团队和个人来说都是不小的挑战,然而通过努力我们将会看到“一切皆有可能”。对于团队来说,提升的空间和我们见证的成长是团队学习的价值所在。

**活动设计**

概述:这是一个以团队为中心的组合竞技项目,项目基本包括:不倒森林、能量传递、集体跳大绳、鼓动人心、我们是最棒的等。

时间:100分钟,10分钟布课,60分钟操作,10分钟分享,20分钟总结提升。

分组:各组每次操作项目的人数不大于12人,每人至少参加一项,每次操作项目队员由各队自行选出。

各分组项目需求道具如下:

1.不倒森林:10根1.2米长的PVC线管或竹竿。

2.能量传递:10节直径125毫米的PVC管材,一个乒乓球或高尔夫球,一个纸杯。

3.集体跳大绳:一根长10米、直径1厘米左右的绳子。

4.鼓动人心:一只均匀等分12至16根拉绳的鼓(或有机玻璃板替代,要求板厚5毫米,直径45厘米即可,四周均匀钻孔,孔直径10毫米,距离板边2厘米),一个排球。

**操作步骤**

(一)不倒森林

1.操作项目队员站成一个圆圈,保持每位队员之间50厘米的间距。

2.队员需要将手表等物品取下,以确保安全。

3.队员每人右手拿一根PVC线管或竹竿,将PVC线管或竹竿立在地面上,将掌心按住 PVC 线管或竹竿最上面的一端。

4. 队员成跨立姿势站好，右手按住 PVC 线管或竹竿的上端，左手靠在后背，面向圆心。

5. 安排一点时间给队员做练习。练习完毕之后，所有人围成圆圈，等待项目操作。

6. 由其中一名队员统一指令："1、2、3、跳"，所有人向统一的方向跳动一次（脚步移动一步到位，不触地），松开自己手底下的 PVC 线管或竹竿，并迅速按住左边或者右边的队员的 PVC 线管或竹竿，可以根据人数要求学员完成 N 次跳动，多数是与学员人数相同。

7. 也可以将一组人临时分成两组操作该项目，一组操作项目，另外一组在其队员后面或身边站立。当一组在移动的时候，迅速向一边跳动并将手离开 PVC 线管或竹竿的上端，而由第二组的队员在同一时间跳上前去按住 PVC 线管或竹竿，并整体向一个方向移动。以此反复，可以根据人数要求学员完成 N 次跳动，多数是与每组学员人数相同。

8. 操作过程中，队员不允许抓 PVC 线管或竹竿，同样 PVC 线管或竹竿不能倒地，抓杆或杆倒地之后重新开始项目。

9. 当各队人数不同时，一般限制参加人数，力求各队参加该项目人数相同。

10. 按照规定的动作要领每组跳动 N 次之后，由教练鸣哨示意该项目结束，操作下一个项目。

图 3-65　不倒森林

备注：单独操作该项目时可以要求各组操作几次，分别是可以发声指挥和在无声环境下操作的，以促进团队之间的默契和协作力。我们称呼这个单独项目为：黄金钥匙。

（二）能量传递（珠行万里）

1. 在地面上将锯开的 PVC 管材堆放好，由教练规定起点和终点，并在起点放置一个乒乓球或网球，在地面按排列的管材长度的两倍位置设置为终点，并放置一个纸杯，以便回收乒乓球或网球。

2. 所有队员将地面的管材拿在手中，依次从起点将球向终点方向滚动，操作一次之后快速在队尾接上管材，继续操作，最终使球顺利地落入杯中。

3. 传递过程中球不能落地，也不能将球向回滚动或用手指使球停顿，否则项目从头开始。

4. 以最快的速度将球滚动到设置好的杯子中去，方可算该项目结束。

图 3-66　能量传递（珠行万里）

（三）集体跳大绳

每组队员全部参加，选出两个队员舞绳，其他队员集体跳绳，并按照要求连续跳起 8 个（教练规定），出现任何失误的，该项目重新开始。

（四）鼓动人心

1. 准备一个大鼓，将鼓的周围均匀的分成 12～16 等分，并接好绳子，每根绳子长度不少于 1.5 米，做成 12～16 个拉手，队员只能抓绳头。

图 3-67 经典项目:集体跳绳

2. 留出一名队员,其他队员每人抓住一根绳子的绳头,将鼓拉平,由留出的那名队员将排球放在大鼓的鼓面上,其他队员通过手中的绳子,用大鼓将球连续颠起来 7 次(教练规定),球颠起的高度不得低于 30 厘米。

3. 没有达到规定的次数,而球落地的或球颠在绳子上的,都要重新开始该项目,直到能够将球颠起规定次数,方可算该单个项目通过。

(五)“我们是最棒的”

1. 所有队员迅速围成一个圆圈,面向圆心站立。

2. 要求所有队员用最激情的呐喊声和掌声来参加这个集体挑战。

3. 顺序:

**图 3-68 经典项目:击鼓颠球(鼓动人心)**

(1)所有队员用手依次左边和右边击掌,嘴里高声喊出"1",并弯腰向下鼓掌,嘴里高声喊出"我"。

(2)所有队员用手依次左边和右边击掌,嘴里高声喊出"1、2",并弯腰向下鼓掌,嘴里高声喊出"我们"。

(3)所有队员用手依次左边和右边击掌,嘴里高声喊出"1、2、3",并弯腰向下鼓掌,嘴里高声喊出“我们是”。

(4)所有队员用手依次左边和右边击掌，嘴里高声喊出“1、2、3、4”，并弯腰向下鼓掌，嘴里高声喊出“我们是最”。

(5)所有队员用手依次左边和右边击掌，嘴里高声喊出“1、2、3、4、5”，并弯腰向下鼓掌，嘴里高声喊出“我们是最棒”。

(6)所有队员用手依次左边和右边击掌，嘴里高声喊出“1、2、3、4、5、6”，并弯腰向下鼓掌，嘴里高声喊出“我们是最棒的”。每次击掌次数和喊出的数字要一致。最后全部欢呼。

图 3-69 “我们是最棒的”

## 思考

1. 经过前期的拓展磨合，在终极考验开始前，你的团队是否已经能上下一心共迎挑战？是否已经有了团队的核心？每个组员是否都希望完成艰巨的挑战？

2. 项目进行中，是否还会出现彼此抱怨的情形？如果出现，是否已经可以很快地互相承担并快速重新开始，以团队目标为重？

3. 当做完“我们是最棒的”，你是否会发自内心地感到快乐并感觉身边的人是可以信任的？如果是，你确实是最棒的！你们确实是最棒的！

# 第八节 感恩感悟

感恩不仅是一种生活态度，也是一种美德。感恩是我们每个人应该有的基本道德准则，是做人的起码修养，也是人之常情。它更是一种责任意识、自立意识、自尊意识和健全人格的体现。

感谢父母，他们给予你生命，抚养你成人；感谢老师，他们教给你知识，引领你做“大写的人”；感谢朋友，他们让你感受到世界的温暖；感谢对手，他们令你不断进取、努力；感谢太阳，它让你获得温暖；感谢江河，它让你拥有清水；感谢大地，它让你有生存空间。

首章已提，拓展的效果重在巩固并运用实际，拓展结束之后写下感悟更是对拓展训练精华的提炼。感恩感悟，你会变得更好更完美。

## ·【训练 1：感恩父母】·

孝，其为人之本也，俗话说百善孝为先，只有懂得感恩父母的人，才能算是一个完整的人。用一颗感恩的心去对待父母，用一颗真诚的心去与父母交流，不要再认为父母是理所当然帮我们做任何事情的，他们把我们带到这美丽的世界，已经是足够的伟大了，且将我们养育成人，不求回报，默默地为我们付出，我们就别再一味地索求他们的付出了，感恩吧，感谢父母们给予的一点一滴。

图 3-70　感恩父母　感恩他们的辛苦付出

→→→→→

## 【案例分析】

这是一个真实的故事。故事发生在西部的青海省，一个极度缺水的沙漠地区。这里，每人每天的用水量严格地限定为三斤，这还得靠驻军从很远的地方运来。日常的饮用、洗漱、洗菜、洗衣，包括喂牲口，全都依赖这三斤珍贵的水。

人缺水不行，牲畜也一样，渴啊！终于有一天，一头一直被人们认为憨厚、忠实的老牛渴极了，挣脱了缰绳，强行闯入沙漠里唯一的也是运水车必经的公路。终于，运水的军车来了，老牛以不可思议的识别力，迅速地冲上公路，军车一个紧急刹车戛然而止。老牛沉默地立在车前，任凭驾驶员呵斥驱赶，不肯挪动半步。五分钟过去了，双方依然僵持着。运水的战士以前也碰过牲口拦路索水的情形，但它们都不像这头牛这般倔。人和牛就这样耗著，最后造成了堵车，后面的司机开始骂骂咧咧，性急的甚至试图点火驱赶，可老牛不为所动。

后来，牛的主人寻来了，恼羞成怒的主人扬起长鞭狠狠地抽打在瘦骨嶙峋的牛背上，牛被打得皮开肉绽、哀哀叫唤，但还是不肯让开。鲜血沁了出来，染红了鞭子，老牛的凄厉哞叫，和着沙漠中阴冷的酷风，显得分外的悲壮。一旁的运水战士哭了，骂骂咧咧的司机也哭了，最后，运水的战士说："就让我违反一次规定吧，我愿意接受一次处分。"他从水车上取出半盆水——正好3斤左右，放在牛面前。出人意料的是，老牛没有喝以死抗争得来的水，而是对着夕阳，仰天长哞，似乎在呼唤什麼。不远的沙漠背后跑来一头小牛，受伤的老牛慈爱地看着小牛贪婪地喝完水，伸出舌头舔舔小牛的眼睛，小牛也舔舔老牛的眼睛，静默中，人们看到了母子眼中的泪水。没等主人吆喝，在一片寂静无语中，它们掉转头，慢慢往回走。

（资料来源：http://www.jj59.com）

图3-71　这是牛的故事，那人呢……

这是心中充满母爱的母亲对孩子最真诚的呵护。在孩子有困难时，挺身而出的是母亲；在孩子有危险时，牺牲自己挽救孩子的还是母亲……人如此，动物亦如此。大自然亲情相通的生灵，彼此本能地相互理解和爱护，和谐相处中，共享天伦之乐。

←←←←←

## 一、何为孝道

孝道是中国传统社会十分重要的道德规范，也是中华民族尊奉的传统美德。孝道一般指社会要求子女对父母应尽的义务，包括尊敬、关爱、赡养老人，为父母长辈养老送终，等等。

在中国传统道德规范中，孝道具有特殊的地位和作用，已经成为中国传统文化的优良传统。中国传统文化是以孝敬父母为核心的孝道文化。

孝与感恩是中华民族的最基本的传统美德，是中国人传统美德形成的基础，也是政治道德、社会公德、职业道德、家庭美德、个人品德建设的基本元素，也是当今物质文明、精神文明建设不可忽视的精神支柱和精神力量。所以，给予我国孝道文化以科学和现代的诠释，对当下公民教育大有裨益。

## 二、感恩父母

如今这个时代，越提倡什么，就证明越缺乏什么。当孝心这个原本应该是每个人基本道德的东西被提出时，我们必须反思这个社会怎么了。

最年轻博士、神童张炘炀不想北漂，逼迫父母给他在北京全款买房；留学生因学费问题在机场刺伤母亲；受过高等教育的北京大学研究生，深圳市公务员廖某因“家庭矛盾”殴打年近六旬的老父老母……

从十月怀胎到养大成人，无不渗透父母的心血和汗水，这其间有“生三年，然后免于父母之怀”的百般呵护和疼爱，有“临行密密缝，意恐迟迟归”的千遍叮咛和牵挂，有“不为己身苦，常怀儿女忧”的万种柔情和眷顾，这深入骨髓、融入血脉的情和爱比海还深、比天更高。饮水要思源，知恩当图报。作为沐浴父母无限关爱的儿女该怎样回报呢？唯有孝，才能无愧于双亲。

父母对子女的爱像路一样长，子女对父母的爱像筷子一样长。反思一下，在今天，我们该怎样尽孝。子游问孔子什么是孝，孔子说：“子女侍奉父母，固然要饮食奉养，而内心一定要有真诚尊敬的态度，在行为上符合礼节，才能叫孝。”如今世俗的孝顺，只能说是供养父母的饮食罢了，殊不知犬马之类的牲畜，都是以饮食来养活的。如果内心不尊敬爱戴，只以饮食供养，那与饲养牲畜有什么区别呢？世俗的孝又怎么能叫做孝呢？

有一天，孔子的学生子夏问孔子什么是孝，孔子回答得很简单，只说了两个字——“色难”。就是说给父母一个好脸色是最基本的孝道，也是最难做到的。

有人说，自己让父母衣食无忧，还安排他们出国旅游，到最好的医院体检，还算孝顺吧？孝敬父母，必须对父母和颜悦色，让父母感到愉悦。就像《礼记·祭义》上说的：“孝子之有深爱者必有和气，有和气者必有愉色，有愉色者必有婉容”。

子女侍奉父母，只有和颜悦色的面色最难能可贵。人的脸色，是由心决定的。子女对于父母，必然有深切笃定的孝心，由此才会有愉悦和婉的面容。凡事都可以勉强，唯有面色不大容易伪装，因此说最难，能做到这一点的就可以说是真孝顺了。至于说父兄有事，做子弟的帮忙代劳，子弟有酒饭，请父兄共享，固然是应当提倡的，但并不困难，不可以此来判断孝顺与否。给父母一个好脸色都做不到，许多人年轻时对父母说得最多的话就是："你们一点都不了解我！"其实换位思考一下，他们什么时候又真正想着去理解父母了呢？有的人事业不顺利，很烦躁，在家里也总是发脾气，偶尔还对父母吼上两句，更有甚者，使用暴力对待双亲……所谓"孝行"又有多少是发自内心的呢？

身体发肤，受之父母，不敢毁伤，孝之始也。每日考虑养亲悦亲，还算不得尽孝，还要有爱惜精神，不敢随便毁伤。不要犯法，还应该种德报亲，做出保身修身的孝。你要是行为不好，人们会认为你父母不好。这不是给父母丢脸吗？如果一言一行，总是考虑着是否给父母丢脸，是否对得起父母，方才是孝顺。子不教，父之过。孩子有什么过错，人们一般不会太多责难，反而会质疑家长的教育方法和手段，认为是欠缺管教才导致孩子犯错。从小到大，被老师批评教育，被街坊邻居背后责骂，甚至是犯法受到惩罚，父母为我们操了多少心，又丢了多少脸……

有人说我父母对我不好，我很难孝顺。父母对自己好，孝顺不难。对自己不好，孝顺才是真的呢。再说还有比大舜更难的吗？大舜的父母和兄弟在他上房修理屋顶时放火烧他，在他下井淘井时拿石头盖他。可是他无怨无悔，只是责备自己不能感动父母而已。

孝敬父母，是中华民族的传统美德，为建立美满和谐的社会人伦关系发挥了积极作用，成为民族思想道德文化的重要组成部分。

---

### ·【训练 2：感恩生命】·

生命是给予，感恩是回赠。上天赋予我们生命，让我们体验人生百态，品味酸甜苦辣，我们回以一颗感恩的心，感谢这一切让我们成长，感恩生命。人的一生漫长而又短暂。喋喋不休的抱怨让我们身心疲惫，度日如年。仇恨、妒忌只会蒙住我们的双眼，让我们看不清楚前方的路，化作藤蔓缠住我们的脚步，化作荆棘刺入我们的心灵，使我们千疮百孔，满目疮痍，痛苦地度过一生。学会感恩将在我们的心田开发出一片净土，只要我们悉心浇灌，这里将会长成美丽的花田，尽管前行的路上充满着泥泞和荆棘，我们定会伴着迷人的芬芳，披荆斩棘，勇往直前，携手共度美好的一生。

生命是春去秋来的循环，感恩是绽放在每个季节的缤纷。我们无法拒绝春的潮湿、夏的酷暑、秋的萧瑟、冬的冰冷，但我们却可以拥有灼灼其华的春之桃、映日别样红的夏之莲、瘦比西风的秋之菊、傲雪独立的冬之梅。怀着一颗感恩的心，感谢春的滋润，让万物复苏，带来鸟语花香；感谢夏的热情，带来接天莲叶无穷碧的繁茂，映日荷花别样红的火热；感谢秋的悲凉，舞出落叶纷飞的凄美，带来丰收的喜悦；感谢冬的寒冷，更显出梅傲雪独立、凌寒自开的气节。学会感恩,学会适应,绘出生命中最绚丽的色彩。

## 一、诠释生命

生命,常常被人们看作无价之宝,只要活着,便有了希望,只要活着,未来就有无数种可能。王家岭矿难、5·12汶川地震、舟曲泥石流中,无数受灾人民都在苦苦支撑、延续自己的生命,于是,在黄金救援时间72小时后,我们惊喜地看到了一个又一个生命奇迹。生命如花,花开花落只有一次。我们可以抵挡风雨,谱写生命的壮歌,却不能花落遍地,留下无法弥补的遗憾。因此,不管是在深林,在戈壁,还是在草原,在花丛,不管是绚丽还是平凡,都应让我们的生命之花尽情地开放。

冰心曾说过:"假如生命是可怕的,那么我害怕来世;假如生命是可爱的,那么今生我已经足够了。生命只有一次,所以我们要学会感恩,请在你人生的旅途中沿途撒下鲜花的种子吧!因为这条路你不会有机会走第二次,何不留下一路的芬芳?"

## 二、放弃生命,值得探究

社会,与生命相关的教育常常和死亡教育联系在一起,使得生命这个话题变得沉重。特别是多数国家文化都恐惧死亡,也都忌讳这个话题。毕淑敏说:"死亡是成长的最后阶段。我们一生都需要成长,直到死亡。"可见死亡是每个人的必经阶段。尽管泰戈尔说:"让生如夏花之绚烂,让死如秋叶之静美。"我们对死亡仍然心存敬畏,死亡对人们的创伤是无法形容的,但是在面对死亡的问题上,人们更关注放弃生命的问题。

自杀、杀人、伤人、校园暴力成为目前高校的敏感话题。生命意识的缺失像一种病毒在逐渐地扩散并影响到人们的思维。漠视生命、否定生命、暴虐生命、游戏生命、丧失生命成就感在校园里常常产生爆炸式的影响。

心理学家发现,放弃生命的人往往放弃的不是生命本身,而是生命所承载的痛苦。如果人们拥有或获得缓解痛苦的方法,就无须放弃生命。一位年老的工程师患了忧郁症,两年前他最挚爱的妻子死了,此后他一直无法克服丧妻的沮丧。心理咨询师问他:"如果是您离世,而尊夫人继续活着,那会是怎么样的情境?"他说:"喔,对她来说这是可怕的!她会遭到更大的痛苦阿!"于是心理咨询师回答他说:"现在她免除了这痛苦,那是因为是你才使她免除的。所以您必须付出代价,以继续活下去及哀悼来偿还您心爱的人免除痛苦的代价。"他不发一言地紧紧握住心理咨询师的手,然后平静地离开了。

## 三、大学生自杀

### (一)与大学生自杀有关的数据

据不完全统计,截止2011年6月全国高校大学生自杀44起;2010年52起;2009年上海高校发生自杀事件13起;广东省教育厅统计数据显示,2003—2008年,广东省高校发生学生自杀事件101起。2008年上海共发生大学生自杀事件23起，造成19人死亡。2005年，在全国23个省份近100所高校内，发生大学生自杀事件116起，其中83人死亡。自杀事件大部分发生在2～4月和9～10月这两个换季时期。2001—2005年，各地共报道281起大学生自杀事件，其中209人死亡，72人存活，自杀死亡率74.4%。这些数据令人震惊，人们不禁要问，是什么使他们一定要用生命作为代价。

### (二)自杀的原因

学业困扰、父母离异、精神抑郁等都是引发大学生自杀的关键因素。自我控制能力弱、惧怕否定、内向、人际关系薄弱等，都容易诱发大学生心理问题，而出现自杀的危险。每个自杀的人都有自己的理由。但许多自杀未遂的人日后回忆，在自杀实施的过程中感受到恐惧与后悔，并庆幸自己的生命能够延续。

### (三)自杀的先兆

自杀并非突发。一般而言，自杀者在自杀前处于想死同时渴望被救助的矛盾心态，从其行为与态度变化中可以看出蛛丝马迹。大约三分之二的人都有可能被观察到征兆。

1.常见的基本线索

(1)突然的、明显的行为改变，忧郁症状毫无理由的消失。

(2)立遗嘱，交代后事，写告别信给亲朋好友。

(3)清理自己所有的东西，将自己的心爱之物分赠他人。

(4)收集与自杀有关的资料并与人探讨。

(5)最近周围有人自杀，尤其是朋友或家人死亡或自杀，或有其他损失如父母离婚。

(6)流露出绝望、无助以及对自己或这个世界的气愤。

(7)将死亡或抑郁作为谈话、写作、阅读内容或艺术作品的主题。

(8)社会隔离，如少与家人、邻居、亲戚朋友往来。

(9)有过自伤行为。

(10)突然的性格改变、反常的攻击性或闷闷不乐，或者新近从事高危险的活动。

(11)学习成绩突然显著好转或恶化，慢性逃避或拖拖拉拉，或者出走。

(12)突然增加酒精的滥用或药物的滥用。

2.自杀的言语、身体、行为先兆

日本的长冈利贞认为，自杀前会有种种信号，可以从言语、身体、行为三方面来观察。根据以下种种征兆，可以为自杀预提供线索和可能。

(1)语言。有自杀意念的人会间接地、委婉地说出来，或者谨慎地暗示周围的人。如“想逃学”、“想出走”、“活着没有意思”、“我想消失了”。

(2)身体。有自杀意念的人会有一些身体症状反应，比如感到疲劳、身体减轻、食欲不好、头晕等。这往往是抑郁情绪所致，不能简单地认为是身体有病，应引起注意。

(3)行为。当自杀意念增强时，在日常生活中会表现出不同平常的行为，如无故缺课，频繁洗澡，看有关死的书籍，甚至出走，自伤手腕等。

## 四、感恩生命

维尔特对2.5万名大学生进行调查研究后发现，大学生缺乏对生命的理解的主要原因之一是缺乏感恩之心。感恩可以让人们体会到生命的意义，以下介绍几种方法，可以用心体会，学习感恩。

### (一)生命之初的祈祷

请朗读并用心体会海灵格《家庭系统排列》中《生命之初的祈祷》的内容。

《生命之初的祈祷》

亲爱的妈妈，我接受你给我的一切，所有的一切，还有全部后果。
我接受你为之付出的代价，和我为之付出的代价。
我将做一些有益的事情，来纪念你、感谢你和尊敬你。
你的付出肯定不会白费，我会牢牢地抓住它，把它放在我心中。
就好像你做我的母亲，你也可以把我当做你的孩子(儿子，女儿)。
只有你才是我的母亲，我是你的孩子。
你很伟大，我很渺小。你付出，我接受。
亲爱的母亲，很高兴你接受父亲做你的丈夫，你们两个是我真正的父母。
亲爱的爸爸，我接受你给我的一切，所有的一切，还有全部后果。
我接受你为之付出的代价，和我为之付出的代价。
我将做一些有益的事情，来纪念你、感谢你和尊敬你。
你的付出肯定不会白费，我会牢牢地抓住它，把它放在我心中。
就好像你做的一样，我会尽力把它传下去。
我接受你做我的父亲，你也可以把我当做你的孩子(儿子，女儿)。
只有你才是我的父亲，我是你的孩子。
你很伟大，我很渺小。你付出，我接受。
亲爱的父亲，很高兴你接受母亲做你的妻子，你们两个是我真正的父母。

### (二)列一份年终感恩清单

不需要说大道理，直接感谢某人或某事。下面是一位讲师的年终感谢清单，作为借鉴。

1. 为儿子的健康和良好表现而感谢！
2. 为一年的身体健康而表示感谢和感恩！
3. 为丈夫的无条件关爱而感谢！
4. 为母亲的健康和常年为3个子女而念佛祈祷表示感谢和感恩！
5. 为与同事一年的愉快相处而感谢！
6. 为常常收到朋友的祝福而感谢！

**(三)拜访养老院或去医院看望一位危重病人**

将自己的真实感受记录下来。如果有特殊感受需要表达,请不要压抑自己,立即去做。

**(四)情景体验**

一位先生乘飞机从天津到海南开会,在飞行途中,飞机出现故障,机组人员在全力维修飞机,但不知道飞机的飞行状况能否正常,为减少遗憾,乘务长通知大家准备写遗书,把自己最想说的话写下来。机上立刻一片混乱。你认为这位先生会写什么?如果飞机能够平安着陆,这位先生未来的生活将会受到什么影响?

## 五、装饰生命

生命原本自然、率真,人类的生命因为社会性的参与而赋有一定的意义,无论愿意与否,对生命意义的探寻是人类生活的一种基本动力。奥地利著名心理学家阿德勒认为:“生命的意义就在于对同类感兴趣,作为团体的一分子,为人类幸福贡献自己的一份力量”。

英国学者罗素说:“生命应该像花朵那么温柔可爱,像蜜蜂那么稳定而清晰,像苍天那么高深莫测,对生命是可以这样的。”生命可以丰富多彩,只要自己愿意装饰,一定可以精彩。

**(一)有品位**

学习品位,保持一种积极、乐观的心态,尽量去发现周围的人、事的美好的一面。只有这样,人生才能拥有阳光、美好的回忆和无穷的生活乐趣。

**(二)有朋友**

人是一种人际关系“动物”,必须生活在人际关系层面,人与人相处过程中,不要对别人期待太多,也不要让别人对你期待太多。区分亲密关系、朋友关系、一般关系三个社交等级,心理容易平衡。学习分享、并存、融合与借鉴,不要把自己的意志或想法强加给别人,也不要随便地被人说服,做到有主见但不固执。在许多情形下,声明自己不能、不会、不懂会使自己少许多麻烦事、冤枉事,也少得罪人。

**(三)有个性**

保持自我,在茫茫人海中自由生活,既是对生命的尊重,也是自我价值的体现。我们需要尊重自我的感受,认同自己的生活,学会休闲和娱乐。能够及时管理自己的时间,为自己做决策,能适度地自我控制。保持本真是一个人保持健康的基本素质。

**(四)有意义**

研究人员对“快乐、参与和意义的追求各自在生活满意度中起到什么作用”进行了调查。结果发现,对快乐的追求几乎不起什么作用,对意义的追求起的作用最大,对参与的追求同样起很大作用。当人们对某事有参与感，也获得了意义感，快乐如锦上添花。

## 阅读拓展→

### 感恩教育——情感分享

有了拓展的体验以后，很重要的就是，参加者要与其他体验过相同活动的人分享他们的感受结果。分享个人的感受只是第一步，循环的关键部分则是把这些分享的东西结合起来，与其他人参加探讨、交流以及反映自己的内在生活模式。

在充实的拓展结束后，在篝火晚会之后，夜是那么的静，身体是那么的疲惫，而这正恰恰是心灵最容易得到升华的时机。围在篝火旁边，将手机调成静音状态，静静地聆听教官讲述的那些真实、平凡而伟大的感恩故事，不知不觉，触碰到自己内心深处柔软的地方。于是，在这么一个夜晚，发自肺腑地将隐藏在内心深处的故事与在场的兄弟姐妹们一同分享，顷刻间，感受到父母之爱、朋友之爱、老师之爱是如此的弥足珍贵。也在刹那间，自己明白了一些东西……

图 3-72　感恩教育 成长只在一瞬间

---

**思考**

1. 细想你的成长之路，你做过的最令你自己、父母长辈自豪的事情是什么？

2. 你是否经常对你同学、朋友说谢谢？你是否常常微笑？多些礼仪、多些笑容，因为这样的你是最棒的。

3. 你是否想过几十年后的某一天他们可能不能在你身边？你认为你最想做的事情是什么？

4. 你是否经常和父母长辈电话、短信联系？微信、微博互动？如果以前没有，那以后频繁些。

5. 你认为应该如何孝敬父母长辈？请例举，并开始付诸实际吧。

---

·【训练 3：拓展感悟】·

及时书写拓展心得体会是拓展训练的重要内容。当然，书写的前提是认真地、用心地将自己的经历、体验及感想形成文字。在此，摘选几篇参选学员撰写的拓展心得和大家一同回味：

## 感悟 1

短短的两天的素质拓展训练时间对我们每个人漫漫的人生旅途而言或许只能算是一个驿站或者说只是一串脚印而已，但是它所给予我们的启发和感悟却无疑是一笔永久的财富。它有比言语更能表达深度的内涵，不用刻板的说教，而是通过自己去体会，去感悟。

在拓展训练中，我们用实际行动诠释了作为大学生应该具备的主动、信任、合作、沟通、责任、感恩和超越。拓展也给了我们重新审视人生的价值，深刻理解团队的力量是无穷的机会。虽然它已经离我们渐渐地远去，或许曾经还在你的胸间有过感悟甚至震撼，但无奈，在繁杂的世事的清洗下那一天留下的印痕越来越模糊，能留下的也许只是瞬间打开记忆之盒的一幕回忆。在尘埃尚未落定之前，我们有必要及时地给自己一次总结的机会，留下那美妙的感悟和震撼。每次回顾整个过程，总有许多感悟涌上心头。

感悟一：作为一个领导者，“独裁”是否要得

活动开始，任务领取完毕，作为“Leader”的我，略作思考，胸有成竹。考虑着首先是建立组织原则：必须服从指挥和沟通畅通——即随时大声口头汇报。活动第一步是在一定的范围内找绳子，然后是整理杂乱绳子，接着是连接所有的绳子，再就通过拉直绳子寻找中点的办法形成四边形，最后寻找合适的办法让四边形的每个角成为直角。有了整体的思路，随即开始了指挥和布置。我无意中表露出过度自信，也导致了行动中有了疏忽——即我的队员没有能明了我的思路和意图，导致在游戏推进中节奏缓慢，无谓地消耗了时间。

这让我明白了一个道理，所谓的“独裁”是具有一定高度指挥能力的行为。在复杂混乱的状态下，能够及时捕捉各种信息，并根据各类情报做出果断判断，拿出一个正确的方案，同时让方案在行动中能得到有效实施。这涉及各种综合因素，并要求领导者具备各种能力和素质。有时，在非常时期，特别在众人都六神无主的紧急状态下，往往需要领军人物具有“独裁”的能力和魄力。

感悟二：集思广益，事半功倍

在游戏进行后不久，大家都各自慌乱地盲目寻找着绳子。这时，有一个队友向我建议：我们必须手牵着手向同一个方向旋转搜索。因为这样才能知道彼此的方位，并能有效地让每个人找到绳子。我及时采纳了他的意见，并使行动很快开展。中国有句古话："三个臭皮匠顶个诸葛亮"。对于解、系绳子这样简单的事情，每个人根据经验和阅历都有着不同的方法，但是又因为个人思维的局限性，存在各种差异。集思广益的过程，其实就是每个人换位思考的过程，并从中找出最佳方案来。而在团体协作中，集思广益的过程也最大限度地考虑了团体中最大多数人的意见，能满足在特定情况下的利益最大化。

最新的科研成果证明：大脑视物有"成见"，人可能只看到部分事物。美国科学家进行的一项实验表明，进入人类视野的东西并不一定全都会被看到，大脑对于人看到的事物应该是什么样子，可能有一种先入为主的"成见"，即它只让我们看到部分事物。作为个人，即使作为一个领导者，看得再高再远，也有片面的地方。当我的双眼给蒙上的时候，我突然切身体会到了聆听的必要，从而也发现了冷静下来思考的重要。也明白了"聆听"的意义。听到各种声音后，"集"也非常重要，没有最后那统一的声音，就如奔跑的马车，四轮南辕北辙，最后的结果就是杂乱无章或者停滞不前。

感悟三：持之以恒，成功的关键

当游戏进行到最后几分钟时，为了确保最后组成的图形为正方形，当我问左右双方人员时，一方为 7 人，一方只有 2 人。也就是还有的人员正处在失控状态，也没有听到我的指令，并放弃了。这让我明白：成功的关键有时往往就是最后那小小的一步。有时当我们做了很多努力，胜利或许就在眼前了，却在最后时刻打了退堂鼓，轻易就放弃了，让前期的努力都毁于一旦。

水烧到 99 ℃不算开，最后只要再加热 1 ℃，就能突破物理形态的临界线，从液态变为气态。

走完了 99 步，人们都说最后一步最难迈，最难走。其实这最后一步和 99 步的每一步，没有什么两样，只是人们在迈这一步时常自己吓唬自己，不去坚持罢了。无论做什么事，只要敢于坚持，决不放弃，那些不可能的事，也会变为可能。要问成功有什么秘诀，丘吉尔在剑桥大学讲演时回答得很好："我的成功秘诀有三个：第一是，决不放弃；第二是，决不，决不放弃；第三是，决不，决不，决不放弃。"

感悟四：执行力和服从是团队的灵魂所在

领导的执行力度差，决策果断性不强，没有控制住局面，没有形成统一的领导，就会让活动大打折扣。在盲阵中，任何的配合者，在一个团队中的领导核心确定下来(此游戏中，队长和四个角的人即是核心人物)，路线方针通过后，尽管个人可能有些不同的意见，但在有限的时间内要完成任务就需要其他人员的配合和服从。于是，所要做的就是听从队长的命令，与两角的人进行协调，配合他们完成任务。军队如何在沙场上一往无前，靠的是领导的绝对权威和下属的绝对服从，当然领导在建立权威前是要通过民主的手段取得领导权及执行权，既要集中也要民主。这个游戏我个人的亲身感受是：民主的方式＋绝对的领导权＋服从配合＝拧成一股绳的不可低估的力量。

这次活动其实是一种审视自我的过程，通过这次活动，让我明白：人最大的敌人是自己，同时也坚信，没有完美的个人，但可以有完美的团队。

## 感悟 2

今天，我们班进行了为期一天的户外拓展训练，大学生心理素质拓展，虽然天上下着蒙蒙细雨，可是并没有阻挡我们。

去之前，我并不了解所谓的“拓展训练”到底是要做些什么，还以为仅仅是为了让我们放松疲惫的身心而设立的一个名目罢了。在这一天，所留下的余味却依然留在我的心里，这余味不仅是身体上的疼痛，更多的是意志上的磨炼和人格上的完善。

古人云：“人心齐，泰山移。”团队的核心是共同奉献。这种共同奉献需要每一名队员能够为之信服的目标。切实可行而又具有挑战意义的目标，能激发团队的工作动力和奉献精神，为学习注入生命活力。真的，在这次的拓展训练的活动中，都体现了团队精神。所谓团队精神，简单来说就是大局意识、协作精神和服务精神的集中体现。团队精神的基础是尊重个人的兴趣和成就。核心是协同合作，最高境界是全体成员的向心力、凝聚力，反映的是个体利益和整体利益的统一，并进而保证组织的高效率运转。团队精神的形成并不要求团队成员牺牲自我，相反，挥洒个性、表现特长保证了成员共同完成任务目标，而明确的协作意愿和协作方式则产生了真正的内心动力。团队精神是组织文化的一部分，良好的管理可以通过合适的组织形态将每个人安排至合适的岗位，充分发挥集体的潜能。如果没有正确的管理文化，没有良好的从业心态和奉献精神，就不会有团队精神。

在一开始设计自己团队的队名、口号、队歌、队形，就预示了此次活动的整个过程离不开集体的智慧和力量。

短短的两天时间，我的心灵受到了前所未有的强烈撞击和震撼，这种撞击和震撼会使我铭记终生！在我们的团队中，为什么总是浪费时间？为什么事情办起来总是不顺利？为什么？为什么？在一个个项目中，在辅导员的点拨下，我们找到了答案：

1. 优秀的团队首先应该有一个优秀的领导者，有一个共同的目标愿景，以及为了实现共同目标而制定的计划。

2. 合理分工，相互配合：在一个团队中，每个人只有分工不同，没有轻重不同，每个人都应该各司其职，最大化地发挥自己的特长，我们的团队才会做到最好！在工作中也是一样：每个岗位的人都要相互配合，共同努力，才会取得我们大家共同创造的好成绩。

3. 团队中的沟通特别重要。这让我感受到了人与人之间无隔阂、和睦共处、亲密无间的真诚与舒畅。

4. 信任，一个多么美好的词语。信任朋友和同事，其实是给自己机会，因为协作和团结才会产生强大的凝聚力。古人尚知用人不疑，疑人不用。

讲究方法论的人会少走弯路，充分利用资源达到既定目的，仅凭个人技巧而不讲方法者往往半途而废，或者几经反复，费尽周折才达到目的。

当完成活动后，大家坐在一起，联系我们现实中的工作生活进行总结：

第一，团队目标应明确，所有的人都应知道该干什么。

第二，团队中所有人应保持一个积极上进的心态，如果今天我们的活动中，大家不是士气高昂，有一个积极的心态，活动能完美地完成吗？

第三，纪律与执行力，如果大家不能牢牢抱成团，坚决执行上层的决策，逞个人英雄主义，各自为政，结果只会一团糟。

第四，沟通是一座桥梁，联结人的心智，有完美的沟通，就一定会有完美的结果。还有一点就是我个人认为，我们还应该静下心来，思考一下，我们能否做得更好。

所有的活动，大家都以一种积极的心态参与，有出力的、有出谋划策的、有监督示警的，总之是在一个有序有组织的状态下完成的。按现场活动中对各位成员的临时表现进行分工，虽不是最优，但一定是较优。每一个人按照自己所承担的角色尽快调整心态，全身心地投入到活动中去，全力配合，将发现的问题和存在的隐患及时提出，并提出相应的解决方案供大家决策，从而将失误扼杀在摇篮中，使得各位成员配合默契，在短时间内将一个个项目成功地完成。

在我们的实际工作中，也是如此。一个班级、一个团队，各成员之间的能力和特长就是应该能够取长补短的。只有这样，整个团队才能健康向前发展，对企业的发展也是有利无害的。显而易见的是，企业的进步依托的不是个人英雄主义，而是高度互动、高度合作的组织，没有一个协作作战的团队是不可能取得企业的发展的。每个人在日常工作和生活中都有很多潜在的能力未曾发挥出来，能不能超越困难，实际上就是看我们有没有信心、有没有勇气去面对，能否开发出那些一直潜伏在我们身上，而我们自己却从未真正了解的力量。

## 感悟 3

良好的团队精神和积极进取的人生态度，是现代人基本的个人素质，也是现代人人格特质的两大内涵。在现代社会，人的智慧和技能只有在这两重人格力量的驾驭下，才能迸发出耀眼的光芒。素质扩展通过设计独特的具有思想性、挑战性和趣味性的户外活动，培训人的积极的人生态度和团队精神，是现代人的一种全新的学习方法和训练方式。

在此次的素质拓展活动中，我们进行了许多团队合作与智慧相结合的活动，这样的活动也让我们这些参与者，在活动过后有一些结合生活的感想与体会心得：

1. 默契，简而言之，就是要注重整个团队的交流，这要求一个小组在活动前与活动中利用语言进行彼此的交流与思考分析，这是搞好活动的基本要求。

2. 冷静，无论什么时候都要冷静，不要让浮躁的心来打扰自身的判断能力，再分成小组的情况下避免不了竞争，有竞争就会有胜负，我们既没有理由为此担忧，但又有勇气与胆量来夺得胜利。

3. 不要轻易放弃自己的判断力或者思考的分析能力，在这样的活动中，彼此都会有干扰对方的声音，或是队员中不同的理解认识能力，这时我们不要急于放弃自己的想法与判断，如果很早地放弃了自己的想法，会导致很多无法弥补的损失。

4. 不要把队友的失败当成自己前进的阻力或是压力，在这次活动中，队友避免不了出错误的情况，但是我们没有必要将这样的错误当成是自己前进的压力，要把队友的失败当成是一次经验或是教训，防止自己出现类似的错误。

5. 在做出一个行动之前要认清它的前景，不要盲目地行动，不管是在任何事之前都要仔细考虑它的前因与后果，不要头脑发热盲目的行动，这样不利于事态的发展。

6. 要积极主动地承担责任，这是我们在做任何事之前必备的准则，责任越大对于我们的成长的帮助越大，不要害怕承担责任的后果，这样的行为或许会让你没有前进的推动力或是机遇。

7. 相信自己的队友，要不断鼓励和支持他们，永远要记住我们是一个集体，不要只顾自己而放弃队友，这样不利于团队活动的进行。

尽管此次活动进行的时间较短，但我们却在这样的活动中感触颇多，这些在活动中认识和了解到的人生准则，对于我们今后在生活中的各个方面，都有很大的积极作用。

## 感悟 4

终于，又迎来了一次拓展。于我，这样的活动并不陌生，每次这样的活动总能引出我不一样的触动。

到了场地，一个不大的山谷，四周是茂密树林，一望无际的绿色，令人放松，从搬东西到清理场地，我都认真地投入了，并非为了考核，只是想不虚此行。

上午的时间，我们体验了“纸上谈兵”“能量传送”“鼓舞人心”等活动，深深地体会到一个团队中，配合之重要，向心力之重要，一个团体的壮大，离不开每一个成员的努力和付出。向心力，凝聚力，却是让成员团结一致的主因，因而一个团队的建设，离不开凝聚力，向心力以及集体的培养。除此之外，我更体会到做事之时，更要有一颗平常之心，不骄不躁，稳稳当当地去完成事情。这当中，当然也少不了与他人的配合。解决一件事情，一个问题，靠个人的力量是远远不够的，团队的力量才是不可限量的。

在军事项目中，虽然略有伤痛，但不一样的体会总是收获最多的。在第二天的登山中，对于已许久缺乏锻炼的我，无非是一大考验。终于登上山顶，虽然脚痛，但最让我觉得开心的，是我自己的坚持和自我挑战的成功。

这次活动，守夜无非是我做得最特别的一件事，本觉得，守夜是枯燥的，而且女生守夜，也少之又少。但是在漫漫长夜中，有好多守夜的同学抵不过睡神的召唤，进入梦乡，在为他们披上衣服的时候，心里是温暖的，即使我们还不相识，守夜也让我认识了许多有毅力的伙伴。

但通过这次活动，也让我看到了集体中的些许问题：(1)成员间，成员与高层间，沟通不多，因而配合度不好。(2)成员集体荣誉感不强，团队意识不高，以至于在完成事情之时，协调不好，效率不高。我认为集体就应该团结一致朝一个目标，稳健地前进，这不仅需要领导努力地去建设为一个团队，更要各成员之间，相互沟通，一起努力，相互付出，才能把团队这个大集体变成一个家庭，一个不断强大的温暖的组织。

## 感悟 5

人的一生，就像火车的旅途，到达终点站之前，总会经历很多，有时候需要拐弯，有时候走直路，燃料用完时要加油，走“累”了要停站休息，发生故障要维修……

2013 年 11 月 9—10 日，那是让我们辛苦、快乐并成长的两天一夜，这个被命名为素质拓展的家伙让我像火车加油那样充满力量，为我的人生路增添动力。这是心的触动，也会是心的交流，更会是心的成熟和强大。

首先要感谢学院领导给我组织了这一次意味深长的素质扩展活动，感谢活动中充实我们心灵的包老师和教官，感谢默默地在我们背后付出的后勤老师。

汽车开动的瞬间，我怀着期待、兴奋的心情开始了这段旅程。“团结就是力量”从一开始就在汽车车厢里奏响，这是华丽的开头。经过合理的队伍划分，我们的队伍由10个人组成，人员分别来自社联会的策划部、青协、体协，我很荣幸当上了第二分队的队长。我们是“东海不败队”，我们的口号是“坚持到底，做到最好，勇争第一，立东海不败之地”；宗旨是：“大家好才是真的好”；目标是“没有蛀牙”。第一天早上的项目分别为：动力小火车、纸上谈兵、鼓动人心、能量传递。可能是大家都来自不同的协会。开始，大家比较陌生，在活动的过程中表现得很拘谨。尤其表现在动力火车这一项目上，女生可能害羞，不敢把自己的左腿交给男生。导致后面动力火车在前进的过程中发生断裂。虽说是拘谨，但更多是不团结的表现，一个集体，应该互相信任，相互团结、沟通，于是我利用中午午饭的时间召集大家一起交流、沟通，先是一个印象深刻的自我介绍，后是一个意味深长的笑话聚餐，想必这样大家心与心的距离就会缩短了些。

下午，平静了好久的我发火了，在慢慢地解决完团结协作的问题后，又出现了一个新的问题：队员不听从指挥。在高压电网这一环节上，有个别男生起哄。但是我还是先平复心情之后再给大家开了一个总结的会议。从中，我学会了：遇到不开心的事情之后，要先处理好心情再处理事情，带着情绪做事永远都做不好。匍匐前进是一个最辛苦的项目，这个环节中，自己虽然受伤了，但这个不是最让我印象深刻的，最让我记忆犹新的是我们队员何萍丹出色的表现，在这一项目考察的过程中不顾腿抽筋，没有接受别人的帮助，自己坚持匍匐前进到了终点。在她身上我看到了一个坚强的身影，那会是我终身学习的东西。有时候很脆弱，有时候很懒散，但是一个女生有伤都在坚持，我身为男生为什么没有。

快乐的时间过得很快，天黑了，又是一个考验大家团结协作的项目——烧烤。我们这个队伍，从一开始的拘谨，不听从指挥，然后经历一天的磨合之后，一家人的状态慢慢地在烧烤这一项目中体现出来了，先是男女生合理分配任务，后是相互谦让食物，最后大家一起清埋现场，整个过程都是欢声笑语，富有家庭聚餐的味道。这一刻，我为我们的队伍感到自豪。篝火晚会上，先是大家一番嗨爆全场的澎湃激情，后是包老师组织的感恩讲座。感恩是永恒不变的旋律和主题，我对后者的感触更深些。我是来自外省的学生，离家可谓是相隔千里，有那么一段时间，我好久没跟家里通电话了，从小我爸爸对我非常严厉、苛刻，所以一直与他都有隔阂。我们缺少沟通，每次打电话回去，我们的话题都只是那两个：(1)关心问候；(2)生活费问题。有些时候，我心里会默默地逃避他的视线和语言的方向，我知道我错了。有些时候，我会反问自己，我为什么要来厦门读书？为了远离父母追求自由？为了追求自己的理想？我想是前者。我终究是远离了家乡，远离了父母，我不知道接下来该用什么语言来表达我现在的心情，但是我内心在呐喊：爸、妈，你们辛苦了，我想你们。

第二天早晨，老天爷给我们开了一个玩笑，下起一阵小雨。本来安排好的登山项目推迟了一会。但是换一个心态去思考，虽说下雨天气让人悲伤，但是雨中漫步、观景都很浪漫，我们最终还是出发了。随着登上山顶的那一刻，我们深知这次素质拓展活动即将落幕，这里不仅有写不完的感言，道不尽的感受，也有千百种不舍，时间终究是一把无情的刀，把我们杀得遍体鳞伤，但是，我们不会任人宰割，不会碌碌无为。

这是一次深刻难忘的回忆，有酸辛、有失落、有付出、有收获、有快乐、有成长。我不仅学会了团结、沟通，更收获了许多知识。管理一个集体，不仅要沟通，还要懂得硬性和软性的管理方法，更要把握好底下多个成员的心理动向，这样才能形成团体的向心力、凝聚力。

希望参加拓展的你或未参加拓展的你能学有所思、思有所得、得有所用。

# 附　录　心理测试

## 心理测试 1　九型人格自我测试

此份测评问卷是基于一个名为 Enneagram 的性格指标设计而成的，主要用于帮助你有效地掌握你个人的行为习惯，它包含了 144 道二选一(表格阴影部分即为选项)的题目。

在此测试中所回答的答案没有正确与错误之分，它仅是反映你自己的个性和你的世界观。

此份问卷将有助于你更好地了解自身的优势和弱点，并知道在何种情形下你的行动将更为有效。同时，你还可以通过此问卷知道他人是如何看待他们自己的，以及相互间又是如何影响的。

为了使这份问卷对你有真实的帮助，请如实地回答每道题，并在 45 分钟内做完。

**九型人格测试**

| 九型人格 | | A | B | C | D | E | F | G | H | I |
|---|---|---|---|---|---|---|---|---|---|---|
| 1 | 我认为我很浪漫并富于幻想。 | | | | | | | | | |
| | 我认为自己很实际并实事求是。 | | | | | | | | | |
| 2 | 我倾向于直接面对冲突。 | | | | | | | | | |
| | 我倾向于避免冲突。 | | | | | | | | | |
| 3 | 我一般是老练的、有魅力的以及有上进心的。 | | | | | | | | | |
| | 我一般是直率的、刻板的以及空想的。 | | | | | | | | | |
| 4 | 我倾向于集中于某事物并会紧张。 | | | | | | | | | |
| | 我倾向于自然的并喜欢开玩笑。 | | | | | | | | | |
| 5 | 我是待人友好的并愿意结交新的朋友。 | | | | | | | | | |
| | 我是喜欢独处的人，不太愿意与人交往。 | | | | | | | | | |

续表

| 九型人格 | | A | B | C | D | E | F | G | H | I |
|---|---|---|---|---|---|---|---|---|---|---|
| 6 | 我很难放松并停止思考潜在的问题。 | | | | | | | | | |
| | 潜在的问题不会影响我的工作。 | | | | | | | | | |
| 7 | 我是一个很好的“聪明”的生存者。 | | | | | | | | | |
| | 我是一个很好的“高尚”的理想主义者。 | | | | | | | | | |
| 8 | 我需要给别人关爱。 | | | | | | | | | |
| | 我愿意与别人保持一定的距离。 | | | | | | | | | |
| 9 | 当给我一项新任务时，我通常问自己它是否对我有用。 | | | | | | | | | |
| | 当给我一项新任务时，我通常问自己它是否有趣。 | | | | | | | | | |
| 10 | 我倾向于关注我自己。 | | | | | | | | | |
| | 我倾向于关注他人。 | | | | | | | | | |
| 11 | 别人钦佩于我的见识与知识。 | | | | | | | | | |
| | 别人钦佩于我的力量与决策。 | | | | | | | | | |
| 12 | 别人钦佩于我的力量与决策。 | | | | | | | | | |
| | 我给人的印象是十分自信。 | | | | | | | | | |
| 13 | 我更加注重关系。 | | | | | | | | | |
| | 我更加注重目的。 | | | | | | | | | |
| 14 | 我不能大胆地表达我自己。 | | | | | | | | | |
| | 我能大胆地说出别人想说但不敢说的话。 | | | | | | | | | |
| 15 | 不考虑其他选择而做某一确定的事对我来说是很困难的。 | | | | | | | | | |
| | 放松更具灵活性对我来说是很困难的。 | | | | | | | | | |

续表

| 九型人格 | | A | B | C | D | E | F | G | H | I |
|---|---|---|---|---|---|---|---|---|---|---|
| 16 | 我倾向于犹豫与拖延。 | | | | | | | | | |
| | 我倾向于大胆与果断。 | | | | | | | | | |
| 17 | 我不愿意别人给我带来麻烦。 | | | | | | | | | |
| | 我希望别人依赖我，让我帮忙解决麻烦。 | | | | | | | | | |
| 18 | 通常我会为了完成工作将感情置于一边。 | | | | | | | | | |
| | 通常我在做事情之前需要先克服我的感情。 | | | | | | | | | |
| 19 | 一般来说，我是讲求方法并且很谨慎的。 | | | | | | | | | |
| | 一般来说，我是敢于冒险的。 | | | | | | | | | |
| 20 | 我倾向于成为一个帮助、付出的人，喜欢与他人在一起。 | | | | | | | | | |
| | 我倾向于成为一个严肃、缄默的人，喜欢讨论问题。 | | | | | | | | | |
| 21 | 我常常感到自己需要成为顶梁柱。 | | | | | | | | | |
| | 我常常感到自己需要做得十全十美。 | | | | | | | | | |
| 22 | 我主要感兴趣于问难题并保持独立性。 | | | | | | | | | |
| | 我主要感兴趣于保持心理的稳定与平静。 | | | | | | | | | |
| 23 | 我太顽固并持有怀疑的态度。 | | | | | | | | | |
| | 我太软心肠并多愁善感。 | | | | | | | | | |
| 24 | 我常常担心我不能得到较好的东西。 | | | | | | | | | |
| | 我常常担心如果我放松警惕，别人就会欺骗我。 | | | | | | | | | |
| 25 | 我习惯于表现得很冷淡而使别人生气。 | | | | | | | | | |
| | 我习惯于指使别人做事而使他们生气。 | | | | | | | | | |

续表

| | 九型人格 | A | B | C | D | E | F | G | H | I |
|---|---|---|---|---|---|---|---|---|---|---|
| 26 | 如果有太多的刺激和鼓舞，我会感到焦虑。 | | | | | | | | | |
| | 如果没有太多的刺激和鼓舞，我会感到焦虑。 | | | | | | | | | |
| 27 | 我要依靠我的朋友，并且他们知道他们可以依靠我。 | | | | | | | | | |
| | 我不依靠别人并独立做事。 | | | | | | | | | |
| 28 | 我倾向于独立与专心。 | | | | | | | | | |
| | 我倾向于情绪化并热衷于自己的想法。 | | | | | | | | | |
| 29 | 我喜欢向别人提出挑战，并且“使他们振奋起来”。 | | | | | | | | | |
| | 我喜欢安慰他人使他们冷静下来。 | | | | | | | | | |
| 30 | 我总的来说是个开朗的、喜欢交际的人。 | | | | | | | | | |
| | 我总的来说是个认真的、很能自律的人。 | | | | | | | | | |
| 31 | 我希望能迎合别人——当我与别人距离很远，我感到不舒服。 | | | | | | | | | |
| | 我希望与众不同——当我不能看到别人与我的区别，我感到不舒服。 | | | | | | | | | |
| 32 | 对我来说，追求个人的兴趣比舒适与安全更重要。 | | | | | | | | | |
| | 对我来说，追求舒适与安全比个人的兴趣更重要。 | | | | | | | | | |
| 33 | 当与他人有冲突时，我更倾向于退缩。 | | | | | | | | | |
| | 当与他人有冲突时，我很少会改变原先的态度。 | | | | | | | | | |
| 34 | 我很容易屈服并受他人摆布。 | | | | | | | | | |
| | 我不对别人做出让步，并对他们下达命令。 | | | | | | | | | |

续表

| 九型人格 | | A | B | C | D | E | F | G | H | I |
|---|---|---|---|---|---|---|---|---|---|---|
| 35 | 我很赏识自己高昂的精神状态与深沉。 | | | | | | | | | |
| | 我很赏识自己深层的关心与热情。 | | | | | | | | | |
| 36 | 我很想给别人留下好的印象。 | | | | | | | | | |
| | 我并不在乎是否能给别人留下好的印象。 | | | | | | | | | |
| 37 | 我依赖我的毅力与常有的感觉。 | | | | | | | | | |
| | 我依赖我的想象与瞬间的灵感。 | | | | | | | | | |
| 38 | 基本上来说，我是很随和的、很可爱的。 | | | | | | | | | |
| | 基本上来说，我是精力旺盛的、十分自信的。 | | | | | | | | | |
| 39 | 我努力工作以求得到别人的接受与喜欢。 | | | | | | | | | |
| | 得到别人的接受与喜欢对我来说并不重要。 | | | | | | | | | |
| 40 | 当别人给我压力时我会变得更加退缩。 | | | | | | | | | |
| | 当别人给我压力时我反而会变得更加自信。 | | | | | | | | | |
| 41 | 人们对我感兴趣是因为我很开朗、有吸引力、有趣。 | | | | | | | | | |
| | 人们对我感兴趣是因为我很安静、不同寻常、深沉。 | | | | | | | | | |
| 42 | 职责与责任对我很重要。 | | | | | | | | | |
| | 协调与认可对我很重要。 | | | | | | | | | |
| 43 | 我制定出重要的计划并做出承诺，以此来鼓励人们。 | | | | | | | | | |
| | 我会指出不按照我的建议做所产生的后果，以此来鼓励人们。 | | | | | | | | | |

续表

| 九型人格 | | A | B | C | D | E | F | G | H | I |
|---|---|---|---|---|---|---|---|---|---|---|
| 44 | 我很少会表露出自己的情绪。 | | | | | | | | | |
| | 我经常会宣泄出自己的情绪。 | | | | | | | | | |
| 45 | 我不擅长于处理琐碎的事。 | | | | | | | | | |
| | 我比较擅长于处理琐碎的事。 | | | | | | | | | |
| 46 | 我常常强调自己与绝大多数人的不同之处，尤其是与我的家庭成员的不同之处。 | | | | | | | | | |
| | 我常常强调自己与绝大多数人的共同之处，尤其是与我的家庭成员的共同之处。 | | | | | | | | | |
| 47 | 当场面变得热闹起来时，我倾向于站在一旁。 | | | | | | | | | |
| | 当场面变得热闹起来时，我倾向于加入其中。 | | | | | | | | | |
| 48 | 即使朋友不对，为了友情，我也会委曲求全。 | | | | | | | | | |
| | 我不想为了友情对正确的事情做出妥协和让步。 | | | | | | | | | |
| 49 | 我是一个善意的支持者。 | | | | | | | | | |
| | 我是一个积极的老手。 | | | | | | | | | |
| 50 | 当遇到困难时我倾向于放大我的问题。 | | | | | | | | | |
| | 当遇到困难时我倾向于去转移注意力。 | | | | | | | | | |
| 51 | 总的来说，我很确信知道情况应该如何。 | | | | | | | | | |
| | 总的来说，我对情况持怀疑的态度。 | | | | | | | | | |
| 52 | 我的悲观、抱怨常会给别人带来麻烦。 | | | | | | | | | |
| | 我的老板式的、控制的方式会给别人带来麻烦。 | | | | | | | | | |

续表

| 九型人格 | | A | B | C | D | E | F | G | H | I |
|---|---|---|---|---|---|---|---|---|---|---|
| 53 | 我倾向于按我的感觉办事并听之任之。 | | | | | | | | | |
| | 我倾向于不按照我的感觉办事以免产生更多的问题。 | | | | | | | | | |
| 54 | 通常我成为注意的焦点时，会很自然。 | | | | | | | | | |
| | 通常我成为注意的焦点时，会很不习惯。 | | | | | | | | | |
| 55 | 我做事情很谨慎，努力为意料之外的事情做准备。 | | | | | | | | | |
| | 我做事情凭一时冲动，只是在问题出现时才临时准备。 | | | | | | | | | |
| 56 | 当别人不是很欣赏我为他们所做的事情时，我会很生气。 | | | | | | | | | |
| | 当别人不听我的话时，我会很生气。 | | | | | | | | | |
| 57 | 独立、自力更生对我很重要。 | | | | | | | | | |
| | 有价值、得到别人的称赞对我很重要。 | | | | | | | | | |
| 58 | 当与朋友争论时我倾向于强烈地坚持自己的观点。 | | | | | | | | | |
| | 当与朋友争论时我倾向于顺其自然，以免伤了和气。 | | | | | | | | | |
| 59 | 我常常占有我所爱的人——我不能放任他们。 | | | | | | | | | |
| | 我常常“考察”我所爱的人，想确定他们是否爱我。 | | | | | | | | | |
| 60 | 整合资源并促使某些事情的发生是我的优势之一。 | | | | | | | | | |
| | 提出新观点并同时激励、振奋人心，这是我的优势之一。 | | | | | | | | | |
| 61 | 我要在别人的驱策下做事才更有动力，不能依赖自己。 | | | | | | | | | |
| | 我过于情绪化，不能自律。 | | | | | | | | | |

续表

| 九型人格 | | A | B | C | D | E | F | G | H | I |
|---|---|---|---|---|---|---|---|---|---|---|
| 62 | 我试图使生活高节奏、紧张并充满兴奋的感觉。 | | | | | | | | | |
| | 我试图使生活有规律、稳定、宁静。 | | | | | | | | | |
| 63 | 尽管我已取得成功，但我仍怀疑自己的能力。 | | | | | | | | | |
| | 尽管我受到挫折，但我仍相信自己的能力。 | | | | | | | | | |
| 64 | 一般我倾向于详细研究自己的情感并保持此情感很久。 | | | | | | | | | |
| | 一般我倾向于减少自己的情感并不加以注意。 | | | | | | | | | |
| 65 | 我对许多人加以注意并培养他们。 | | | | | | | | | |
| | 我指导许多人并鼓励他们。 | | | | | | | | | |
| 66 | 我对自己要求有点严格。 | | | | | | | | | |
| | 我对自己有点宽容。 | | | | | | | | | |
| 67 | 我倾向于独断，并追求卓越。 | | | | | | | | | |
| | 我谦虚，喜欢按自己的节奏做事。 | | | | | | | | | |
| 68 | 我为自己的清晰性与目标性感到自豪。 | | | | | | | | | |
| | 我为自己的可靠性与诚实而感到自豪。 | | | | | | | | | |
| 69 | 我花大量的时间反省——理解自己的感受对我来说是很重要的。 | | | | | | | | | |
| | 我花大量的时间反省——把事情做完对我来说是很重要的。 | | | | | | | | | |
| 70 | 总的来说我认为自己是一个灿烂随和的人。 | | | | | | | | | |
| | 总的来说我认为自己是一个严肃的、有品位的人。 | | | | | | | | | |

续表

| 九型人格 | | A | B | C | D | E | F | G | H | I |
|---|---|---|---|---|---|---|---|---|---|---|
| 71 | 我头脑灵活，精力充沛。 | | | | | | | | | |
| | 我有一颗炽热的心，具有奉献精神。 | | | | | | | | | |
| 72 | 我所做的事情要有极大的可能性得到奖励与赏识。 | | | | | | | | | |
| | 如果所做的事是我所感兴趣的，我愿意放弃自己的奖励与赏识。 | | | | | | | | | |
| 73 | 我认为履行社会义务并不重要。 | | | | | | | | | |
| | 我常常会很认真地履行我的社会义务。 | | | | | | | | | |
| 74 | 在绝大多数情况下，我愿意自己做领导。 | | | | | | | | | |
| | 在绝大多数情况下，我愿意让其他人做领导。 | | | | | | | | | |
| 75 | 多年以来，我的价值观与生活方式经常会有变化。 | | | | | | | | | |
| | 多年以来，我的价值观与生活方式基本没有大的变化。 | | | | | | | | | |
| 76 | 一般情况下，我缺乏自律能力。 | | | | | | | | | |
| | 一般情况下，我与别人的联系很少。 | | | | | | | | | |
| 77 | 我倾向于拒绝给予爱，希望别人进入我的世界。 | | | | | | | | | |
| | 我倾向于过于直率地给别人爱，希望自己进入到别人的世界。 | | | | | | | | | |
| 78 | 做事情之前我习惯于先做好最坏的打算。 | | | | | | | | | |
| | 我倾向于认为任何事情都会变得最好。 | | | | | | | | | |
| 79 | 人们相信我是因为我很自信，并且尽全力做得最好。 | | | | | | | | | |
| | 人们相信我是因为我很公正、会正确地做事。 | | | | | | | | | |

续表

| 九型人格 | | A | B | C | D | E | F | G | H | I |
|---|---|---|---|---|---|---|---|---|---|---|
| 80 | 我常常忙于自己的事情，而忽略了与他人的交往。 | | | | | | | | | |
| | 我常常忙于与他人交往，而忽略了自己的事情。 | | | | | | | | | |
| 81 | 当第一次遇到某人时，通常我会镇定自若并沉默寡言。 | | | | | | | | | |
| | 当第一次遇到某人时，通常我会闲聊并使人觉得有趣。 | | | | | | | | | |
| 82 | 总而言之，我相对是比较悲观的。 | | | | | | | | | |
| | 总而言之，我相对是很乐观的。 | | | | | | | | | |
| 83 | 我更喜欢待在自己的小世界里。 | | | | | | | | | |
| | 我更喜欢让全世界的人知道我的所在。 | | | | | | | | | |
| 84 | 我常常被紧张、不安全与怀疑而困扰。 | | | | | | | | | |
| | 我常常被生气、完美主义与不耐烦而困扰。 | | | | | | | | | |
| 85 | 我意识到我是太有人情味并待人太亲密。 | | | | | | | | | |
| | 我意识到我是太酷并过于冷漠。 | | | | | | | | | |
| 86 | 我失败是因为我不能抓住机会。 | | | | | | | | | |
| | 我失败是因为我总是追求太多。 | | | | | | | | | |
| 87 | 我要思考很长的时间后才会采取行动。 | | | | | | | | | |
| | 我通常会立即采取行动。 | | | | | | | | | |
| 88 | 通常我很难做出决定。 | | | | | | | | | |
| | 我很少会感到难做出决定。 | | | | | | | | | |
| 89 | 我倾向于给人留下态度强硬的印象。 | | | | | | | | | |
| | 我并不倾向于过多地坚持自己的意见。 | | | | | | | | | |

续表

| | 九型人格 | A | B | C | D | E | F | G | H | I |
|---|---|---|---|---|---|---|---|---|---|---|
| 90 | 我情绪稳定。 | | | | | | | | | |
| | 我情绪多变。 | | | | | | | | | |
| 91 | 当不知道要做什么事情时，我常常会向别人寻求建议。 | | | | | | | | | |
| | 当不知道要做什么事情时，我会尝试不同的事情以确定哪一种最适合我去做。 | | | | | | | | | |
| 92 | 我担心，别人搞活动时会忘记我。 | | | | | | | | | |
| | 我担心，参加别人活动会影响我做自己的事情。 | | | | | | | | | |
| 93 | 当我生气时，一般我会责备别人。 | | | | | | | | | |
| | 当我生气时，一般我会变得很冷淡。 | | | | | | | | | |
| 94 | 我很难入睡。 | | | | | | | | | |
| | 我很快就能入睡。 | | | | | | | | | |
| 95 | 我常常努力地思考如何与别人产生更为亲密的关系。 | | | | | | | | | |
| | 我常常努力地思考别人想从我这儿得到什么。 | | | | | | | | | |
| 96 | 通常我是谨慎的、有话直说的并且深思熟虑的人。 | | | | | | | | | |
| | 通常我是易兴奋的、善于快速地说话以回避问题并且机智的人。 | | | | | | | | | |
| 97 | 当看到别人犯错误时，我常常不说出口。 | | | | | | | | | |
| | 当看到别人犯错误时，我常常会帮助他们，使他们认识到自己所犯的错误。 | | | | | | | | | |
| 98 | 在生活中的绝大多数时间里，我是情感激烈的人，会产生许多易变的情感。 | | | | | | | | | |
| | 在生活中的绝大多数时间里，我是很稳定的人，我会“心如止水”。 | | | | | | | | | |

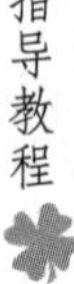

续表

| | 九型人格 | A | B | C | D | E | F | G | H | I |
|---|---|---|---|---|---|---|---|---|---|---|
| 99 | 当我不喜欢某些人时，我会掩藏自己的情感而努力地保持热情。 | | | | | | | | | |
| | 当我不喜欢某些人时，我会以这种或那种方式让他们知道我的情感。 | | | | | | | | | |
| 100 | 我与别人交往有困难是因为我很敏感并总是从自己的角度考虑事情。 | | | | | | | | | |
| | 我与别人交往有困难是因为我不太在乎社会习俗。 | | | | | | | | | |
| 101 | 我的方法是直接帮助别人。 | | | | | | | | | |
| | 我的方法是告诉别人如何自助。 | | | | | | | | | |
| 102 | 总的来说，我喜欢“释放”并突破所受的限制。 | | | | | | | | | |
| | 总的来说，我不喜欢过多地失去自我控制。 | | | | | | | | | |
| 103 | 我过度地关注于要比别人做得好。 | | | | | | | | | |
| | 我过度地关注于把别人的事做好就行。 | | | | | | | | | |
| 104 | 我的想法总是很遐想的——包含着想象与好奇。 | | | | | | | | | |
| | 我的想法总是很实际的——只是试图保持事情的发展状况。 | | | | | | | | | |
| 105 | 我的主要优势之一就是我能够控制场面。 | | | | | | | | | |
| | 我的主要优势之一就是我能够讲述内心的感受。 | | | | | | | | | |
| 106 | 我努力争取做好事情而不管这样会使别人不开心。 | | | | | | | | | |
| | 我不喜欢有压力的感觉，所以也不喜欢压制别人。 | | | | | | | | | |
| 107 | 我常常感到骄傲，因为我对别人的生活起着重要的作用。 | | | | | | | | | |
| | 我常常感到骄傲，因为我对新的经历会很感兴趣并且乐于接受。 | | | | | | | | | |

续表

| | 九型人格 | A | B | C | D | E | F | G | H | I |
|---|---|---|---|---|---|---|---|---|---|---|
| 108 | 我认为我给别人留下的印象是:好样的甚至很令人钦佩。 | | | | | | | | | |
| | 我认为我给别人留下的印象是:与众不同的甚至很古怪的。 | | | | | | | | | |
| 109 | 一般我做我必须做的事。 | | | | | | | | | |
| | 一般我做我所想做的事。 | | | | | | | | | |
| 110 | 我很喜欢处于高度的压力之下,甚至是困难的情景中。 | | | | | | | | | |
| | 我不喜欢处于高度的压力之下,甚至是困难的情景中。 | | | | | | | | | |
| 111 | 我为自己的灵活能力感到骄傲——我知道合适的或重要的情况是变化的。 | | | | | | | | | |
| | 我为自己的立场感到骄傲——我有坚定的信念。 | | | | | | | | | |
| 112 | 我的风格倾向于节约而朴实。 | | | | | | | | | |
| | 我的风格倾向于过度并过量地做某些事情。 | | | | | | | | | |
| 113 | 我的健康与幸福受到伤害因为我有强烈的愿望去帮助别人。 | | | | | | | | | |
| | 我的人际关系受到损害因为我只关注于自己的需要。 | | | | | | | | | |
| 114 | 总的来说,我太坦诚太天真。 | | | | | | | | | |
| | 总的来说,我过于谨慎过于戒备。 | | | | | | | | | |
| 115 | 有时我因过于好斗而令人厌恶。 | | | | | | | | | |
| | 有时我因太紧张而令人厌恶。 | | | | | | | | | |
| 116 | 关心别人的需要并提供服务对我来说是很重要的。 | | | | | | | | | |
| | 寻找看待并做好事情的其他方法对我来说是很重要的。 | | | | | | | | | |
| 117 | 我全身心地持之以恒地追求我的目标。 | | | | | | | | | |
| | 我喜欢探索各种行动的途径,想看看最终的结果如何。 | | | | | | | | | |

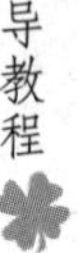

续表

| 九型人格 | | A | B | C | D | E | F | G | H | I |
|---|---|---|---|---|---|---|---|---|---|---|
| 118 | 我经常会激起强烈与紧张的情绪。 | | | | | | | | | |
| | 我经常使自己冷静与安逸。 | | | | | | | | | |
| 119 | 我不太注重实际的结果，而注重自己的兴趣。 | | | | | | | | | |
| | 我很实际并希望我的工作有具体的结果。 | | | | | | | | | |
| 120 | 我有强烈的归属需要。 | | | | | | | | | |
| | 我有强烈的平衡需要。 | | | | | | | | | |
| 121 | 过去我可能过于要求朋友间的亲密。 | | | | | | | | | |
| | 过去我可能过于要求朋友间的疏远。 | | | | | | | | | |
| 122 | 我倾向于回忆过去的事情。 | | | | | | | | | |
| | 我倾向于预期未来所要做的事情。 | | | | | | | | | |
| 123 | 我倾向于将人看作是很麻烦的、苛刻的。 | | | | | | | | | |
| | 我倾向于将人看作是很莽撞的、有需求的。 | | | | | | | | | |
| 124 | 总的来说，我不太自信。 | | | | | | | | | |
| | 总的来说，我仅相信自己。 | | | | | | | | | |
| 125 | 我可能太被动，不积极参与。 | | | | | | | | | |
| | 我可能控制过多。 | | | | | | | | | |
| 126 | 我经常因为怀疑自己而停下来。 | | | | | | | | | |
| | 我很少会怀疑自己。 | | | | | | | | | |
| 127 | 如果让我在熟悉的东西与新的东西之间做出选择，我会选新的东西。 | | | | | | | | | |
| | 我一般会选我所喜欢的东西，会对我所不喜欢的东西而感到失望。 | | | | | | | | | |

续表

| 九型人格 | | A | B· | C | D | E | F | G | H | I |
|---|---|---|---|---|---|---|---|---|---|---|
| 128 | 我给别人大量的身体接触以使他们相信我对他们的爱。 | | | | | | | | | |
| | 我认为真正的爱是不需要身体的接触的。 | | | | | | | | | |
| 129 | 当我责备别人时，我是很严厉很直截了当的。 | | | | | | | | | |
| | 当我责备别人时，我常常是旁敲侧击的。 | | | | | | | | | |
| 130 | 我对别人认为很困扰甚至很可怕的学科却很感兴趣。 | | | | | | | | | |
| | 我不喜欢去研究令人困扰的、可怕的学科。 | | | | | | | | | |
| 131 | 我因妨碍、干扰别人，而受到指责。 | | | | | | | | | |
| | 我因过于逃避、沉默寡言而受到别人的指责。 | | | | | | | | | |
| 132 | 我担心没有办法履行我的职责。 | | | | | | | | | |
| | 我担心自己缺乏自律不能履行职责。 | | | | | | | | | |
| 133 | 总的来说，我是一个很凭直觉办事并且极度个人主义的人。 | | | | | | | | | |
| | 总的来说，我是一个很有组织性的并且负责任的人。 | | | | | | | | | |
| 134 | 克服惰性是我的主要问题之一。 | | | | | | | | | |
| | 不能缓慢下来是我的主要问题之一。 | | | | | | | | | |
| 135 | 当我觉得不安全时，我会变得傲慢，表示对此的轻视。 | | | | | | | | | |
| | 当我觉得不安全时，我会自卫并变得好争论。 | | | | | | | | | |
| 136 | 我是思想开明的，乐意尝试新的方法。 | | | | | | | | | |
| | 我会表白真情，乐意与别人共享我的情感。 | | | | | | | | | |
| 137 | 在别人面前，我会表现得比实际的我更为强硬些。 | | | | | | | | | |
| | 在别人面前，我会表现得比实际的我更为在意些。 | | | | | | | | | |

续表

| 九型人格 | | A | B | C | D | E | F | G | H | I |
|---|---|---|---|---|---|---|---|---|---|---|
| 138 | 通常我是按我的想法与理性分析去做事情。 | | | | | | | | | |
| | 通常我是按我的感觉与冲动去做事情。 | | | | | | | | | |
| 139 | 严峻的逆境使我变得坚强。 | | | | | | | | | |
| | 严峻的逆境使我变得气馁与听天由命。 | | | | | | | | | |
| 140 | 我确信有某种“安全网”可以依靠。 | | | | | | | | | |
| | 我常常要选择居于边缘而无所依靠。 | | | | | | | | | |
| 141 | 我要为了别人而表现得很坚强，所以没有时间顾及自己的情感与忧虑。 | | | | | | | | | |
| | 我不能应对自己的情感与忧虑，所以我不能为别人而表现得很坚强。 | | | | | | | | | |
| 142 | 我常常觉得奇怪，生活中美好的事情很多，为什么人们只看到消极的一面。 | | | | | | | | | |
| | 我常常觉得奇怪，生活中很糟糕，为什么人还这么开心。 | | | | | | | | | |
| 143 | 我努力使自己不被看作为自私的人。 | | | | | | | | | |
| | 我努力使自己不被看作为令人讨厌的人。 | | | | | | | | | |
| 144 | 当我担心被别人的需要与要求压垮时，我会想办法尽量避免。 | | | | | | | | | |
| | 当我担心会辜负人们对我的期望时，我会避免产生亲密的关系。 | | | | | | | | | |

个性号码统计表

| 栏目 | A | B | C | D | E | F | G | H | I |
|---|---|---|---|---|---|---|---|---|---|
| 总数 | | | | | | | | | |
| 个性号码 | 9号 | 6号 | 3号 | 1号 | 4号 | 2号 | 8号 | 5号 | 7号 |

计分方法说明

填完后。统计每一栏勾选的数目并求和，如果你在答题过程中正确地打钩以及正确地计算总数，则下面表格中A到I方框中的数字相加应等于144，如果不是，请检查是否正确填写或正确计算总数。

解释：总分最高的三项性格，有可能是你的主要型号，但请勿以此结果作为你的终极目标，你应多留意、反省自己，而不是只依赖问卷测试。

## 九型人格测试结果解释

### 一、九型人格的三个中心

思想中心——“以脑部为中心”的人，永远依赖思想来回应事件，喜欢搜集资料、讲道理，藉思考与反省运作，平常不是感到安全就是感到焦虑，他们很容易活在过去。“脑中心”又分为第五型“思想型”、第六型“忠诚型”及第七型“活泼型”。

情感中心——“以心部为中心”的人，反应来源于情绪、感觉和感情，喜欢人及感受上的运作，对人不是认同就是敌意，容易活在现在。“心中心”又分为第二型“助人型”、第三型“成就型”及第四型“感觉型”。

本能中心——“以腹部为中心”的人，脚踏实地，最在乎生存问题，喜欢解决问题，看重事实、藉本能和习惯运作，平常不是压抑就是攻击，容易活在未来。“腹中心”又分为第八型“领袖型”、第九型“和平型”及第一型“完美型”。

### 二、九型人格的简单描述

| | |
|---|---|
| 完美型(Perfectionist) | 重原则，不易妥协，黑白分明，对自己和别人均要求高，追求完美。 |
| 助人型(Helper/Giver) | 渴望与别人建立良好关系，以人为本，乐于迁就他人。 |
| 成就型(Achiever/Motivator) | 好胜心强，以成就去衡量自己价值的高低，是一名工作狂。 |
| 感觉型(Artist/Individualist) | 情绪化，惧怕被人拒绝，觉得别人不明白自己，我行我素。 |
| 思想型(Thinker/Observer) | 喜欢思考分析，求知欲强，但缺乏行动，对物质生活要求不高。 |
| 忠诚型(TeamPlayer/Loyalist) | 做事小心谨慎，不易相信别人，多疑虑，喜欢群体生活，尽心尽力工作。 |
| 活跃型(Enthusiast) | 乐观，喜新鲜感，爱赶潮流，不喜承受压力。 |
| 领袖型(Leader) | 追求权力，讲求实力，不靠他人，有正义感。 |
| 和平型(Peace-maker) | 需花长时间做决策，怕纷争，难于拒绝他人，祈求和谐相处 |

### 三、进行九型人格测试结果解释的禁忌

- 别在未能全面掌握时，瞎贴标签，随便判断别人属于哪一个类型，因为这样做很容易触犯别人性格里的禁忌。
- 别把别人看作是类型的代表，因为他们是他们自己，而不是一种类型。
- 别把测试结果“教条”地套在别人身上。
- 别利用你的类型当作行为的借口。
- 别把“九型人格”当作茶余饭后的游戏

## 四、九型人格具体性格分析

1. 完美型

性格特征：

第一型的人爱批判自己，也爱批判别人，他们内心拥有一张列满应该与不应该的清单。他们认真尽责，希望所做的每件事都绝对正确。他们很难为了自己而轻松玩乐，因为他们以超高标准来审查自己的行为，而且老是觉得做得还不够。他们有可能因为害怕无法臻于完美而耽搁了事情。第一型的人有种道德优越感，很可能厌恶那些不守规矩的人，特别是当这些人越矩得逞时。他们是优秀的组织人才，能够紧追错误和必须完成的事项，把任务完成。

行为特点：

· 完美主义，自律，公正，爱憎分明。

· 很多应该和不应该，黑白分明，害怕中间地带。

· 正义感强，原则性强，有责任感，使命感，对自己要求高。

· 遵守规则，工作严谨，高效，一丝不苟，善于统筹和安排。

· 以我为标准，自以为是，喜欢批评和责备自己和他人。

· 感情压抑，外冷内热。

性格解析：

· 世界观："我有正确的做法，等我教你做啦！"

· 外表与气质：整齐端正，腰板直，不苟且，目光如炬，严肃拘谨，有时麻木而无表情。

· 行为动机：做事力求完美，有原则，有标准，常有自我批判并要求他人按自己的标准去做事的倾向，理性正直，刻意求工，时常压抑自己人性中不理性的一面，怒而不宣。

· 潜在恐惧：受自己良心责备或遭他人谴责。

· 潜在渴望：事事力求完美。

· 会比人强的智能：逆境智能。

· 个人执念和难以驾驭的陋习：愤怒、批判、憎恨和埋怨。

· 性格倾向：被动，凭直觉办事，内向，思考，批判。

性格变化：

· 处于安定和人格提升时：走向第七型，会放下拘谨的形象，能够自嘲，有创意，肯做新尝试，会接纳他人的意见。

· 处于压力和自我防卫时：走向第四型，情绪化，反复无常，忧郁，自我批判，有时会自恋自怜，自暴自弃，沮丧和充满无用感，但却会执着和坚持到底。

2. 助人型

性格特征：

第二型的人不管在时间、精力和事物三方面都表现出主动、乐于助人、普遍乐观以及慷慨大方。由于他们不容易承认自己的需要，也难以向别人寻求帮助，所以总是无意识地通过人际关系来满足自己的需要，而且在自己最为人所需的时候感到最快乐。他们对他人的需要感觉非常敏锐，能够刚好表现出吸引他人的那部分人格。他们善于付出更胜于接受，有时候会操控别人，为得到而付出，有时候是天生的照顾者和主持者。为了使别人成功、美满,第二型的人能运用他们天生的同情心,给予对方真正需要的事物。

行为特点:

· 喜欢别人喜爱他们。

· 容易感受他人的需要和感觉,常看别人好的一面。

· 乐于助人,重视他人的需要更胜于自己的需要。

· 非常重视友情,乐于赞赏他人,很会用心聆听。

· 感性推动行动多于理性。

· 富于同情心,善于为他人考虑。

性格解析:

· 世界观:“我的天职是助人成就大业,我愿意成全我所喜爱的人,我亦深信他们万万不能没有我!”

· 外表与气质:笑容满面,热情可爱,天真烂漫,永远有一张长不大的孩子脸,富有诱惑性,可随时变成你喜爱的模样出现。

· 行为动机:渴望被爱、受人感激和认同,他们善解人意,有同理心,热情地去满足他人需要而又希望不被察觉。

· 潜在恐惧:害怕孤独和不被喜爱。

· 潜在渴望:被人关怀,爱护。

· 会比人强的智能:情绪智能。

· 个人执念和难以驾驭的陋习:骄傲,自负,有所持。

· 性格倾向:外向,主动,感情丰富。

性格变化:

· 处于安定和人格提升时:走向第四型,为自己的心愿坚持到底。

· 处于压力和自我防卫时:走向第八型,横行无理,自大,任性,将自己的意愿强加于他人身上。

3. 成就型

性格特征:

第三型的人是精力超强的工作狂,他们奋力追求成功,以获得地位和赞赏。他们具有竞争性,尽管他们自认为这是一种爱的挑战,而非击败他人的欲望。无论他们处在何种竞争场合,总是把目标锁定在成功之上。他们会是成功的父母、配偶、商人、玩伴、嬉皮、治疗师,能够顺应身边的人们而变换形象。尽管他们和自己真实的感觉毫不相干,因为这些都会影响其成就,可是一旦受到要求,他们却可以表现出合宜的感觉。第三型的人会全心全意追求一个目标,而且永不厌倦。他们会成为杰出的团队领袖,鼓舞他人相信“天下没有不可能的事”。

行为特点:

· 喜欢参与,喜欢成为行动中的重要人物。

· 好胜心强,重视名誉地位。

· 刻意打扮自己,表现成功形象,出众的社交能手。

· 善于表达,善于激励他人。

·对自己过去的成就引以为荣。

·善于目标设定和决策,积极进取,完成工作。

性格解析:

·世界观:"这个世界就是一个优胜劣败的竞技场,我必须努力做成功者!"

·外表与气质:非常精灵、醒目,是名副其实的精英一族,懂得用眼部交流,常成为众人目光焦点,衣着讲究,仪表出众,别人容易被他们外在的气派吸引而扰乱对他们内在的衡量,这就是他们最精彩之保护色和掩眼法,亦是他们成功之处,因为有时他们的形象把自己亦骗倒了。

·行为动机:渴望事业有成就,以目标为主导,重视自我形象,希望才华被人肯定,受人注意和羡慕。他们能在每一刻中都适当地表现出该有的反应,善于掌握每个机会,务求达到成功。

·潜在恐惧:被人否定,担心自己的能力不为他人所认同。

·潜在渴望:自己的能力被人赏识和认同。

·会比人强的智能:情绪智能,创作智能。

·个人执念和难以驾驭的陋习:伪君子,虚荣,爱出风头,自吹自擂。

·性格倾向:外向,主动,善于交际。

性格变化:

·处于安定和人格提升时:走向第六型,会是成功的团体领袖,有涵养,有实力,魅力非凡,会适当地运用策略,并小心行事,不会操之过急,是位不可多得的管理专才和团体领导者。

·处于压力和自我防卫时:走向第九型,会兵败如山倒,一蹶不振,心神恍惚,无主见,自我放弃,懒惰,没有神采,暴饮暴食,不顾身份,意念多而不专注,一事无成,充满无用感。

4.感觉/自我型

性格特征:

第四型的人具有艺术气质、多情,他们寻求理想伴侣或一生的志向,活在生命中某项重要事物的感觉中。他们觉得必须找到真实的伙伴,自己才完美。他们倾向于找到理想化的现行事物和世俗的错误。他们被高深的情绪性经验所吸引,表达出与众不同的一面。无论在任何领域,他们的生命反映出对事物重要性和意义的追求。他们很容易陷入自己的情绪,但却能表现出高度的同情心,去支持处在情绪痛苦中的人。

行为特点:

·他们觉得自己与众不同,常认为自己很独特。

·容易对别人的批评反应过敏,容易对事情误解。

·想象力丰富,富有创意及艺术气质。

·细腻和拥有敏锐的审美观。

·占有欲强,需要情感上的依靠。

·行为自我,很容易掉到自己的情绪中。

性格解析:

·世界观:"我感到人性的真伪,我对别人的观察亦比一般人有深度,我非常重视人的感受，亦善解人意。我是一个感情丰富的、浪漫的、优雅的、不媚俗的、有品味的、有个性而喜欢我行我素的人。”

• 外表与气质：从衣着品味和外形上，他们都富有个人风格，有眼光而不落俗套，讲究搭配和款式，有艺术家的气质，有时会十分突出而令人震惊。他们通常会拥有一双柔情似水的眼睛，目光永远有所思忆，却又感性而迷人。

• 行为动机：渴望自我了解和内心感受被人认同，喜欢我行我素，不媚俗，感情丰富，思想浪漫有创意，拥有敏锐的触觉和审美眼光。

• 潜在恐惧：生命中仍有不足之处，情感世界仍有缺陷。

• 潜在渴望：能深入地自我了解，看透人生。

• 会比人强的智能：创作智能。

• 个人执念和难以驾驭的陋习：羡慕，妒忌，任性。

• 性格倾向：内向，被动，悲情，感情丰富。

性格变化：

• 处于安定和人格提升时：走向第一型，会变得冷静而较为理性，做事有原则，而不会感情用事。

• 处于压力和自我防卫时：走向第二型，会在感情道路上一意孤行，痴缠，任性，占有欲强，有时会感到失落，抑郁和行为反复无常。

5.思想／理智型

性格特征：

第五型的人带着距离来体验生命，避免牵扯任何情绪，认为观察更胜于参与。他们是需要高度隐私的人，如果得不到属于自己的充分时间，会感到枯竭、焦虑，因为他们用这种方式来回顾事情，并体验在日常事物中难以感觉到的安定情绪。心智生活对他们而言相当重要，他们具有对知识和资讯的热爱，通常是某个专门领域的研究者。第五型的人把生活规划成许多区块，虽然他们不喜欢预定的例行公事，却希望事先知道在工作与休闲时他们被期望的是什么。他们是杰出的决策者和具有创意的知识分子。

行为特点：

• 善于把情感抽离，喜欢做旁观者多于参与。

• 喜爱搜集信息和知识，喜欢成为专家。

• 喜欢逻辑思维和分析，需要了解事情全部而不是部分。

• 非常重视个人空间，对社交应酬感到浑身不自在。

• 不随波逐流，知识渊博，拥有丰富的精神生活。

• 不喜欢求助别人，生活在自己的思想世界。

性格解析：

• 世界观：“我是自己世界里的主人，对我熟悉和喜爱研究的事物，我堪称是权威的专家！”

• 外表与气质：外形通常是冷静，木讷，不拘言笑，不敏于反应，喜怒不言于色，外表多数是消瘦，文静，深沉而有书卷气。

• 行为动机：渴望比人知道得多，懂得快，喜欢运用自己的智能和理论去驾驭他人，他们冷静，机智，分析力强，好学不倦，善于理性、有逻辑地去处理问题并将情感抽离，不喜欢自己的空间受到骚扰。

· 潜在恐惧：被人取缔和驾驭，对身边事情感到无知，束手无策。

· 潜在渴望：洞悉天下事。

· 会比人强的智能：智商。

· 个人执念和难以驾驭的陋习：贪婪，自私和求知欲过强，忽略了其他人和事。

· 性格倾向：内向，被动，自我，爱思考。

性格变化：

· 处于安定和人格提升时：走向第八型，有大将之风，勇于冒险，能将构思付诸实践，乐意争取达成自己的目标，勇谋兼备，会接受和关心别人，是一位不可多得的将相之才。

· 处于压力和自我防卫时：走向第七型，会变得不切实际，孤芳自赏，常发白日梦而且有点神经质，经常理论多于一切，举棋不定，不肯作出承诺，口若悬河地扮专家。

6. 忠诚型

性格特征：

第六型的人把世界看作是威胁，虽然他们可能觉察不到自己处在恐惧中。他们对威胁的来源明察秋毫，为了先行武装，他们会预想最糟的可能的结果。他们这种怀疑的心智结构会产生对做事的拖延及对他人动机的猜疑。他们不喜欢权威，也可说是害怕权威，参与弱势团体运动，而且在权威中难以自处，或难以维持成功。某些第六型的人具有退缩并保护自己免受威胁的倾向；某些则先发制人，迎向前去克服它，因而表现出极大的攻击性。一旦愿意信任时，第六型的人会是忠诚而具有承诺的朋友和团队伙伴。

行为特点：

· 警惕性强，很有危机意识，有时会杞人忧天。

· 勤奋，吃得苦，尽忠职守，做事认真负责。

· 服从指挥，需要清晰指引，必须明显证据来做决策。

· 忠诚可靠的朋友。

· 不喜欢环境多变，不轻易尝试新奇的东西或事物。

· 容易因不稳定而感到压力。

性格解析：

· 世界观："这个世界危机四伏，真理往往被隐藏，人心难测，遇人不慎，就会被人利用和陷害，我渴望能找到我信任的同道中人!"

· 外表与气质：拥有警觉性高的眼神，去监察周围环境的变化，喜欢提出质疑，神情里常有焦虑和不安的表情。

· 恐惧型：渴望受到保护和关怀，为人忠心耿耿，但多疑过虑，怕出风头，怕生事端，怕自己力不从心，怕人虚伪，口是心非，怕事与愿违。

· 抗恐惧型：为了要证明自己无惧而作出相反的行为，有先发制人，后受制于人的行为心态，疑心大。

· 潜在恐惧：被人遗弃和受孤立，对人和事缺乏安全感。

· 潜在渴望：感到安全和受保护。

·会比人强的智能:逆境智商。

·个人执念和难以驾驭的陋习:恐惧,焦虑,疑心太重。

·性格倾向:内向,主动,忠诚,保守。

性格变化:

·处于安定和人格提升时:走向第九型,能顺其自然,信任身边的人,乐于效忠所属的群体,并愿意放下自己拘谨的态度和防卫机制。

·处于压力和自我防卫时:走向第三型,变成工作狂,反应过敏,会轻率鲁莽地做事,为求达到目的,会不顾一切,缺乏人性。

7.活跃型

性格特征:

第七型的人乐观、精力充沛、迷人,而且难以捉摸。他们痛恨被束缚或控制,而且尽可能保留许多愉快的选择。在不愉快的情况下,他们会从心理上逃脱到愉快的幻想中。第七型的人是未来导向者,具有涵盖每件想要完成的事情的内在计划,而且当新的选择出现时,他们还会适时更新内容。那份想保持生命愉悦的需要,引导他们重新架构现实世界,以排除有损自我形象的负面情绪和潜在打击。他们容易接受新的经验、新的人群和新的点子,是富有创意的电脑网络工作者、综合家及理论家。

行为特点:

·喜欢不断探索新奇有趣的事物。

·勇于尝试新鲜刺激的事,富于冒险精神。

·乐天知命,精力充沛,善于逃避不快乐的事情。

·讨厌闷,享受交际应酬,相识满天下。

·喜欢有多样的选择,对将来有很多计划。

·多才多艺,知识广阔。

性格解析:

·世界观:“这个世界充满了奇幻、刺激的事情和体验,就让我在有生之年,尽量探索和拥有这些东西,使我的人生变得丰富,多彩多姿!”“我喜欢探索新领域,甚至渴望做那些从未有人想过会做的事!”

·外表与气质:活力充沛,神采飞扬,笑容亲切,他们精明、醒目善变而没有压迫感的做人态度十分讨人喜欢。他们外表通常比较光鲜、突出,男的仪表出众,气宇轩昂,女的精灵可爱,衣着配搭创新,加上活泼的外形和爽朗的个性,是群体中的目标人物。

·行为动机:外向好动,活泼开朗,精力充沛,兴趣广泛。爱玩,贪新鲜而怕作承诺,渴望拥有更多,倾向逃避烦恼、痛苦及焦虑。

·潜在恐惧:自己的时间和空间被人占用,受人制服。

·潜在渴望:能开开心心,无拘无束地去寻找乐趣。

·会比人强的智能:情绪智商及创作智商。

·个人执念和难以驾驭的陋习:贪玩,心头好多,而且不专一。

·性格倾向:外向,主动,贪玩,乐观。

性格变化：

·处于安定和人格提升时：走向第五型，懂得自我克制，心思缜密，会经过观察和周详的考虑才去作决定。

·处于压力和自我防卫时：走向第一型，变得专制、容易发怒、固执和对人有所要求。

8.领袖型

性格特征：

第八型的人独断，有时具攻击性，对生命抱持“一不做二不休”的态度。他们通常是领袖或极端孤立者，善于关心和保护朋友，他们知道朋友在想什么。他们关心正义和公平，并且乐意为此而战。第八型的人格外追求享乐，从和朋友喝酒作乐到理性的讨论都有。他们能觉察权力所在之处，使自己免受他人的控制，他们具有支配力。第八型的人会忠诚地运用自己的力量，并毫无倦怠地支持有价值的事件。

行为特点：

·态度直接，讨厌转弯抹角，有话直说。

·识英雄重英雄，遇强愈强，喜爱接受挑战。

·任何时候都要以领导者姿态出现。

·冲动派，勇者无惧。

·顽强的谈判专家，喜欢支配他人，喜欢控制。

·硬朗，对自己的信念充满自信。

性格解析：

·世界观：“我是天生的强者，充满正义感，锄强扶弱，打抱不平，向我臣服者，将会得到我的庇护！”

·外表与气质：气宇不凡，有大将之风，具有霸气，大情大义，有时很鲁莽，有压迫感，目光坚定而有威严，声音嘹亮，不拘小节，昂首阔步，自视甚高，目中无人。

·行为动机：渴望在社会上与人群中担当领导者，他们个性冲动，权威自信，有正义感，自强不息，爱出风头，喜欢替他人做主和发号施令，但不喜欢被人发现自己软弱的一面，不喜欢被人嘲笑和向人低头。

·潜在恐惧：被人支配和指挥。

·潜在渴望：自己当家做主。

·会比人强的智能：逆境智商。

·个人执念和难以驾驭的陋习：贪婪，纵欲，充满权力欲。

·性格倾向：外向，主动，冲动，乐观。

性格变化：

·处于安定和人格提升时：走向第二型，侠骨柔肠，慷慨而乐于助人，有理想抱负，能济世为怀，肯真诚和体贴地去关心别人，以笑容和爱心去缓和暴躁和冲动的心态。

·处于压力和自我防卫时：走向第五型，固执倔强，远离人群，会对人盘算，以自己的论据去迫人就范，有时扮专家。

9. 和平型

性格特征：

第九型的人是和平使者。他们善于了解每个人的观点，却不知道自己所想、所要的是什么。他们喜欢和谐而舒适的生活，宁愿配合他人的安排，也不要制造冲突。然而，如果被人施压，他们会变得很顽固，有时甚至会动怒。他们通常兴趣很多，但是却将自己的优先事项拖到最后一分钟才做。他们还具有自我麻醉的倾向，让自己去做一些次要的活动，如看书、和朋友闲逛、看录影带等。第九型的人是很好的仲裁者、磋商对象，而且能专心执行一项团体计划。

行为特点：

· 适应能力强，最佳的聆听者。

· 慢条斯理，温和的和平使者。

· 对很多事物都有兴趣，容易接受不同事物。

· 待人处世圆滑，懂得逃避压力，善于避免冲突。

· 不轻易批评，善于调解，令关系融洽和谐。

· 喜欢用自己的工作速度，不喜欢性急。

性格解析：

· 世界观："船到桥头自然直！""只要我们保持冷静，顺其自然，对人宽松一些，万事都有解决的方法！""忍一时风平浪静，退一步海阔天空！"

· 外表与气质：平和，乐观豁达，优悠自在，朴实无华，不拘小节，节拍较慢，说话有时显含糊，与人交流有时是"应声虫"。

· 行为动机：渴望人人能和平共处，怕引起冲突，怕得罪别人，怕左右为难。他们不争名夺利，写意随和，性格温和，与世无争，爱好大自然，不好出位，往往给人一种懒惰、没有个性、慢条斯理和满不在乎的感觉。

· 潜在恐惧：与人群疏远。

· 潜在渴望：与人和平共存并接纳他人存在。

· 会比人强的智能：情绪智商，创作智商。

· 个人执念和难以驾驭的陋习：懒惰，无主见。

· 性格倾向：内向，被动，乐观，随和。

性格变化：

· 处于安定和人格提升时：走向第三型，有清晰而明确之目标，肯奋发图强，用积极的态度去做事，以换取日后更多安逸和闲适的空间。

· 处于压力和自我防卫时：走向第六型，行为变得偏激，多疑过虑，怕大祸临头，怕被人陷害和欺骗，变得更加防守和被动。

**五、每个型格的局限和提升方向**

每一类型性格的人，都有自己"执着"、"坚持"的误区。我们要清楚自己性格的特质和减少自己"执着"、"坚持"的误区。

1 型要学 7 型之放下拘谨，肯创新，接受别人；

7 型要学 5 型之自我克制，搜集资料，深入思考；

5 型要学 8 型之勇往直前，果断行动，言出必行；

8 型要学 2 型之爱心关怀，开放倾听，乐于助人；

2 型要学 4 型之自我探索，坚持心愿，爱人爱己；

4 型要学 1 型之冷静理性，不会感情用事；

9 型要学 3 型之目标明确，态度积极，做事有计划；

3 型要学 6 型之忠诚踏实，尽责小心，关心别人；

6 型要学 9 型之随遇而安，放下焦虑，信任别人。

第一型——完美型

由于时时强迫自己追求完美，常常告诉自己“还不够完美”，经常不满足自己的表现，容易造成心理负担。所以第一型性格的人应该尝试了解“成长”，只是一个不断前进的“过程”，即使现在不够完美，人类还是会慢慢成长而渐趋完美。

建议：

· 尽量避免过于详细。

· 减少经常说“应该”或“不应该”。

· 避免有声或无声的批评。

· 不要太执着。

· 表现热情点。

切记：你要知道世界不是非黑即白，还有灰色地带！

第二型——助人型

第二型的“执着”就是以为自己是“只要我对大家好，不必期待别人任何回报”。不肯承认对人亲切是想别人喜欢自己、赢取别人好感的手段。所以第二型应该尝试了解“别人是别人、我是我”，下要太在意别人的称赞和感谢。

建议：

· 用单独的时间反思自己的需要。

· 尝试表达你真正的意思，不要讨好对方。

· 如有需要，请说出口。

· 给别人解决自己问题的空间。

切记：你要将对别人的爱转对自己，关注自己的感受！

第三型——成就型

第三型太过讲求效率，而变得不顾及自己与别人的立场，亦不太重视自己的感情世界。第三型要学习不要单以成绩或别人评价为标准，也要学习满足内心世界：失败可以是人生的宝库、可以是成长的机会。

建议：

· 多点温柔。

· 留意双方的感受。

·避免压迫别人。

·不要过于目的性。

·多点倾听别人。

切记:你要明白内在的成长比外在的成功更重要!

第四型——感觉型

第四型想要逃避生命平凡的事物,总爱突出自己与人不同。由于自己丰富的感性,许多时候得不到别人的理解和认同,容易产生"孤独感"。若第四型减少对得不到的事物理想化及挑剔已得到的东西,便可以更珍惜眼前所拥有的一切。

建议:

·告诉别人你的感觉,而不要别人来猜。

·讨论时要提防自己陷入情绪化的反应。

·多点理智。

·不要过于沉溺过去。

·控制自己的情绪。

切记:你要明白陷在自己的情绪里解决不了任何问题!

第五型——思想型

好奇心强的第五型,常以寻求知识去逃避内心空虚的感觉。有时会觉得周围的人无知及肤浅,所以特别喜欢独处。第五型要从思考跳入行动的阶段,直接表达意见并全力以赴。第五型要学习正视自己的感情的同时也体贴别人的心情。

建议:

·让朋友知道,你不擅长马上表达自己的内在感受。

·当你需要思考时请告知别人。

·多点感性,多点响应别人的话。

·尽量避免过于详细。

切记:你要尽快地把"想"变成"行动",多一些感性的力量!

第六型——忠诚型

第六型的固执是内心常存在恐惧感,对权威态度矛盾;一方面需要有力者保护并对他忠诚,且同时又心存抗拒。第六型的过度谨慎,使得自己缺乏动力,若能扩宽视野去看待事物,不再有太强烈的矛盾和担心,便更能运用自己的力量。

建议:

·不要有投射的倾向。

·决定后请踏实向前。

·多点正面思想。

·不要过于担心。

·控制自己的负面字眼。

切记:你要放下多余的担心和恐惧,拿出自己的力量!

第七型——活泼型

第七型的人生目的是"快乐",因此便固执地逃避痛苦和劳累。通常为自己订下许多计划,却很少能贯彻到底;若第七型脚踏实地完成工作,专注于某一项计划,贯彻始终,并且在处事方面以客观态度、待人方面以平静态度,这便是第七型的一大突破。

建议:

· 不要忘记每次交谈的目的。

· 集中思考。

· 多点倾听。

· 尽量避免过于空泛。

· 多点危机感。

切记:你要敢于面对压力和痛苦,干好眼前的事情!

第八型——领袖型

第八型夸耀自己强的地方,隐藏自己的弱点。他们对于不公平特别敏感,更深信自己的人生目标是维护"正义"。第八型的人要懂得控制自己的怒气:你并不能代表正义,强权并不是像你想象的那么重要。若能多一点温柔,愿意暴露自己一些弱点在人前,也不失为性格的进步。

建议:

· 不要太过习惯于控制别人。

· 学会聆听,在回答之前先了解别人的观点。

· 给对方时间思考。

· 留意无心说出或做出的具有伤害性的言行。

· 控制自己的嗓门。

切记:你要控制自己的愤怒,关心别人的感受!

第九型——和平型

第九型因为不善表达自己,许多时候没有自己的立场;但反而能设身处地为别人着想,接受、了解别人的意见。有时他们对事情含糊其辞、有时又喜欢逃避现实。第九型突破的关键在于勇于讲出自己内心的想法和感受,不要抑制自己内心的愤怒,而变得"阳奉阴违"。

建议:

· 如果你感到生气,请说出来。

· 尽可能切中重点。

· 多作回应,以免别人以为你拒绝。

· 尽量避免过于被动。

· 多点危机感。

切记:你要勇于面对自己,时刻关注自己的立场!

# 心理测试2 辅助心理测试

注意：每题只能选择一个答案，应为你第一印象的答案，把相应答案的分值加在一起即为你的得分。（从头看下去，不要先看答案，以免影响做题。）

1. 你更喜欢吃哪种水果？

A. 草莓 2 分　B. 苹果 3 分　C. 西瓜 5 分　D. 菠萝 10 分
E. 橘子 15 分

2. 你平时休闲经常去的地方？

A. 郊外 2 分　B. 电影院 3 分　C. 公园 5 分　D. 商场 10 分
E. 酒吧 15 分　F. 练歌房 20 分

3. 你认为容易吸引你的人是？

A. 有才气的人 2 分　B. 依赖你的人 3 分
C. 优雅的人 5 分　D. 善良的人 10 分
E. 性情豪放的人 15 分

4. 如果你可以成为一种动物，你希望自己是哪种？

A. 猫 2 分　B. 马 3 分　C. 大象 5 分　D. 猴子 10 分
E. 狗 15 分　F. 狮子 20 分

5. 天气很热，你更愿意选择什么方式解暑？

A. 游泳 5 分　B. 喝冷饮 10 分　C. 开空调 15 分

6. 如果必须与一个你讨厌的动物或昆虫在一起生活，你能容忍哪一个？

A. 蛇 2 分　B. 猪 5 分　C. 老鼠 10 分　D. 苍蝇 15 分

7. 你喜欢看哪类电影、电视剧？

A. 悬疑推理类 2 分　B. 童话神话类 3 分
C. 自然科学类 5 分　D. 伦理道德类 10 分
E. 战争枪战类 15 分

8. 以下哪个是你身边必带的物品？

A. 打火机 2 分　B. 口红 2 分　C. 记事本 3 分　D. 纸巾 5 分
E. 手机 10 分

9. 你出行时喜欢坐什么交通工具？

A. 火车 2 分　B. 自行车 3 分　C. 汽车 5 分　D. 飞机 10 分
E. 步行 15 分

10. 以下颜色你更喜欢哪种？

A. 紫 2 分　B. 黑 3 分　C. 蓝 5 分　D. 白 8 分
E. 黄 12 分　F. 红 15 分

11. 下列运动中挑选一个你最喜欢的（不一定擅长）？

A. 瑜伽 2 分　B. 自行车 3 分　C. 乒乓球 5 分　D. 拳击 8 分

E. 足球 10 分　F. 蹦极 15 分

12. 如果你拥有一座别墅,你认为它应当建立在哪里?

A. 湖边 2 分　B. 草原 3 分　C. 海边 5 分　D. 森林 10 分

E. 城中区 15 分

13. 你更喜欢以下哪种天气现象?

A. 雪 2 分　B. 风 3 分　C. 雨 5 分　D. 雾 10 分

E. 雷电 15 分

14. 你希望自己的窗口在一座 30 层大楼的第几层?

A. 7 层 2 分　B. 1 层 3 分　C. 23 层 5 分　D. 18 层 10 分

E. 30 层 15 分

15. 你认为自己更喜欢在以下哪一个城市中生活?

A. 丽江 1 分　B. 拉萨 3 分　C. 昆明 5 分　D. 西安 8 分

E. 杭州 10 分　F. 北京 15 分

查看答案:

180 分以上:意志力强,头脑冷静,有较强的领导欲,事业心强,不达目的不罢休。外表和善,内心自傲,对有利于自己的人际关系比较看重,有时显得性格急躁,咄咄逼人,得理不饶人,不利于自己时会顽强抗争,不轻易认输。思维理性,对爱情和婚姻的看法很现实,对金钱的欲望一般。

140 分至 179 分:聪明,性格活泼,人缘好,善于交朋友,心机较深。事业心强,渴望成功。思维较理性,崇尚爱情,但当爱情与婚姻发生冲突时会选择有利于自己的婚姻。金钱欲望强烈。

100 分至 139 分:爱幻想,思维较感性,以是否与自己投缘为标准来选择朋友。性格显得较孤傲,有时较急躁,有时优柔寡断。事业心较强,喜欢有创造性的工作,不喜欢按常规办事。性格倔强,言语犀利,不善于妥协。崇尚浪漫的爱情,但想法往往不切合实际。金钱欲望一般。

70 分至 99 分:好奇心强,喜欢冒险,人缘较好。事业心一般,对待工作,随遇而安,善于妥协。善于发现有趣的事情,但耐心较差,敢于冒险,但有时较胆小。渴望浪漫的爱情,但对婚姻的要求比较现实。不善理财。

40 分至 69 分:性情温良,重友谊,性格踏实稳重,但有时也比较狡黠。事业心一般,对本职工作能认真对待,但对自己专业以外的事物没有太大兴趣,喜欢有规律的工作和生活,不喜欢冒险,家庭观念强,比较善于理财。

40 分以下:散漫,爱玩,富于幻想。聪明机灵,待人热情,爱交朋友,但对朋友没有严格的选择标准。事业心较差,更善于享受生活,意志力和耐心都较差,我行我素。有较好的异性缘,但对爱情不够坚持认真,容易妥协。没有财产观念。

# 心理测试3 图解我心

“我到底是怎样一个人呢?”

看看下面这些五颜六色的图案吧,选出你自认为最喜欢的一副,图后的谜底会让你看到一个熟悉而又陌生的自我。

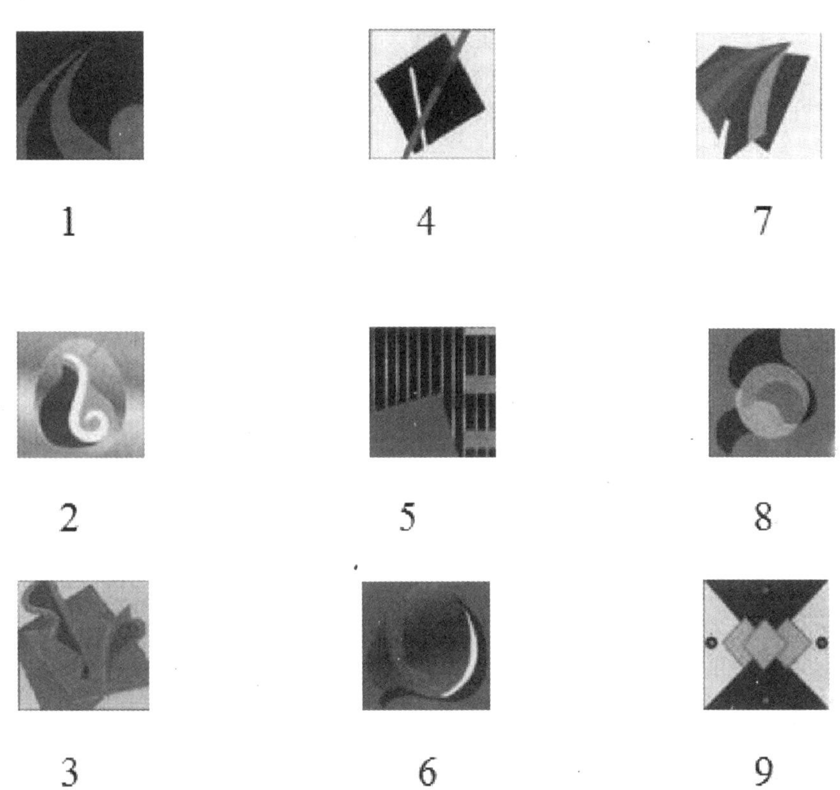

参考解析:

1. 内省型:你是一个喜欢孤独但不感觉闷的人,与其要你和朋友讲是非,你宁愿一个人静静地独处,但这并不影响你与朋友的真挚感情,因为你有高超的交际技巧。

2. 和谐型:你喜欢将一切简单化,无论和哪一种人相处,都是那么和谐,华衣美服、争名逐利于你来说都是毫无意义的,故你的朋友都喜欢依靠你。

3. 玩乐型:“今朝有酒今朝醉”是你做人的方向,你喜欢探求新鲜刺激的事物,一切都以玩乐为上,并欣然接受环境所致人事的改变,因你认为旧的不去,新的便不会来。

4. 独立型:你是一个非常独立并渴望自由的人,当你身边的人都预计你下一步会这样做时,你却偏偏选择相反的行径,即使你明知这样做是错的。

5. 踏实型:你相信自己所得到的一切都是实力所致,“成功非侥幸”绝对是你的座右铭,亦是由于这样的原因,大家都将要务交由你负责。

6.浪漫型:你喜欢凭感觉去决定事物,且是一个非常敏感的人,发白日梦是你的兴趣,突然失踪是你的嗜好,总之心情的好坏是做决定时的唯一考虑因素。

7.好动型:你喜欢冒险并爱出风头,公式般的工作只会令你透不过气,故你会选择一些较富挑战性的工作,并渴望成为中心人物,大权在握。

8.飘逸型:对你来说,任何感情关系都来得那么自然却又重要,你不会刻意做什么去讨好人,但别人都非常乐意和你在一起,不但人类,整个世界和你都像融为一体的。

9.智慧型:你投资的眼光将你的高超智慧表露无遗,你特别钟爱自己国家的文化产物,就连结交朋友,文化背景的差别也是考虑因素之一。

# 参考文献

[1]徐畅:《大学生基本素质训练教程—礼仪团队心理拓展训练》,清华大学出版社 2012 年第 2 版。

[2]韩丽霞:《大学生科学就业职业素质拓展训练指导教程》,哈尔滨工业大学出版社 2010 年版。

[3]经理人培训项目编写组:《管理培训游戏大全(下)》,机械工业出版社 2008 年版。

[4]谭焱良,罗薇:《大学生素质拓展活动教育研究》,湖南师范大学出版社 2008 年版。

[5]臧道祥:《增强团队凝聚力的 60 个培训游戏》,中国工人出版社 2013 年版。

[6]张大均,吴明霞:《大学生心理健康教育》,清华大学出版社 2007 年版。

[7]黄希庭:《大学生心理健康教育》,华东师范大学出版社 2004 年版。

[8][美]海伦·帕尔默著:《九型人格》,徐扬译,华夏出版社 2006 年版。

[9]中原:《九型人格使用手册——5 分钟看透人心》,鹭江出版社 2009 年版。

[10][美]唐·理查德·里索:《九型人格:了解自我、洞悉他人的秘诀》,南海出版公司 2013 年版。

[11]徐丽:《不可不玩的 300 道心理测试题》,化学工业出版社 2013 年版。

[12]赵广娜:《世界上最流行的心理测试全集》,中央编译出版社 2012 年版。

[13]洛清:《118 个经典心理测试》,中国纺织出版社 2011 年版。

[14]张筱:《轻松心理测试手册》,中国城市出版社 2002 年版。

[15]王长权,高林,李笋南:《论大学生参加拓展训练的价值》,载《沈阳体育学院学报》2005 年第 3 期。

[16]杨爱菊,王敏:《普通高校大学生户外拓展活动现状调查与分析》,载《科技信息》2013 年第 2 期。

[17]杨丽萍,汪胜亮:《大学生素质拓展计划与高校思想政治教育》,载《南方论刊》2013 年第 4 期。

[18]熊宗荣:《谈民办高职院校学生现状及思想教育策略》,载《佳木斯教育学院学报》2010 年第 1 期。

[19]乔慧:《浅论素质拓展训练在高职大学生思想政治教育中的应用》,载《学理论》2010 年第 19 期。

[20]陈丽清:《高职学生思想政治教育途径与方式的实践创新》,载《北京农业职业学院学报》2011 年第 3 期。

[21]周晓霞,焦光源,赵晓民:《拓展训练在大学生新生干部培训中应用初探》,载《首都医科大学学报(社科版)》2007 年第 00 期。

[22]薛阿明:《大学生素质拓展与高校共青团工作的开发与整合》,载《广东青年干部学院学报》2003 年第 3 期。

[23]湖南大学金融学院课题组:《关于大学生素质拓展与大学生素质教育的思考》,载《湖南科技学院学报》2004 年第 12 期。

[24]巫鑫:《当代大学生素质拓展中的思想政治教育研究》,南昌大学 2010 年。

[25]冯伟:《依托校地合作机制,构建素质拓展平台·教书育人》,载《高教论坛》2013 年第 3 期。

[26]谢超,尤雯文:《基于高校学生社团的大学生素质拓展机制研究》,载《华中农业大学学报:社会科学版》2013 年第 3 期。

[27]刘维,李瑞奇:《高校德育视阈下的大学生素质拓展工作研究》,载《文教资料》2013 年第 2 期。
[28][美]帕特里克·兰西奥尼著:《团队协作的五大障碍》,凌丽君译,中信出版社 2013 年第 3 版。
[29]钱永健:《拓展训练》,企业管理出版社 2012 年修订版。
[30]《中共中央国务院关于加强和改进大学生思想政治教育的意见》,中发[2004]16 号。

**图书在版编目(CIP)数据**

户外拓展精英训练营:大学生素质拓展训练指导教程/包海江,陈朝主编.—厦门:厦门大学出版社,2014.7(2016.7 重印)
("十二五"大学生素质教育丛书)
ISBN 978-7-5615-5113-4

Ⅰ.①户… Ⅱ.①包…②陈… Ⅲ.①大学生-素质教育-高等职业教育-教材 Ⅳ.①G718.5

中国版本图书馆 CIP 数据核字(2014)第 121292 号

厦门大学出版社出版发行
(地址:厦门市软件园二期望海路 39 号 邮编:361008)
http://www.xmupress.com
xmup@xmupress.com
厦门集大印刷厂印刷
2014 年 7 月第 1 版 2016 年 7 月第 2 次印刷
开本:787×1092 1/16 印张:14.75
字数:335 千字 印数:5 001~7 000 册
定价:29.00 元